Neukirchen

Piraten

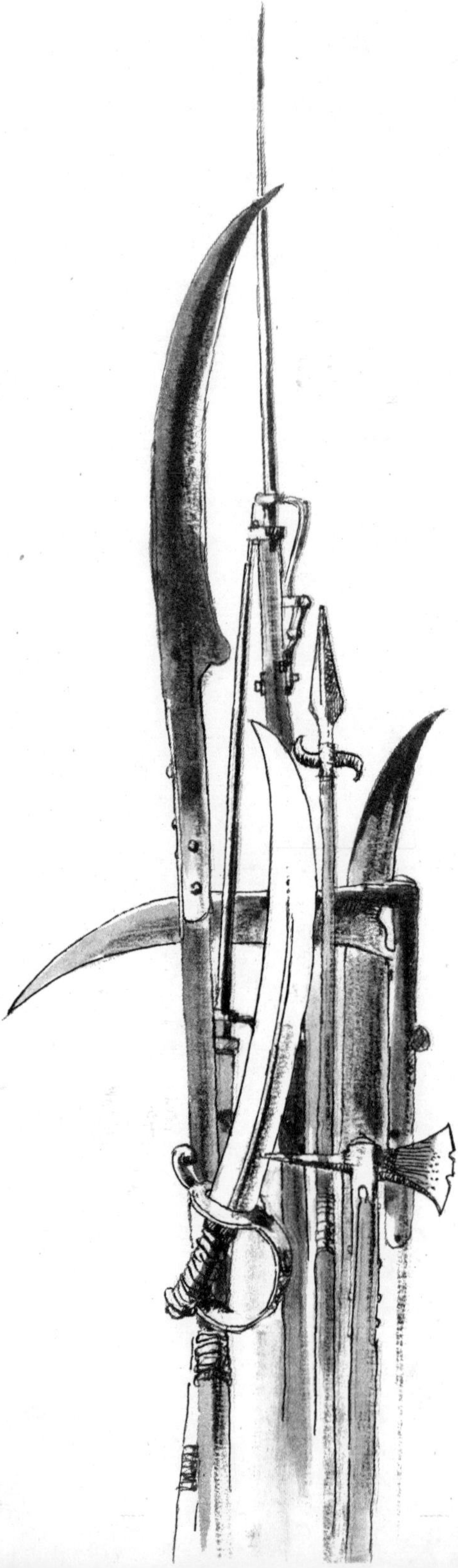

Heinz Neukirchen

Piraten

Seeraub auf allen Meeren

Illustrationen von Gerhard Goßmann

Weltbild Verlag

Sonderausgabe für den Weltbild Verlag Augsburg 1989

Verlagslektoren: Dr. Harald Böttcher, Herbert Linz
Gestaltung: Günter Nitzsche
Printed in the German Democratic Republic
ISBN 3-926187-97-2

Inhalt

Krieg, Handel und Piraterie

I.

Johann Wolfgang von Goethe läßt im »Faust« Mephisto sprechen:

»Man fragt ums Was und nicht ums Wie,
Ich müßte keine Schiffahrt kennen:
Krieg, Handel und Piraterie,
Dreieinig sind sie, nicht zu trennen«.

Tatsächlich beginnt die Geschichte des Seeraubs mit der Geschichte der Seefahrt. Aristoteles teilte die Seefahrt überhaupt erst in Fischerei und Piraterie ein, die beide der Nahrungssuche dienen sollten. Als »peirates« bezeichneten die Griechen vornehmlich jene Männer, die als Abenteurer übers Meer fuhren, um an fernen Ufern Küstenraub zu treiben. Das Wort Piraten wurde später in die Sprache aller seefahrenden Völker übernommen, unabhängig davon, ob sich die Piraten Seeräuber, Kaper, Korsar, Likedeeler oder Flibustier nannten oder noch anders bezeichnet wurden.

Der Küstenraub war wahrscheinlich die erste Form der Piraterie. Nach Auflösung der Urgesellschaft wurde es zur Moralauffassung, sich mit dem Recht des Stärkeren das zu nehmen, was man zum Leben brauchte oder was man besitzen wollte. Da der Mangel an Nahrungsmitteln oft ganze Städte, Stämme oder Völker traf, galt der Seeraub viele Jahrhunderte als eine nützliche und ruhmvolle Tätigkeit. Ein ausgezeichneter Kenner der Geschichte der Piraterie, der Göttinger Geschichtsprofessor Joachim Meier, der das berühmte Buch »Die Geschichte der Piraterie des 18. Jahrhunderts« des englischen Kapitäns Charles Johnson ins Deutsche übersetzte und 1728 in Goslar herausbrachte, schrieb in seinem Vorwort zu diesem Buch: »Die Seeräuberei wurde vor Zeiten als ehrlich und erlaubt angesehen. Könige und Prinzen betrieben sie zusammen mit den an Stärke und Tapferkeit berühmtesten und vortrefflichsten Helden«.

Die Seezüge und Heldentaten an fremder Küste wurden von Dichtern besungen und von Geschichtsschreibern der Nachwelt überliefert. Das gilt sowohl für die antiken Anliegerstaaten des Mittelmeeres vor unserer Zeitrechnung als auch für die Stammesverbände und Völker des Nord- und Ostseeraumes in den ersten Jahrhunderten unserer Zeitrechnung.

Die Einstellung zur Piraterie hat sich im Verlauf der Geschichte geändert. Sie wurde von denen gelobt, denen sie nützte, und verdammt von jenen, die sie schädigte. »Pirata hostis humani generis«, d. h. »Piraten sind Feinde der gesamten Menschheit«, erklärten erstmals die Römer im 1. Jahrhundert v. u. Z., als sich das Piratentum im Mittelmeer zu einer Gefahr für das Römische Reich zu entwickeln drohte.

Der Küstenraub hat sich in der Form des Kolonial- und Sklavenhandels bis ins 19. Jahrhundert hinein erhalten. Man tauschte in den Kolonien oder Einflußgebieten wertlosen Tand wie Glasperlen, Spiegel, bunte Tücher, aber auch Alkohol, Gewehre und Pulver gegen Edelmetalle, Gewürze, wichtige Rohstoffe, Tiere und Menschen. Konnten die Menschen nicht erhandelt werden, so wurden sie geraubt, um anschließend als Sklaven verkauft zu werden. Der Menschenraub war immer ein immanenter Bestandteil des Küstenraubs.

Das Gegenstück zum Küstenraub war der Strandraub. Die Aneignung herrenlos angetriebener Güter war altes Recht der Strandleute. »Herr, segne unseren Strand«, beteten die Pfarrer von Küstenortschaften noch in diesem Jahrhundert sonntags morgens in der Kirche. Manchmal half man dem Gebet ein wenig nach. Es wurden Seezeichen versetzt, Leitfeuer gelöscht oder an gefährlichen Stellen gezündet, auch wurden Schiffe falsch gelotst und auf Strand gesetzt. Strandete ein Schiff, schlug man die Überlebenden vielerorts sogar tot, um sich das Gut ohne Gefahr und Zeugen aneignen zu können. Noch heute sind bewaffnete Überfälle auf gestrandete oder ankernde Schiffe an verschiedenen Küsten keine Seltenheit.

Der Hauptschauplatz der Piraterie war das offene Meer. Hier hißten die Außenseiter der Gesellschaft ihre schwarze oder rote Flagge, wenn sie zum Angriff auf ein Handels- oder Kriegsschiff ansetzten.

Im Auf und Ab der Geschichte des Seeraubs lassen sich deutlich Schwerpunkte erkennen, die mit der Blütezeit des Seehandels und seiner Konzentration in bestimmten Seegebieten zusammenfallen. Erste Verbindungen über See, auf denen Seehandel aufkam, wurden von Angehörigen der ältesten, noch bronzezeitlichen Klassengesellschaft seit dem 3. Jahrtausend v. u. Z. im Mittelmeer geknüpft.

Älter noch sind die Spuren von Seefahrt und Seeraub in der südostasiatischen Inselwelt und vor der südchinesischen Küste. Im weiteren Verlauf der Jahrhunderte bildeten Teile des Mittelmeers, die Ost- und Nordsee, der Englische Kanal, die Karibische See, die Ostküste Nordamerikas, die Küste Westafrikas, der Indische Ozean und die Chinasee Knotenpunkte des Seeverkehrs, die nicht nur günstige Jagdgebiete für See- und Küstenraub, sondern auch militärische Angriffspunkte zur Störung des Seehandels waren. Um die Beherrschung des Seehandels und der Seeverbindungen, über die dieser Handel lief, hat es immer wieder Kämpfe und Kriege gegeben. Die zur See Mächtigen versuchten sich gegenseitig den Handel über See streitig zu machen, um die aus ihm fließenden Reichtümer für sich zu gewinnen. Das geschah sowohl mit offiziellen Kriegserklärungen und ordentlichen Kriegsflotten als auch mit geheimer oder offizieller Förderung staatlich organisierten Seeraubs. Die Königin von England, Elisabeth I., und der von ihr zum Ritter geschlagene Francis Drake sind dafür das berühmteste Beispiel.

Der Reichtum des Seehandels zog zu allen Zeiten aber auch Seeräuber an, die als Einzelfahrer oder in Verbänden den schwer beladenen Frachtschiffen nachstellten. Viele Staaten nahmen Piraten während eines Krieges in ihre Dienste. In diesen Fällen wurde der Seeraub unter dem Namen Kaperei zu einem legalen Akt der Kriegführung. Die Grenzen zwischen Krieg, Kaperei und Seeraub waren fließend. Bei der nur unsicheren und langsamen Nachrichtenübermittlung durch Kuriere und im Zwielicht häufig wechselnder Bündnisse in den fast ständigen bewaffneten Auseinandersetzungen auf See vertauschten allzu oft und allzu schnell Freund und Feind die Rollen. So wurde mancher Admiral zum Seeräuber und mancher Seeräuber unbeabsichtigt zum glorifizierten Helden seiner Nation.

Die Wurzeln der Piraterie sind in den sozialpolitischen Widersprüchen der jeweils herrschenden Gesellschaftsformation zu suchen. In einigen Fällen war die Piraterie direkter Ausdruck sozialen Protestes unterdrückter Klassen und Schichten wie Sklaven in der Antike oder leibeigene Bauern

im Mittelalter. Auch von der herrschenden Gesellschaft ausgebeutete oder ausgestoßene und verurteilte Menschen folgten bestimmten religiösen, politischen oder sozialen Vorstellungen, wenn sie den Weg zur Küste nahmen und Mitglied einer Piratenmannschaft oder Seeräubergenossenschaft wurden.

Es gibt geschichtliche Beispiele, bei denen Piraten, in Bünden oder Genossenschaften organisiert, eine Veränderung der bestehenden gesellschaftlichen Verhältnisse nach idealen, wenn auch utopischen Vorstellungen über Freiheit und Gerechtigkeit anstrebten. So gründeten Seeräuber Ende des 17. Jahrhunderts auf Nordmadagaskar einen Staat der Freiheit, an den »Der Kurier von Madagaskar«, die größte Zeitung des Landes, 1970 in einem längeren Artikel unter der Überschrift erinnerte: »Als in Diego Suarez die sozialistische Republik Liberta bestand«.

Auch die Demokratie der Bukanier und Flibustier auf den Antillen ist in die Geschichte eingegangen. Es war eine auf freiwilliger Disziplin aufgebaute Gesellschaft, die sich für ihr Zusammenleben an Land und an Bord selbst gewählten und beschworenen Verhaltensregeln unterwarf. Die Flibustier unterhielten im 17. Jahrhundert zu den Indianern des Karibischen Raumes gute Beziehungen. Indianer reihten sich freiwillig für mehrere Jahre in die Bordgemeinschaften der Flibustierschiffe ein, da sie hofften, sich mit Hilfe der Flibustier von der verhaßten spanischen Unterdrückung befreien zu können.

Im Raum der Ost- und Nordsee bildeten Ende des 14. und Anfang des 15. Jahrhunderts die Likedeeler, das bedeutet die Gleichteiler, mit ihrer Losung: »Gottes Freund und aller Welt Feind« eine Brudergenossenschaft. Leider sind über ihr Zusammenleben nur wenige historische Daten überliefert worden. Eine Gleichteilung der Beute in Naturalien, wie sie den Likedeelern nachgesagt wird, dürfte allerdings kaum durchführbar gewesen sein, denn dafür war das Raubgut – Gold, Silber, Waffen, Stoffe, Nahrungsmittel, Getränke und Waren aller Art – zu unterschiedlich. Nach den wenn auch nur spärlichen Angaben aus der Zeit, da die Likedeeler unter Störtebecker und Michel ihre Basen und Stützpunkte in Friesland hatten, und nach den überlieferten Beispielen der Beuteteilung in anderen Seeräubergenossenschaften war es üblich, die Beute zu verkaufen. Der Erlös ging zur Hälfte in einen allgemeinen Fonds, aus dem alle notwendigen Ausgaben für den Kauf neuer Segel, Waffen und sonstigen Ausrüstungen bestritten wurden. Ebenfalls aus diesem Fonds erhielten die Schwerverwundeten, die Arm, Bein oder Auge verloren hatten, eine besondere Entschädigung. Die andere Hälfte des Verkaufserlöses wurde »zu gleichen Teilen« auf alle Besatzungsmitglieder verteilt.

Von anderen Genossenschaften ist bekannt, daß die »Neuen« einen halben, Kapitän und Steuermann einen doppelten Anteil erhielten.

Oft verlieren sich die sozialökonomischen Hintergründe und ihre vielfältigen Ausdrucksformen im Nebel widersprüchlicher Überlieferungen.

Mit den sozialen Vorstellungen der Piraten in den Genossenschaften können das jahrhundertelang anhaltende Rauben und Morden auf See und die Piraterie insgesamt selbstverständlich nicht gerechtfertigt werden; denn unter welchem Leitgedanken auch immer die Menschen in den Genossenschaften lebten – auch sie waren Piraten, die zu ihrer persönlichen Bereicherung mordeten und plünderten.

Freiwillig oder gezwungen, aus den unterschiedlichsten Bevölkerungsschichten zusammengewürfelt, sind die Seeräuber meist ebenso namenlos geblieben, wie ihr Motiv und ihr Lebensweg im Dunkeln liegen. Es waren Deklassierte aller Stände, Glücksritter und Abenteurer, desertierte Soldaten, arbeitslose Seeleute, entlaufene Mönche, verarmte Adlige, Raufbolde und Totschläger. Was vereinte sie? Mag es sozialer Protest gegen erlittene Unbill oder gar gegen die überkommene Ordnung gewesen sein, individuelle Rachsucht oder auch verbrecherische Leidenschaft – vereint waren die Piraten nur in ihrer Räubermoral, die Beute mit dem Recht des Stärkeren gewaltsam und ohne Achtung des Lebens zu erringen. Die hohe See, außerhalb jeglicher Hoheitsgewalt eines Staates, war dafür ein ideales Jagdgebiet. Nur selten operierten die Piraten als Einzelfahrer, meistens schlossen sie sich zu kleineren oder größeren Schiffsverbänden zusammen, um mit geringerem Risiko größere Beute zu machen. Die Hauptelemente ihrer Taktik waren Überraschung, Schnelligkeit und erbarmungslos geführter Enterkampf. Die Feuerkraft des Schiffes spielte nur gegen Kriegsschiffe eine Rolle, wenn der Kampf unausweichlich geworden war.

Beim Bau oder Umbau ihrer Fahrzeuge gingen die Piraten von der einfachen Überlegung aus, sich der Kauffahrteifahrer mit möglichst geringen Verlusten zu bemächtigen, um das Beutegut unversehrt in die Hand zu bekommen, dem Kampf mit einem größeren und stärkeren Kriegsschiff aber aus dem Wege zu gehen. Um das zu erreichen, wurden die Piratenschiffe stärker bestückt und mit mehr Bewaffneten besetzt als ihre Beuteobjekte, die Kauffahrteischiffe. Die höhere Geschwindigkeit gegenüber Kriegsschiffen erreichten die Piraten durch das Aufstellen von weniger Kanonen als auf Kriegsschiffen üblich war. Dadurch waren ihre Fahrzeuge leichter und bei gleicher Segelfläche immer schneller als die sie verfolgenden Kriegsschiffe.

In verschiedenen Geschichtsperioden hat es Küstenpiraten gegeben, die nur mit versteckt gehaltenen Handwaffen sich in kleinen, offenen Ruder- oder Segelbooten einem von ihren Schlupfwinkeln ausgemachten Schiff näherten. Stellten die Seeräuber fest, daß das Schiff unbewaffnet war, dann enterten sie es und brachten es in ihre Gewalt. Besonders verwegene Piraten unternahmen solche Überfälle, bei denen die Überraschung eine große Rolle spielte, selbst auf große und bewaffnete Schiffe mit Erfolg. Gewöhnlich wichen die kleinen Piratenboote aber dem Kampf mit stark bemannten und bewaffneten Schiffen aus. Besatzung und Passagiere der angegriffenen Schiffe wurden entweder in die eigene Mannschaft aufgenommen oder einfach über Bord geworfen. Man ließ sie »nach Hause schwimmen«, es sei denn, sie garantierten ein hohes Lösegeld.

Über längere Zeit erfolgreiche Piraten hielten an Bord ihrer Schiffe ebenso wie im Geschwader mehrerer Schiffe eine strenge innere Ordnung ein. Die unbeschränkte Disziplinargewalt des Piratenkapitäns beruhte dabei ausschließlich auf seiner Autorität. Führer eines Schiffes oder Geschwaders wurde der Kühnste, Grausamste und Erfolgreichste. Er mußte seine Autorität immer wieder im Kampf neu bestätigen, wollte er Kapitän oder Admiral seines buntscheckigen Haufens bleiben. Nur wenige Piraten sind mit ihren Taten oder Untaten als legendäre Gestalten in die Geschichte eingegangen, über die Lieder gesungen und Sagen erzählt wurden. Historisch zu belegende Tatbestände sind jedoch noch seltener, denn die Piraten führten verständlicherweise kein Tagebuch an Bord. Die meisten sind erst durch ihre Hinrichtung bekannt geworden.

Sobald kriegerische Auseinandersetzungen auf See ausbrachen, verwandelten sich fast alle Seeräuber in Kaper. Die Kaperei war eine staatlich sanktionierte Form des Seeraubs. Eine zeitgenössische Quelle gab den Unterschied zwischen Kaper und Seeräuber wie folgt an: »Ein Kaper, wohl auch Freibeuter, Korsar und Kommissionsfahrer genannt, besitzt ein ordentliches Patent, in dem die Obrigkeit, der er dient, ihm Order erteilt, während offiziellen Kriegszeiten dem Feinde Abbruch zu tun und ihn anweist, was für feindliche Schiffe er angreifen soll und daß er keinen anderen angreifen soll, als ihm befohlen.

Ein Seeräuber dagegen ist der, der keiner bestimmten Macht dient, sondern alles, was ihm begegnet wegnimmt, nicht achtend ob Freund oder Feind oder auch ohne gegebene Ursache ein Schiff auf See angreift und ausraubt.«

Der Kaper, der sein Schiff auf eigene Kosten unterhalten und ausrüsten mußte, lieferte einen Teil seiner Beute, ein Zehntel, ein Drittel, manchmal auch die Hälfte, seinem Schutzherrn ab. Der übrige Teil des Raubgutes war für ihn rechtmäßig erworbenes Eigentum. Die kriegführenden Mächte stellten die Kaperbriefe natürlich nur für Handlungen gegen feindliche Schiffe und manchmal noch begrenzt für ein bestimmtes Gebiet aus. Blieb die Beute in diesem Rahmen zu gering, so daß die Mannschaft murrte, überschritt mancher Kaperkapitän allzu bereitwillig die Grenze zur Piraterie und griff feindliche Schiffe auch außerhalb des Kriegsgebietes und selbst neutrale Schiffe an. Diese Übergriffe wurden lange Zeit von den Schutzmächten stillschweigend geduldet. Erst seit dem 18. Jahrhundert finden sich in Staatsverträgen und nationaler Gesetzgebung schärfere Bestimmungen für die Ausübung der Kaperei.

Da die meisten Kaper auch nach dem Krieg nicht von einem Handwerk lassen wollten, das ohne sonderliche Mühe soviel Geld einbrachte, wurden

sie zu gewöhnlichen Seeräubern. Um mit dieser Plage fertig zu werden, gab der englische Kapitän Charles Johnson, der wahrscheinlich selbst Pirat gewesen ist, seiner Regierung im 18. Jahrhundert folgenden Rat:

»Während des Krieges findet man fast keine Seeräuber, da diese dann als Kaper tätig werden. Wenn die Regierung also einige Seeräuber als Kaper bestellen und auf die Seeräuber ansetzen würde, so würde sie nicht nur ihre Anzahl mindern, sondern sie auch ganz und gar ausrotten nach dem Sprichwort, daß man, um einen Räuber zu fangen, sich eines Räubers bedienen muß. Man sollte aber den Kapern, um sie willens zu machen, die Güter belassen, die sie von den Seeräubern erobern, da diese Art von Leuten ohne Unterschied Freund und Feind berauben.«

Natürlich wurde die Kaperei nicht nur von berufsmäßigen Räubern betrieben, sondern viele echte Patrioten, Seeleute und Kapitäne von Handelsschiffen und Fischereifahrzeugen sowie Marineoffiziere und Admirale dienten ihrem Vaterland als Kaper.

Die Kaperei erlebte in den Kriegen der Französischen Revolution eine letzte Blütezeit. Seit dem Jahre 1815 stellten die europäischen Großmächte keine Kaperbriefe mehr aus. Es war trotzdem voreilig, als in der Pariser Seerechtsdeklaration von 1856 erklärt wurde: »Die Kaperei ist und bleibt abgeschafft«, denn die USA hatten die Deklaration nicht unterschrieben, und während des amerikanischen Bürgerkrieges spielte die Kaperei erneut eine Rolle.

Eng verwandt mit der Kaperei war die Repressalie. Zur Wiedergutmachung eines durch einen fremden Staat oder Staatsbürger verursachten Schadens erhielt der Geschädigte durch seinen Staat einen Repressalienbrief ausgestellt. Mit diesem Brief konnte er wie ein Kaper gegen Schiffe unter der Flagge des schädigenden Landes vorgehen. Im Unterschied zur Kaperei wurde die Repressalie auch im Frieden durchgeführt. Bei dieser mittelalterlichen Rechtsausübung wurde die Grenze zur Piraterie fast regelmäßig überschritten.

Einen absoluten Höhepunkt in der Geschichte der Piraterie bildeten die kolonialen Auseinandersetzungen zwischen den aufstrebenden bürgerlichen Staaten Westeuropas – Frankreich, den Niederlanden, England – und den Entdeckerländern Spanien und Portugal. Unter den Anfang des 17. Jahrhunderts geborenen bürgerlichen Losungen »Freiheit des Handels« und »Freiheit des Meeres« führten Engländer, Niederländer und Franzosen gegen die Handelsmonopole, die Spanien und Portugal in ihren Kolonien errichtet hatten, und gegen die durch den Papst Alexander VI. erfolgte Aufteilung der Welt zugunsten dieser beiden Staaten einen harten Kampf. Das geschah nicht zuletzt durch eine in großem Stil organisierte Kaperei und Piraterie.

Als sich schließlich die neuen Kolonialmächte, allen voran England, durch Krieg und Piraterie durchgesetzt hatten, erscholl aus ihrem Munde das »Pirata hostis humani generis«, denn nun bedrohte der Seeraub den eigenen Handel über See. Durch das Fehlen einer wirksamen internationalen Zusammenarbeit konnte sich der Seeraub aber noch lange Zeit halten.

Erst mit der weiteren Herausbildung des bürgerlichen Eigentumsbegriffs wurde das Verbot der Piraterie im Verlaufe des 19. Jahrhunderts zu einem allerdings nicht kodifizierten Grundsatz des Völkerrechts. Ein 1927 von Experten erarbeiteter Entwurf zum Verbot und zur Bekämpfung der Piraterie wurde im Völkerbund behandelt, aber nicht kodifiziert. Schließlich wurde am 29. 4. 1958 im Ergebnis der Seerechtskonferenz der Vereinten Nationen in Genf die »Konvention über das offene Meer« durch alle entscheidenden Staaten unterschrieben. In dieser Konvention sind in mehreren Artikeln Bestimmungen über die Piraterie als Ausdruck bestehender Grundsätze des Völkerrechts enthalten. Die am 30. 9. 1962 in Kraft getretene Konvention verpflichtet alle Signaturstaaten, zur Unterdrückung und Bekämpfung der Piraterie eng zusammenzuarbeiten.

Der in Genf ausgehandelte Pirateriebegriff umfaßt »... jede rechtswidrige Gewalttat, Gefangenhaltung oder Plünderung, die zu privaten Zwecken von der Besatzung oder den Passagieren eines privaten Schiffes oder eines privaten Luftfahrzeuges auf dem offenen Meer gegen ein anderes Schiff oder Luftfahrzeug oder gegen Personen oder Vermögenswerte begangen wird bzw. gerichtet ist.«

Trotz dieser eng gefaßten Definition gehört die Piraterie auch heute noch nicht völlig der Vergangenheit an.

Die ersten geschichtlichen Überlieferungen

II.

Überliefert wurde der See- und Küstenraub ebenso wie der Beginn der Seefahrt zuerst aus dem östlichen Mittelmeer, obwohl Seefahrt und Seeraub schon Jahrtausende vorher an der südostasiatischen Küste ihren Anfang nahmen.

Die Piraten fanden an den zerklüfteten Küsten Kleinasiens und auf den tausenden Inseln des östlichen Mittelmeers ideale Schlupfwinkel. Sie bevorzugten durch vorgelagerte Felsen und Untiefen geschützte, versteckt liegende Stützpunkte in der Nähe stark befahrener Handelsrouten. In einem Bericht des Sekretärs des ägyptischen Pharaos Ramses III. Ende des 2. Jahrtausend v. u. Z. wurde auf See- und Küstenräuber hingewiesen, die bereits seit über hundert Jahren die ägyptische Seefahrt schädigten. In der Einleitung zum Bericht hieß es: »Siehe die Völker des Nordens, die auf den Inseln liegen, sie sind unruhig in ihren Gliedern, sie versuchen die Zugänge zu den Häfen.«

Die Ägypter waren es aber auch, die uns die ersten schriftlichen Zeugnisse ihres eigenen Küsten- und Menschenraubes übermittelten.

Im Tempel der Königin Hatschepsut bei Theben, dem heutigen Luxor, wird ausführlich über eine Reise nach dem Lande Punt berichtet, die um 1490 v. u. Z. stattfand. Danach bestand die ägyptische Flotte aus fünf seetüchtigen, mit Soldaten besetzten Schiffen, die als Haupttauschobjekt für die Eingeborenen Punts Glaswaren geladen hatten. Die Punter empfingen die Ägypter als Sendboten der Götter, die – wie sie glaubten – auf dem Himmelsweg in ihr Land gekommen waren.

Der Hieroglyphentext teilt mit, daß der Fürst von Punt tributpflichtig gemacht und Untertan Ihrer Majestät, der ägyptischen Königin, wurde. Als Tribut nahmen die Ägypter: Weihrauch spendende Bäume, die mit Wurzeln und Muttererde in feuchte Tücher eingehüllt wurden, Elfenbein in Gold gefaßt, Rinder und Affen. Der Text erwähnt als weitere Gaben wohlriechendes Holz, heiliges Harz, Windhunde, Leopardenfelle und »Landeseingeborene zusammen mit ihren Kindern«.

Auch die Phönizier verbanden ihren ausgedehnten Seehandel mit See- und Küstenraub. Sie legten auf Sizilien sowie an der afrikanischen und spanischen Küste zahlreiche Stützpunkte an, von denen aus sie sowohl ihre Handelsfahrten als auch ihre Raub- und Eroberungszüge unternahmen. Phönizier fuhren über das Rote Meer bis nach Indien, sie umrundeten im Auftrag des ägyptischen Pharaos Necho Afrika, sie entdeckten die Kanarischen Inseln und besiedelten Marokko, sie holten Silber aus Spanien, Zinn von den Britischen Inseln und Bernstein aus der Ostsee. Berühmt war ihr Purpur, den sie aus der vor der phönizischen Küste lebenden Stachelschnecke gewannen. Als man die Schnecke vor der eigenen Küste nicht mehr fand, holte man sie aus Babylon und anderen Orten. Als Tauschobjekte gegen den Purpur erhandelten die Phönizier am liebsten Gold, Elfenbein und Sklaven, schwarze wie weiße. Neben Handel und bewaffnetem Raub wird den Phöniziern eine besonders hinterlistige Art des

Sklavenfangs nachgesagt. Sie lockten durch Auslegen von Schmuck und schönen Stoffen Frauen und Mädchen an den Strand und auf ihre Schiffe. Dann gingen sie mit den Schiffen und der menschlichen Beute an Bord in See. Kurz vorher hatten sie die Boote der Eingeborenen vom Strand gelöst und ließen sie in die See treiben oder zerstörten sie.

Homer erwähnt in der Odyssee wiederholt den Seeraub. So schildert er auch, wie die Besatzung eines phönizischen Schiffes auf einer kleinen Insel, die er Syria nennt, gelandet ist, um Handel zu treiben. Dabei gewannen die Phönizier die Gunst einer Sklavin, die selbst aus Sidon stammte. Nachdem ihr zugesagt wurde, sie nach Hause mitzunehmen, versprach sie ihren Landsleuten eine entsprechende Bezahlung:

»Seid nun still, und keiner von eures Schiffes Genossen rede mit Worten mich an, er begegne mir auf der Straße oder beim Wasserschöpfen, daß niemand, zu unserem Hause gehend, dem Alten es sag, und dieser vielleicht mir aus Argwohn schwere Band anlege und Euch das Verderben bereite! Sondern haltet die Sache geheim und beschleunigt den Einkauf. Aber sobald ihr das Schiff mit Lebensmitteln beladen, dann geh einer geschwind in die Burg und bringe mir Botschaft; nehmen will ich, was mir an goldenem Geschirr in die Hände fällt, und ich möcht euch gern die Fahrt noch höher bezahlen. Denn ich erziehe den Sohn des alten Herrn im Palaste, welcher schon witzig ist und aus dem Hause so mitläuft. Diesen brächt ich gerne zum Schiff; ihr würdet nicht wenig für ihn lösen, wohin ihr ihn auch in die Fremde verkaufet.«

Auch eine Gesteinsinschrift an der griechischen Küste erinnert an den Menschenraub dieser Zeitepoche:

»Piraten kamen des nachts in unser Land und schleppten junge Mädchen, Frauen und andere, Sklaven und Freie, mehr als dreißig an der Zahl, davon. Sie schnitten die Boote in unserem Hafen los, nahmen das Boot des Dorieus und entkamen darin mit ihren Gefangenen und ihrer Beute.«

Ungefähr um den Beginn des 1. Jahrtausends v. u. Z. kam es zu den ersten Begegnungen zwischen Griechen und Phöniziern. Die Griechen begannen seit dieser Zeit den Phöniziern die See und ihre Küsten streitig zu machen. Der Seeraub war für die Hellenen durchaus ehrenhaft und galt, genau wie bei den Phöniziern in Verbindung mit Küsten- und Menschenraub, als einträglicher Erwerbszweig. Homer gibt in den ihm zugeschriebenen Heldenepen einen lebendigen Einblick in die Seefahrtsepoche jener Zeit. Die Schiffe, die er beschreibt, sind weder Handels- noch Kriegsschiffe, umso besser aber für See- und Küstenraub geeignet. Es waren Fünfzigruderer, die auf jeder Seite von 25 Mann mit Riemen vorwärtsbewegt wurden. Bei achterlich einfallendem Wind wurde auch gesegelt. Wenn die Fahrt unterbrochen wurde, zog man die Schiffe einfach auf den Strand.

In seiner Odyssee besingt Homer die Heldentaten der Achäer und die zehn Jahre währende Irrfahrt des Odysseus nach den Kämpfen um Troja. Die Expedition nach Troja, an der sich mehr als 1000 Schiffe und

100 000 Mann beteiligt haben sollen, gehört ebenso wie die Fahrt des Odysseus in den Bereich der Sage. Troja aber bestand wirklich als eine Stadt am Eingang der Dardanellen, die für das Durchfahren der Meerenge Zoll erhob. Der Dichter schildert in seinen Versen den Küsten- und Menschenraub der damaligen Seefahrer als etwas völlig Selbstverständliches. So überfällt Paris, der trojanische Königssohn, mit seinen Schiffen die Stadt Sidon und raubt kunstfertige Weberinnen.

Oder Homer läßt Odysseus berichten:

»Nach neun Tagen erreichten wir dann den schönen Ägyptos,
Und ich legte im Strom die gebogenen Schiffe vor Anker.
Freilich hatte ich wohl den lieben Gefährten befohlen,
Bei den Schiffen zu weilen und diese ans Ufer zu ziehen.
Und auch Späher schickte ich auf die Höhen zur Umschau,
Aber voll Übermut und ungestümer Begierde
Plünderten meine Leute die schönen ägyptischen Äcker,
Führten die Weiber vondannen mitsamt den unmündigen Kindern
Und erschlugen die Männer ...«

An einer anderen Stelle der Odyssee heißt es:

»Gleich von Ilion trieb mich der Wind zur Stadt der Kikonen Ismaros hin.
Da verheert ich die Stadt und würgte die Männer.
Aber die jungen Weiber und Schätze teilten wir alle unter uns gleich,
daß keiner leer von der Beute mir ausging.«

Auch die Argonautensage, in der wahrscheinlich mehrere maritime Sagen miteinander verbunden wurden, schildert eine Seefahrt, bei der Jason und seine Gefährten sich der Piraterie widmeten, sobald sich nur eine Gelegenheit dazu bot.

Mit dem Recht des Stärkeren raubten sie eine Königstochter und meuchelten einen Königssohn. Das Ziel ihrer Fahrt war die Suche nach Gold, nach dem »Goldenen Vlies«.

Viele griechische Gruppen wandten sich westwärts über das Meer, um neues Land zu finden. So wurde Sizilien durch Griechen besiedelt und eine Kette von Hafenstädten an der italienischen, französischen und spanischen Küste angelegt. Nach dem griechischen Historiker Herodot soll bei einer schrecklichen Hungersnot im kleinasiatischen Lydien (Anatolien) der König seinen Sohn Tyrrhenos mit der Hälfte seines Volkes aufs Meer gewiesen haben. Sie sollten dort oder an fremder Küste ihr Glück als Piraten versuchen. Die nach ihrem Führer benannten Tyrrhener setzten sich an der Westküste Italiens fest und machten das nach ihnen benannte Tyrrhenische Meer zu ihrem Jagdgebiet, in dem ihnen nicht nur einzelne Schiffe, sondern auch ganze Flotten zum Opfer fielen.

Als letzte fuhren die Phokäer im 6. Jahrhundert v. u. Z., von den Persern vertrieben, ins westliche Mittelmeer. Anfang des 6. Jahrhunderts v. u. Z. gründeten sie Marseille an der Rhône, einen Handelsplatz für Bernstein und Zinn. Auch die Phokäer tummelten sich als Piraten auf See. Im Jahre 536 v. u. Z. kam es vor Korsika zu einem Seegefecht, bei dem 60 phokäische Piratenschiffe durch eine überlegene Flotte der Etrusker und Karthager zum Kampf gestellt wurden. Die phokäische Flotte wurde geschlagen, und 40 Schiffe fielen dem Gegner in die Hände. Die Besatzungen der Schiffe wurden nahe der etruskischen Stadt Cerveti gesteinigt. Die Seeräuberei wurde damit allerdings nicht beseitigt. Es war nur eine Schlacht um die Vorherrschaft zwischen den Piraten im westlichen Mittelmeer geschlagen worden, denn anschließend setzten sowohl die Phokäer als auch die Etrusker und Karthager die Piraterie fort.

Das Leben von einigen griechischen Piraten ist geschichtlich überliefert worden: Polykrates, der als Tyrann von Samos von 537 bis 521 v. u. Z. regierte, vereinigte unter seinem Kommando eine Piratenflotte von rund 100 Schiffen, mit denen er das ägäische Meer und die Küste Kleinasiens beherrschte. Als er es zum Herrscher von Samos gebracht hatte, ließ er zwar vom direkten Seeraub ab, verlangte aber von jedem Schiff, das die von seiner Flotte kontrollierten Gewässer durchfuhr, Tribute. Er kaperte sogar das Regierungsschiff, das Pharao Amasis von Ägypten mit fürstlichen Geschenken an Krösus, den König von Lydien, entsandt hatte.

Mit dem Erstarken der staatlichen Ordnung in Griechenland und dem Aufbau einer Kriegsflotte durch Athen, die nicht nur im Kampf gegen die Perser, sondern auch gegen die Piraten eingesetzt wurde, ging der Seeraub zurück, und der Seehandel blühte auf. Athen vereinigte die Städte an beiden Ufern des ägäischen Meeres zu einem Seebund. Der Piräus wurde mit seinem ausgebauten Hafenbecken im 5. und 4. Jahrhundert v. u. Z. zu einer Konzentration von Verbindungen des Seehandels und damit zu einem Anziehungspunkt von Seeräubern.

Der Seebund gewährte den Handelsschiffen Geleit durch Trieren und bekämpfte das Piratentum auf den griechischen Inseln und an der ionischen Küste. Aber diese Zeit der Ruhe und des friedlichen Handels dauerte nicht lange. Als mit der Niederlage Athens im Peleponnesischen Krieg (431–404 v. u. Z.) die Seemacht Athens zerfiel, blühte das Piratentum wieder auf. Beschäftigungslose Soldaten und Seeleute gab es nach 27 Jahren Krieg als Nachwuchs für die Piraten mehr als genug. Die Piraten griffen selbst Piräus, den Hafen von Athen, an. Sie luden Waren und Menschen auf ihre Schiffe, raubten die Geldwechsler aus und konnten unbehelligt den Hafen wieder verlassen.

Während der Herrschaft Alexanders des Großen hatten seine Admirale Hegelochos und Amphoteros mit wechselndem Erfolg den Kampf gegen die Piraten geführt. Aber nach dem Tode Alexanders (323 v. u. Z.) entstanden die Piratenflotten neu. Mit den Machtkämpfen um die Aufteilung des

EUXINU
Bosporus Thracius
ADRIANOPOLI
CONSTANTINOPOLI
Philipopoli
ROMANIA
Trajanopoli
PROPONTIS hodie MARMORE
Golfo de Contesse ol Strymonicus Sinus
Golfo de Caridia
Gallipoli
Dardanelle
NATOL
Lemnus hodie Stalimina
Imbrus hod Lembro
Golfo di Monte Santo ol Singiticus Sinus
S. Strati ol Chryse I.
Fretum Dardanelli olim Hellespontus
Tenedo I.
MARE ÆGÆUM
METELINO I olim LESBUS et ÆTHIOPE
I. Palagnisi
Peparetus
Scanda
Sciatus
Hodie ALBUM et
Sciro I
Golfo di Smirn
Smirna
ARCHIPELAGUS
Andrus I.
I Scio Schius
EUBOEA hodie NEGROPONTE
Negroponte
Thebæ
Athenæ
Golfo di Negroponte
Sdille I. ol Delus
ICARIUM MARE
SAMOS I.
Icaria I.
Golfo di Engia
I. Zea
Nicsia ol Naxus
CYCLADES INSULAE
Morgo ol Amorgus
Leria I
Palmossa I ol Pathmus
Golfo di Napoli
Sidra I.
I. Siphano ol Siphnus
Policandro
Malo I ol Melus
Santorini
Stampalia olim Astypalæa I
Nisari olim Nisarus I
Cerigo I. Cithera
MARE DI CANDIA
I Scarpanto ol Carpath
CRETA hodie CANDIA
Candia

riesigen Reiches trat ein rascher wirtschaftlicher Verfall ein. Die damit einhergehenden sozialen Auseinandersetzungen in den hellenistischen Staaten wurden noch verschärft durch die aus den Feldzügen zurückkehrenden, zum großen Teil heimat- und besitzlos gewordenen Soldaten und Matrosen. Da Rom, das seit dem 3. Jahrhundert v. u. Z. den Kampf um die Hegemonie im westlichen Mittelmeer begonnen hatte, sich in die inneren Angelegenheiten Griechenlands einmischte, wurde der soziale und politische Kampf in den griechischen Städten zum Kampf gegen die römische Herrschaft. Zwar wurden im Ergebnis dieses Kampfes die griechischen Städte entvölkert und verwüstet, aber umso stärker war der Zulauf aus den Städten zu den Piraten, die mit ihren Mitteln den Kampf weiterführten – auf See und an der Küste – gegen Rom und alles, was römisch war.

Ein Teil der Seeräuber widmete sich auch dem Sklavenhandel. In jener Zeit wurde die Insel Delos im Ägäischen Meer zum größten Sklavenmarkt Europas, wo Seeräuber täglich tausende Sklaven im Hafen der Insel zum Verkauf angeboten haben sollen. Im Jahre 69 v. u. Z. wurde Delos bei Machtkämpfen von Seeräubern so gründlich verwüstet, daß die Insel zur Bedeutungslosigkeit herabsank.

Piraten bedrohen die römische Weltmacht

III.

Die völlige Unterwerfung Griechenlands durch Rom im 2. Jahrhundert v. u. Z. brachte das Ende der griechischen Seefahrt. Die römische Seeherrschaft beschränkte sich anfangs nur auf einen Teil des Mittelmeeres, der andere, größere Teil wurde durch Karthago, der Phöniziersiedlung an der afrikanischen Küste, beherrscht. Erst nach der Zerstörung Karthagos (146 v. u. Z.) in den Punischen Kriegen übernahm Rom voll die karthagisch-griechische Vormachtstellung auf See.

Von Rom liefen feste Seeverbindungen für den Transport von Waren, Waffen, Bürgern und Soldaten zu allen Küstenprovinzen des Reiches. Ohne nennenswerte eigene Ausfuhr trieb Rom von den unterworfenen Völkern Tribute zur Versorgung der Bevölkerung und zur Befriedigung des Luxusbedarfs der Sklavenhalter ein. Die Tribute umfaßten die verschiedensten Dinge: Lebensmittel, meistens in Krügen, sogenannte Amphoren, gefüllt, Getreide, Hölzer, Vieh, Luxuswaren, wie Edelsteine, Perlen, Gold, Elfenbein, Gewürze und natürlich Sklaven, immer wieder Sklaven. Die römischen Aristokraten ließen sogar griechische Villen abbauen und transportierten sie, ebenso wie ägyptische Obelisken, nach Rom.

Der Ausgangs- und Endpunkt aller Seetransporte war die Hafenstadt Roms, Ostia. Von den ägäischen Hafenstädten Ephesos und Pergamon kamen die Güter, die über die asiatischen Landwege herangeführt wurden. Der Seeweg führte zwischen den Inselgruppen hindurch und traf auf die Seeverbindung, über die aus dem Schwarzen Meer das Getreide transportiert wurde. Die Purpurstoffe des ehemaligen Phöniziens wurden von Antiochia nach Rom verschifft. Von Seleukia, dem Hafen Antiochias, nahmen die Schiffe Kurs auf Rhodos, dem wichtigsten Stützpunkt im östlichen Mittelmeer, ließen dann Kreta nördlich liegen und durchfuhren die Straße von Messina nach Ostia.

Einer der bedeutendsten Seewege verband Rom mit der Südküste des Mittelmeeres. Von hier kamen das lebensnotwendige Getreide aus Nordafrika, Weihrauch und Parfüm aus Arabien, Perlen und Korallen aus dem Roten Meer, Baumwolle aus Indien sowie Seide und Gewürze aus China. Es waren die ersten Anfänge eines echten Welthandels im Rahmen der damals bekannten Welt. Wegen der sommerlichen Nordwinde konnte die Fahrt von der afrikanischen Küste nach Rom nur im Frühjahr angetreten werden. Ein Zubringerweg zum Nil verlief längs der afrikanischen Küste von West nach Ost mit dem Zwischenaufenthalt in Leptis Magna, wo Gold und Tiere zugeladen wurden.

Bei der Fahrt von Ostia zum Nordwesten folgten die Schiffe der Küste und gelangten durch eine künstlich geschaffene Fahrrinne zur Rhône. Hier endete die westliche Landverbindung zwischen dem römischen Reich und den germanischen Stammesgebieten, die sich über den Rhein bis zur Nordsee erstreckte.

Auf diesem Wege wurde auch das britische Zinn südwärts transportiert. Über Gibraltar hinaus nach Westen gab es nur eine schwach genutzte Verbindung zur südspanischen Küste nach Cadiz. Weiter in den Atlantik sind römische Seefahrer vermutlich nicht vorgestoßen. Nach der Niederwerfung Karthagos ließ Rom seine Kriegsflotte verfallen, da man sich sicher wähnte, nun keinen Feind mehr auf dem Meere zu haben. Bald wurden die Römer eines Besseren belehrt. Die über See beförderten Reichtümer zogen mit unwiderstehlicher Gewalt Seeräuber an, und die ersten leichten Erfolge der Piraten ließen ihre Flotten rasch größer werden.

Anfangs waren es griechische und kleinasiatische Seeräuber, die die Verbindung zwischen Rom und Ägypten und damit den lebenswichtigen Südweg so stark störten, daß die Getreidepreise in Rom ins Unerträgliche stiegen und es zu Hungeraufständen der plebejischen Bevölkerung kam. Die Piraten hatten in dem König von Pontus, Mithridates (111–63 v. u. Z.), einen offenen Beschützer und Förderer. Im Besitz einer starken Kriegsflotte sammelte er alle Piraten der griechischen Inseln und der kleinasiatischen Küsten um sich und bedrohte mit diesen Kräften die wichtigsten Seeverbindungen Roms. Als die Römer Flottengeschwader von Zypern und Rhodos in Dienst nahmen und die Piraten zum Kampf stellten, ging die Flottenmacht des Mithridates zurück.

Aber Rom kam nicht zur Ruhe. Kilikische Piraten, durch heimatlos gewordene Karthager und griechische Piraten, aber auch durch flüchtige Sklaven und verarmte Italiker verstärkt, bedrohten die Zufahrtswege nach Ostia und wurden zu einer echten Gefahr für die römische Weltmacht. Ihre

GAJUS JULIUS CÄSAR

Schiffe, kleine wendige Einreiher mit der Bezeichnung Liburne, wurden später zum Vorbild für die römische Kriegsflotte. Nach antiken Quellen hißten die kilikischen Piraten Flaggen mit einem Totenkopf oder einem Gebein als Sinnbild des Todes an den Rahen, um ihre Feinde zu erschrecken. Die von ihnen angewandte Taktik war einfach. Hatten sie vor der Küste oder an einer Inseldurchfahrt ein Schiff entdeckt, ruderten sie an die Beute heran und sprangen von einem die Bordwände überragenden Kastell ihres Bootes an Bord des zu enternden Fahrzeuges. Hier wurde der Kampf im Handgemenge mit Schwert und Dolch entschieden. Der gefährlichste Gegner der Piraten war das schnellere Kriegsschiff, durch das sie zum Kampf gestellt und durch seine Übermacht an Soldaten auch besiegt werden konnten.

Die kilikischen Piraten organisierten nicht nur gemeinsam den Raub auf See und die Verteilung der Beute, sondern lebten auch an Land in einer Gemeinschaft nach eigenen Gesetzen. Die Küste Kilikiens erstreckte sich von der heutigen syrisch-türkischen Grenze entlang dem Golf von Iskenderun. Von den Gipfeln der Vorgebirge mit einer Höhe von 3000 m konnte man das Seegebiet bis nach Zypern überblicken. Gut sichtbar waren längs der Küste Signaltürme aufgestellt, von denen mit farbigen Fahnen das Insichtkommen von Beuteobjekten gemeldet oder vor nahenden Kriegsschiffen gewarnt wurde. Viele versteckt liegende, durch Felsen geschützte kleine Häfen boten ideale Schlupfwinkel für die Piratenschiffe, und für alle Fälle hatte man Fluchtburgen in den Bergen angelegt, die für Fremde unerreichbar blieben.

Die Hauptbeute der Piraten waren Lösegelder, die sie von reichen Gefangenen erpreßten, und Kontributionen, die von Hafen- und Küstenstädten erhoben wurden, gegen das Versprechen, die Stadt vor Plünderungen zu schonen.

Im Jahre 78 v. u. Z. fiel der junge Gajus Julius Cäsar, als er über See von Rom nach Rhodos reiste, kilikischen Seeräubern in die Hände. Er war als Anhänger des Marius, dem politischen Gegner des Diktators Sulla, aus Rom verbannt worden. Da er nach Beurteilung seiner Lehrer nur ein mäßiger Redner war, wollte er die Verbannung nutzen, um sich in der Schule des berühmten Meisters der Rhetorik Apollonius auf Rhodos ausbilden zu lassen. Als der Frachtensegler, auf dem Cäsar sich mit seinem Gefolge und seinen Sklaven eingeschifft hatte, die Insel Pharmacusa an der felsigen Küste von Karien passierte, kamen plötzlich von achteraus mehrere Riemenschiffe in Sicht, die ihren Kurs so angelegt hatten, daß sie mit schneller Fahrt den nur langsam segelnden Frachter bald stellen konnten. Der Frachter strich seine Segel, ohne den geringsten Widerstand geleistet zu haben.

Nach dem Bericht des griechischen Schriftstellers Plutarch (geb. um 46 v. u. Z.) soll Cäsar während des gesamten Vorgangs völlig ruhig, von Gefolge und Sklaven umgeben, auf seinem Platz an Deck gesessen und gelesen haben. Als die Piraten an ihn herankamen und seinen Namen und Stand wissen wollten, soll er nur kurz aufgeblickt und nach einem verachtungsvollen Blick auf den Anführer geschwiegen und weitergelesen haben. Erst ein Mann aus dem Gefolge Cäsars, der Arzt Cinna, habe dem Piratenhäuptling den Namen des vornehmen Aristokraten genannt: Gajus Julius Cäsar. Auch auf die Frage nach der Höhe des Lösegeldes, das er zu zahlen bereit sei, schwieg Cäsar. Umso erhitzter wurde diese Frage von den Piraten diskutiert. Als man sich schließlich bei zehn Talenten einig war, Cäsar aber nach wie vor völlig desinteressiert schien, soll der Piratenführer aus Ärger über diese hochmütige Haltung des adligen Römers die Summe verdoppelt und Cäsar angefahren haben: »Also entweder 20 Talente oder – – –.« Da erlebten die Piraten die größte Überraschung, denn jetzt zeigte sich der junge Mann echt engagiert und nannte es eine Beleidigung und Unverschämtheit, ihn so niedrig zu schätzen. Verstünden sie ihr Handwerk, so würden sie 50 Talente fordern!

Natürlich akzeptierten die Piraten das Angebot, behandelten ihren Gefangenen ab sofort außerordentlich höflich und brachten ihn in ihren Stützpunkt.

Hier beschäftigte sich Cäsar mit sportlichen Übungen und verfaßte Gedichte und Ansprachen. Am Abend las er diese Gedichte und Ansprachen, um ihre Wirkung zu erproben, den versammelten Piraten vor. Plutarch schreibt, daß diese von der Dichtkunst Cäsars eine ausgesprochen

schlechte Meinung hatten. Sie lachten ihn einfach aus und nannten ihn den römischen Narren.

Cäsar hielt mit seiner Meinung über die Piraten nicht zurück. Er sagte ihnen offen, daß er nach seiner Freilassung zurückkehren und sie alle miteinander hinrichten lassen werde. Nach 38 Tagen traf die Nachricht im Schlupfwinkel der Seeräuber ein, daß die 50 Talente beim Legaten Valerius Torquatus in Milet hinterlegt worden seien. Schon am nächsten Tag wurden Cäsar und sein Gefolge zu Schiff nach Milet gebracht, wo die 50 Talente den Seeräubern übergeben wurden. Cäsar aber ging, kaum daß er den Fuß wieder als freier Mann an Land gesetzt hatte, mit einer Energie, die ihm weder die Seeräuber noch sein politischer Widersacher Sulla, der ihn einmal den »Knaben im Unterrock« genannt hatte, zugetraut haben mögen, an die Verwirklichung seines Planes zur Bestrafung der Seeräuber. Mit vier Galeeren und 500 Soldaten überraschte er die Piraten bereits am nächsten Tag auf Pharmacusa. Vermutlich waren die Räuber nicht nur erstaunt, ihren Gefangenen so schnell wiederzusehen, sondern auch von der Beutefeier noch berauscht. Cäsar nahm an die 350 Piraten gefangen

– nur wenige sollen entkommen sein – und fand auch seine 50 Talente noch unversehrt vor. Er versenkte die Piratenschiffe im tiefen Wasser und brachte seine Gefangenen nach Pergamon, dem Hauptquartier des römischen Prätors Junius. Der Prätor war abwesend, sein Stellvertreter ohne Vollmachten. Da es Cäsar nicht gelang, von dem abwesenden Prätor die Entscheidung zur Hinrichtung der Piraten zu erhalten, handelte er in eigener Machtvollkommenheit. Er ließ 30 Anführer aussondern und in Ketten vorführen. Dabei erinnerte er sie an sein Versprechen, sie alle kreuzigen zu lassen. In Anbetracht der Freundlichkeit jedoch, mit der sie ihm während der unfreiwilligen Gefangenschaft begegnet seien, erweise er ihnen eine letzte Gunst: Ihnen, den Häuptlingen, würde vor der Kreuzigung die Kehle durchgeschnitten, die einfachen Piraten würden erwürgt werden. So geschah es. Danach setzte Julius Cäsar seine Reise nach Rhodos fort.

Mit welchem Haß die kilikischen Seeräuber die Römer weiterhin verfolgten, darüber berichtet Plutarch:

»Sobald die Piraten herausgefunden hatten, daß sich unter den Gefangenen ein römischer Bürger befand, stellten sie sich furchtbar erschrocken, schlugen sich an die Brust und warfen sich dem Gefangenen vor die Füße. Dabei baten sie ihn untertänigst um Vergebung. Andere Piraten zogen dem Gefangenen Schuhe an und bekleideten ihn mit einem weiten römischen Rock, damit – wie sie sagten – auch jeder sehe, wer er wäre. Nachdem sie so mit dem Gefangenen ihren Spott getrieben hatten, baten sie ihn, eine ins Meer reichende Leiter zu betreten, um darauf ungehindert und frei von Bord zu gehen. Weigerte sich der Gefangene, so wurde er mit Gewalt über die Leiter ins Meer gestoßen.«

Ein Versuch Roms, durch eine starke Kriegsflotte unter dem Oberbefehl von Putlius Servilius die Seeräuber zu vernichten, schlug fehl. Die Liburnen der Piraten waren wendiger als die schweren Zwei- und Dreireiher der Römer und stellten sich nicht zum Kampf. Kaum aber hatten die Kriegsschiffe das Seegebiet verlassen, zogen die Söhne Kilikiens erneut gegen die Seewege Roms und brachten Schiffe und Gefangene ein. Das Brot in Rom wurde schließlich so knapp, daß der römische Senat im Jahre 67 v. u. Z. Gnaeus Pompejus zum Feldherrn gegen die Seeräuber bestellte und mit besonderen Vollmachten ausstattete. Der Feldzug galt als so schwierig, daß Pompejus sich zur Lösung der Aufgabe drei Jahre erbat. Pompejus zeigte sich als ein geschickter Admiral. Er ließ 500 Liburnen bauen, also den gleichen Schiffstyp, mit dem die Piraten operierten. Er wandte sich zuerst dem westlichen Mittelmeer zu, teilte es in 13 Bezirke auf und ernannte für jeden Bezirk einen Befehlshaber, dem er eine entsprechende Anzahl Schiffe zuordnete. Pompejus selbst übernahm das Kommando über die Zentralflotte, die zwischen Afrika und Sizilien in Warteposition stand.

Neben der Flottenmacht stellte Pompejus eine Armee von 12000 Legionären zu Fuß und 5000 Reitern auf und setzte sie zum Kampf gegen die Küstensiedlungen der Piraten ein. Das ganze Unternehmen war von Pom-

GERMANIA
POLONIA
BOHEMIA
MORAVIA
AUSTRIACUS
Wien
CARINTHIA
Carniola
CROATIA
SLAVONIA
BOSNIA
HELVETIA
SAVOYE
DAUPHINE
PROVENCE
Marseille
Toulon
MARE LIGUSTICUM
Golfo de Lyon
Palasugel
Corsica
Sagona
Corte
Porto Vecchio
MARE SARDOUM
Minorca
Asinara I.
Sassari
C. de Lire
Sardinia
Villa di Glesia
I. di S. Pietro
I. S. Antioco
Chia
Roma
Ancona
Ravenna
GOLFO DI VENETIA
I. Longa
Incoronata
Ischia I.
Amalfi
MARE TYRRHENUM Sive TUSCUM
Strombolo
Volcano
Vulcano
Palermo
Trapani
I. Maretimo
SICILIA
Enna
Terra nova
Pantalarea
Limosa
Lampadosa
Malta
C. de Bona
MARE
Corfu
Pachsu
Cefalonia
M A R
PONENTE
M E D I
Bugia
Collo
Stora
Bona
Tabarcha
Beia
Tunis
Safrana
Constantine
Susa
Cairoan
Gerbi
Saffe
Cafsa
Pescara
Borgium
25
30
35
40

PONTUS EUXINUS hodie
MARE NIGRUM
Turcis CARA DENGHIZ
CRIMEA
BESSARABIA
MOLDAVIA
PODOLIA
BULGARIA
ROMANIA
NATOLIA olim ASIA MIN
TURCIA
TAURUS MONS
Caramania
ARCHIPELAGO
LIVADIA
NEGROPONTE I
CANDIA olim CRETA
MARE DE CANDIA
PAMPHYLIUM MARE
LYCIUM MARE
Cyprus
Rhodes I
MARE DI LEVANTE
E R R A N E U M
TERRA SANCTA
Jerusalem
Alexandria
Cairo
ÆGYPTUS
Mare Rubrum
F R I C Æ P A R S
Smyrna
Ephesus
Trapesond
Amasia
Bolli
Penderachi
Constantinopoli
Andrinopoli
Philippopoli
Metellino
Metelino I
Scio
Samos
Patmos
Scarpanto
Sidon
Tyrus
Samaria
Hebron
Gaza
Adena
Tarso
Satalia
Halicarnassus
Mylasso
Pergamus
Sareum
Laudichea
Bursia
Isnich
Nicomedia
Cangra
Tocat
Suvas
Cabes
Asof olim Tanais
Zingis
Sues
Raxa
Maroa
Farma
PETR
30
35
55
60
65

pejus so glänzend durchdacht und organisiert worden, daß er bereits nach 40 Tagen dem Senat melden konnte, daß es im westlichen Mittelmeer keine Piraten mehr gäbe.

Darauf wandte sich Pompejus dem östlichen Teil des Mittelmeeres, dem Gebiet der kilikischen Seeräuber, zu. Wahrscheinlich durch die erfolgreiche Taktik des römischen Feldherrn gewarnt und im Bewußtsein ihrer großen Stärke, stellten sich die Piraten der römischen Flotte bei Coracesium zum offenen Kampf – und wurden besiegt. Nach den überlieferten Zahlen verloren die Seeräuber 1300 Schiffe im Kampf, 400 Schiffe fielen in die Hände des Siegers, 20 000 Piraten wurden gefangengenommen, und 10 000 waren gefallen.

Der Sieger handelte mild und klug. Er ließ nur einige Hundert Anführer hinrichten, alle anderen Piraten siedelte er als Bauern an menschenleerer Küste des östlichen Mittelmeeres an.

Nach diesem großen Sieg des Pompejus fügten sich Zypern, Kreta, Minorca und Mallorca freiwillig der römischen Seeherrschaft. Fast schien es, als ob die Schiffahrt im Mittelmeer nun vor Seeräubern sicher sein konnte. Doch das Piratentum war nicht tot, es verlagerte sich nur vorübergehend an die Peripherie des römischen Machtbereiches.

Die Illyrer an der dalmatinischen Küste der Adria blieben nach wie vor gefürchtete Seeräuber. Als sich eine römische Gesandtschaft über die Wegnahme römischer Schiffe beschwerte, entgegnete die Herrscherin der Illyrer: »Ich kann den Männern meines Volkes nicht verwehren, aus dem Meere Nutzen zu ziehen«. Aber auch punische und griechische Seeräuber machten weiterhin Jagd auf römische Handelsschiffe, und bald schon nahm das Piratentum für Rom wieder ein gefährliches Ausmaß an.

Das Römische Reich war durch die inneren Machtkämpfe nach der Ermordung Cäsars im März 44 v. u. Z. geschwächt, und die Piraten nutzten diese Chance. Unter den neuen Machthabern erregte ein Name ganz besondere Aufmerksamkeit: Sextus Pompejus, der zweite Sohn des Gnaeus Pompejus, des großen Siegers über die Piraten. Die den Piraten erwiesene Milde durch seinen Vater verschaffte dem Sextus Pompejus einen starken Zulauf ehemaliger Piraten und Piratensöhne. Der größte Teil seiner Schiffsmannschaften aber bestand aus flüchtigen Sklaven, denen er Asyl gewährte und die Freiheit versprach. So verfügte Sextus Pompejus schon bald über eine mächtige Piratenflotte. Mit dieser Flotte eroberte er Sizilien, Sardinien und Korsika und blockierte die Seewege nach Rom. Das zwang Oktavian, den Nachfolger Cäsars und späteren Kaiser Augustus, mit Sextus Pompejus im Jahre 39 v. u. Z. den Vertrag von Misenum abzuschließen. Dieser Vertrag sicherte vorerst dem Sextus Pompejus Sizilien, Sardinien, Korsika und den Peloponnes so lange zu, wie Oktavian und Antonius die von ihnen besetzten Provinzen behielten. Außerdem enthielt der Vertrag eine Amnestie für alle Gefolgsleute des Sextus. Die in seinen Diensten stehenden Sklaven wurden als Freie anerkannt, allerdings mußte

Pompejus sich verpflichten, keine flüchtigen Sklaven mehr aufzunehmen und Getreide nach Rom zu liefern. Doch bald schon brandschatzten die Piratenschiffe des Sextus Pompejus erneut die Küsten Italiens und stoppten die Zufuhren nach Rom. Wiederum drohten in der Hauptstadt Hungeraufstände. Da Pompejus auch wieder flüchtige Sklaven an Bord seiner Schiffe nahm, erklärte Oktavian den Kampf gegen ihn zum Krieg gegen die Sklavenflucht und ernannte Agrippa, einen bereits bewährten Feldherrn, zum Admiral der römischen Flotte. Nachdem Agrippa mit großer Tatkraft die Flotte reorganisiert und durch neue Schiffe verstärkt hatte, kam es im Jahre 36 v. u. Z. vor der Nordostspitze Siziliens bei Naulochus zu einer größeren Seeschlacht zwischen den Seeräubern des Sextus Pompejus und der römischen Flotte. Die Piratenflotte wurde geschlagen, nur 17 Schiffe entkamen. Agrippas Sieg wurde dadurch erleichtert, daß viele Schiffsbesatzungen des Pompejus, die aus ehemaligen Sklaven bestanden, nicht kämpften, sondern sich ergaben, da Oktavian ihnen versprochen hatte, sie als Freie in seine Armee aufzunehmen. Sie wurden auch wirklich in die Armee eingereiht, aber an einem bestimmten Tag wurden sie, 30 000 Mann, auf Grund eines Geheimbefehls des Oktavian festgenommen und an die alten Besitzer zurückgegeben. 1000 Sklaven, deren Herkunft nicht zu ermitteln war, wurden hingerichtet.

Sextus Pompejus floh nach der Schlacht nach Kleinasien, wo er gefangengenommen und getötet wurde. Damit war auch diese gefährliche Bedrohung von Rom abgewehrt worden. Im weiteren Verlauf der römischen Geschichte kam es nicht mehr zu der Konzentration ganzer, militärisch organisierter Seeräuberflotten. Aber den Seeraub einzelner Piraten mußten die römischen Handelsschiffe weiter ertragen, solange sie das Mittelmeer befuhren.

Raub- und Eroberungsfahrten der Goten, Wandalen und Wikinger

IV.

Julius Cäsar schrieb von den Germanen, daß sie das Rauben für keine Schande hielten, wenn es nur außerhalb ihres Stammesverbandes geschähe. Eine erste Schilderung über Piraterie im Raum der Nordsee entstammt der Feder des römischen Historikers Cornelius Tacitus. In der im Jahre 98 u. Z. erschienenen Biographie »Leben des Agricola« beschreibt er, wie durch Rom zwangsrekrutierte Germanen bei ihrem Einsatz in Britannien im Jahre 83 u. Z. den römischen Hauptmann und die römischen Ausbilder ihrer Cohorte erschlugen und flüchtig wurden. An der Küste setzten sie sich in den Besitz von drei Booten. Sie zwangen den Führer eines Bootes, ihnen als Lotse zu dienen, während sie die anderen töteten. Mit den drei Fahrzeugen fuhren die Germanen die britische Küste entlang und versuchten sich als Seeräuber. Sie müssen aber nicht sehr erfolgreich gewesen sein, denn Tacitus schreibt, daß sie in äußerster Not die Schwächsten aus ihrer Mitte und später jene, die das Los traf, töteten und aßen. Sie wurden schließlich, nachdem sie ihre Schiffe verlassen hatten, von den Friesen als Seeräuber gefangengenommen und als Sklaven verkauft.

Im 2. und 3. Jahrhundert u. Z. entstanden bei den Germanen stabile Stammesverbände und Völkerschaften. Die an der Küste lebenden Germanen, vor allem Friesen und Sachsen, waren gute Schiffbauer und Seefahrer, die mit baltischen und skandinavischen Stämmen Handel trieben. Gleichzeitig unternahmen sie aber auch mit ihren Schiffen Raubzüge über See, um Schätze und Sklaven für den Verkauf zu erobern. Dieser Seehandel und

Seeraub führte zu einer Anhäufung von Reichtümern in den Händen der Stammesaristokratie und förderte die Zersetzung der Urgesellschaft. Die Macht der Stammesführer nahm zu, und der Stammesadel und die Gefolgschaften erhielten eine größere Bedeutung. Sie alle wollten Ländereien erobern und Kriegsbeute machen, um weitere Reichtümer anzusammeln. In ihren Kriegs- und Eroberungszügen drangen germanische Stammesverbände weit in das Römische Reich ein und stießen bis an die Küsten des Mittelmeeres vor. Goten eroberten und plünderten im Jahre 251 u. Z. die thrakische Stadt Philippopolis. Sie besiegten die Armee des römischen Kaisers Decius, der selbst im Kampf gegen die Goten fiel. Drei Jahre später fielen die Goten erneut in Thrakien ein und drangen bis Thessalonike vor. In den Jahren von 258 bis 268 u. Z. unternahmen sie von hier Raubzüge über See nach Griechenland und an die kleinasiatische Küste, wobei sie viele Städte, u. a. Ephesos, Nikaia und Nikomedeia plünderten. Nach Berichten antiker Autoren waren am größten Piratenzug der Goten im Jahre 267 u. Z. über 500 Schiffe und mehr als 100 000 Mann beteiligt.

Im Zuge der germanischen Völkerbewegungen überquerten die Wandalen im Jahre 406 den Rhein. Über Trier, Paris, Tours und Bordeaux zogen sie kämpfend durch Gallien und erreichten im Jahre 411 Südspanien.

Im Jahre 428 wählten die Wandalen Geiserich zu ihrem König, der Schiffe nach römischen Vorbildern bauen ließ. Mit dieser Flotte setzten

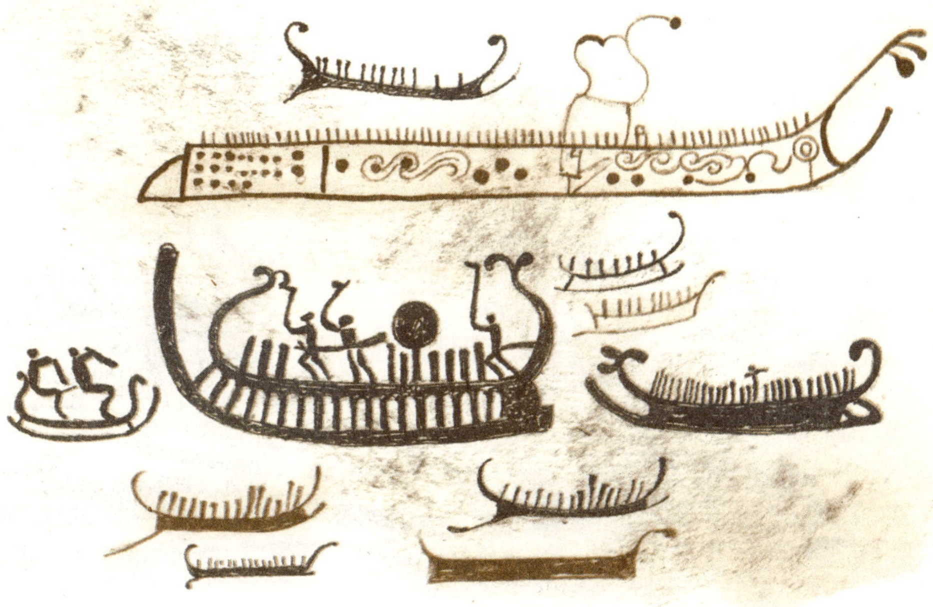

die Wandalen – alte Quellen sprechen von 80 000 Menschen – mit Pferd und Wagen sowie ihrer gesamten Habe im Jahre 429 zur nordafrikanischen Küste über. Geiserich, dem sich auch größere Scharen von Goten und Alanen angeschlossen hatten, stieß systematisch längs der Küste nach Osten vor, bis er im Jahre 439 Karthago erreichte, das er zu seinem Herrschersitz bestimmte. Den Wandalen wurde die Eroberung Nordafrikas sehr erleichtert, weil sie in dieser römischen Provinz von Sklaven und Kolonen unterstützt wurden, die sich gegen Rom erhoben hatten.

Die Hauptmacht, aber auch der Lebensnerv der Wandalen war ihre Flotte, mit der sie von Nordafrika aus die Balearen, Sardinien und Korsika sowie Teile von Sizilien eroberten. Von den Küsten ihres Reiches unternahmen sie Raub- und Plünderungsfahrten nach Italien und Griechenland. Hierbei stießen sie auf das oströmische Kaiserreich, das bei der Teilung des Imperiums im Jahre 395 entstanden war. Unter dem Kommando des Admirals Basiliscus wurde eine Flotte von 212 Riemenschiffen und 70 000 Mann gegen die Wandalen entsandt, über deren Flottenstärke nichts bekannt geworden ist. Nach der üblichen Geschichtsschreibung überfielen die Wandalen die oströmische Flotte während der Zeit eines

vereinbarten Waffenstillstandes bei Kap Bon. Es ist mit einiger Sicherheit anzunehmen, daß diese Deutung von oströmischer Seite als Motivation für die verheerende Niederlage der eigenen Flotte erfunden wurde. Als Ergebnis des wandalischen Sieges trat Ostrom einen großen Teil der nordafrikanischen Küste offiziell an Geiserich ab.

Von den neugewonnenen wie von den alten Basen aus führte die Wandalenflotte verstärkt ihre Piratenzüge an die italische, griechische und kleinasiatische Küste durch. Im Jahre 455 überfiel Geiserich Rom und überließ die Stadt für 14 Tage seinen Wandalen zur Plünderung. Da hierbei auch christliche Kulturgüter geraubt und vernichtet wurden, erfand später ein Bischof den Begriff »Wandalismus« als Synonym für sinnlose Zerstörung. Das Königreich der Wandalen bestand bis 534.

An der Nordseeküste siedelten Friesen, Sachsen, Angeln und Jüten, an der nordwestlichen Ostseeküste die Dänen, alles kühne Seefahrer und Piraten, die Britannien und die Nordwestküste Galliens überfielen und brandschatzten. In Verbindung mit diesen Raubfahrten tauchte zum erstenmal der Name Wiking auf. Der dänische Historiker Saxo (geb. um 1150) schildert sehr anschaulich, wie sich mit der Entwicklung des Feudalis-

mus in der skandinavischen Gesellschaft die von der Aristokratie betriebene Seeräuberei verstärkte. Unter der Piratenflagge wurden auch die Machtkämpfe zwischen den Aristokraten ausgetragen, aus denen schließlich die siegreichen Geschlechter als Könige hervorgingen. Saxo nennt mehrere Beispiele für das Piratentum von Königen und Aristokraten:

»Helgo, des dänischen Königs Huldan Sohn, und später selbst König von Dänemark, hatte sich der Seeräuberei verschrieben ———.«

»Haldanus, König von Dänemark, überließ nach drei Jahren Regierung das Reich gutwillig seinem Bruder Harald und legte sich als ein unruhiger Herr auf die Seeräuberei.«

»Kolles, König von Norwegen, und Horwendill, Herzog von Jütland, lebten beide zu gleicher Zeit, und beide waren berühmte Seeräuber.«

»Olo, mit dem Zunamen der Hurtige, ein norwegischer Prinz, wurde auf seines Vaters Geheiß Seeräuber, um das Meer von anderen Seeräubern zu befreien. Er wurde so mächtig zur See, daß er 70 berühmte Seeräuber, alles vornehme Prinzen, deren vornehmste Birwill, Huirvill, Thorwill, Neff, Oreff, Reduart, Rand und Erand hießen, überwand und vernichtete.«

Die Wikinger oder Normannen, wie sie später allgemein genannt wurden, fielen Ausgang des 8. Jahrhunderts hauptsächlich von Dänemark aus in Britannien ein. In der englischen Geschichte werden sie deshalb auch als Dänen bezeichnet. Als Beginn der Piratenzüge gilt der Überfall der Normannen auf das Kloster Lindisfarne am 8. Juni 793. Das zur damaligen Zeit reiche und berühmte Kloster, das auf der gleichnamigen Insel vor der schottischen Ostküste lag, wurde geplündert und angezündet. Die Klosterinsassen wurden erschlagen. Bald folgten weitere Überfälle auf Klöster und Kirchen, so daß man am Ende einer Messe in den Kirchen sang: »Gott befreie uns vom Schrecken der Normannen!«

Während sich die Normannen anfangs darauf beschränkten, die englische Küste zu plündern, eroberten sie ab Mitte des 9. Jahrhunderts ganze Gebiete, in denen sie siedelten. Nach den Shetland- und Orkney-Inseln und den Hebriden annektierten sie schließlich den ganzen Nordosten der Insel. Sie kamen bis zu den Färöern und nach Island, wo sie ebenfalls Siedlungen anlegten. Die Normannen suchten mit ihren Schiffen systematisch die europäischen Küsten ab, sie durchfuhren die Ost- und Nordsee, den Atlantik, das Mittelmeer und das Schwarze Meer. Mit ihren schnellen Drachenbooten drangen sie in die Flußmündungen ein und fuhren flußaufwärts, bis sie in die Nähe der zu überfallenden Stadt kamen. Dort raubte ein Teil von ihnen weidende Pferde, und auf ein verabredetes Zeichen griffen sie die Stadt zugleich vom Fluß und vom Land aus an. Bevorzugte Objekte für ihre Plünderungen waren Kirchen und Klöster mit den darin gehorteten Schätzen. Die Normannen plünderten nicht nur, sondern machten auch Gefangene, die sie auf den Märkten verschiedener europäischer und asiatischer Länder als Sklaven verkauften. Mehr als

100 000 Menschen sollen sie allein aus Frankreich und den Niederlanden geraubt haben. Trafen sie auf harten Widerstand, so verhandelten sie, ersannen Kriegslisten oder zogen wieder ab.

Auf Elbe, Weser und Rhein fielen die Normannen in Deutschland ein. Nachdem sie 854 Hamburg geplündert hatten, erschienen sie 994 erneut in der Elbmündung. Der bekannte Chronist Adam von Bremen, der die Eindringlinge mit dem lateinischen Wort »Pyrates« bezeichnete, schrieb darüber u. a.:

»Als die Wikinger in der Elbmündung aufwärts fuhren und in das Innere des Landes einbrachen, schlossen sich die sächsischen Großen zusammen. Trotz der Schwäche ihrer Truppen erwarteten sie die Barbaren, die ihre Schiffe verlassen hatten, bei Stade. Der Kampf war schwer, denkwürdig und sehr unglücklich. Wohl wurde auf beiden Seiten tapfer gefochten, doch die unsrigen erwiesen sich schließlich als unterlegen. Siegreich zerschlugen die Wikinger die ganze sächsische Streitmacht.«

Über den Einfall auf der Weser schrieb Adam von Bremen:

»Andere Wikinger, die in die Weser eingefahren waren, verheerten das Land Hadeln bis nach Lesum hin und kamen mit einer großen Anzahl von Gefangenen bis an das Moor bei Glinstedt.«

Abschließend bemerkte der Chronist:

»Seit dieser Zeit fielen immer wieder Wikinger räuberisch in diese Gegenden ein. Alle Städte Sachsens erfüllte Furcht. Selbst Bremen begann man mit einem sehr starken Wall zu schützen. Alte Leute erinnern sich noch daran, wie Erzbischof Liawizo damals den Kirchenschatz und alle Kirchengeräte nach der Probstei Bücken bringen ließ«.

Rheinaufwärts erreichten die Normannen Köln, Bonn und Aachen. Ein Nachkomme Karls des Großen wollte sich von den Überfällen freikaufen und schenkte ihnen Walcheren an der Rheinmündung. Die Normannen

bauten es zum Stützpunkt aus und erreichten nun umso leichter deutsche und französische Flüsse.

Frankreich hatte besonders stark unter den Einfällen der Normannen zu leiden. 841 verheerten sie Rouen, 843 steckten sie Nantes in Brand, und im Jahre 845 plünderten sie Paris. Sie drangen auf der Loire bis nach Orleans und auf der Garonne bis Toulouse vor. 882 erschienen sie auf der Maas, 883 auf der Schelde, 884 auf der Somme, und 885 standen sie erneut vor Paris, das sie zehn Monate lang erfolglos belagerten.

Abbon, ein französischer Mönch der Abtei von Saint-Germain, hat in einem langen lateinischen Gedicht über diesen zweiten Normannenansturm berichtet. Nach Abbon waren es 40 000 Wikinger, die sich auf der Seine Paris näherten. »Ihre Schiffe«, so schrieb der Mönch, »bedeckten die Wasseroberfläche so dicht, daß man zwei Meilen stromabwärts keine Wellen blinken sah. Nachdem ihr erster Angriff abgeschlagen war, bezogen sie ein festes Lager auf der Anhöhe von Saint-Germain l'Auxerrois. Von hier aus plünderten und mordeten sie rings um die belagerte Stadt, aber es gelang ihnen nicht, in die Stadt einzudringen.«

Die Pariser hatten aus dem ersten Überfall gelernt und eine stark befestigte Brücke als Barriere auf dem Fluß errichtet. Durch diese Maßnahme gewannen die Verteidiger Zeit, und als Entsatztruppen vor Paris erschienen, zogen sich die Wikinger ohne Erfolg zurück.

Im Jahre 911 eroberten die Normannen unter ihrem Fürsten Rollo ein Gebiet an der Seinemündung, das später die Bezeichnung Normandie erhielt. Die hier siedelnden Normannen verschmolzen sehr schnell mit der einheimischen Bevölkerung und nahmen im Verlaufe der Zeit deren Sprache und Brauchtum an.

Nach der Niederlage der skandinavischen Normannen im angelsächsischen England landeten die in der Normandie seßhaft gewordenen Normannen unter Wilhelm dem Eroberer im Jahre 1066 mit 1400 Schiffen an der englischen Küste. Nachdem Wilhelm am 14. Oktober den angelsächsischen König Harold bei Hastings besiegt hatte, ließ er sich selbst zum König von England krönen.

Gegen 860 erschienen die nordischen Räuber nach Umrundung der iberischen Halbinsel zum erstenmal im Mittelmeer und plünderten die Küsten Spaniens, Südfrankreichs und Italiens. Sie stießen bis zur nordafrikanischen und kleinasiatischen Küste vor und versuchten selbst Rom und Byzanz, die Hauptstädte der damals bekannten Welt, anzugreifen. Nachdem sie sich in Unteritalien und auf Sizilien festgesetzt hatten, wurde im Jahre 1130 der Normannenherzog Robert II. vom Papst zum König von Apulien und Sizilien gekrönt.

Das listenreiche Vorgehen der Wikinger bei der Zerstörung der italienischen Stadt Lucca schilderte der Dekan von St. Quentin.

»Nachdem die Nordmänner Pisa und Fiesole heimgesucht hatten, richteten sie den Bug ihrer Drachenschiffe auf die Bischofsstadt Lucca an der Mündung der Magra. Die Stadt war auf die Ankunft der Wikinger vorbereitet, und die wehrfähigen Männer hatten die Stadttore und Stadtmauern besetzt. Doch der Sturm blieb aus. Statt dessen erschien der Anführer der Wikinger Hastein mit einigen seiner Gesellen unbewaffnet vor dem Stadttor und äußerte den Wunsch, das Christentum anzunehmen und sich vom Bischof der Stadt taufen zu lassen. Der Bitte wurde, wenn auch unter Einhaltung notwendig erscheinender Sicherungsmaßnahmen, stattgegeben. Hastein wurde getauft und wieder vor das Tor geleitet.

Gegen Mitternacht bewegte sich mit lautem Geschrei ein größerer Trupp Wikinger auf das Stadttor zu. Sie trugen eine Bahre, auf der der angeblich plötzlich dahingeschiedene Hastein lag. Es sei sein letzter Wunsch gewesen, im Dom von Lucca beigesetzt zu werden. Konnte man einem eben erst in den Schoß der Kirche Aufgenommenen diese letzte Bitte abschlagen? Der Bischof befahl, den Toten und die offenbar unbewaffneten Begleiter passieren zu lassen. Doch die Totenmesse konnte nicht gehalten werden, denn vor dem Altar erstand Hastein von den Toten. Die Wikinger ergriffen die auf der Bahre versteckt gewesenen Waffen und stürzten sich auf die entsetzte Trauergemeinde. In der allgemeinen Verwirrung kam das gesamte Wikingerheer durch die Stadttore. Lucca wurde geplündert und zerstört.«

Die Normannen wurden in Osteuropa als Waräger bezeichnet. Neben ihren Raubzügen betätigten sie sich hier vor allem als Sklavenhändler, die ihre Ware über Konstantinopel oder über die Wolga und das Kaspische Meer zum Iran und dessen Nachbarländer lieferten. Der Weg der Waräger von Skandinavien nach Konstantinopel ging über den Finnischen Meerbusen, die Newa, den Ladogasee, den Wolchow, den Ilmensee, die Lowat, einen Teil der Düna und den Dnepr bis zum Schwarzen Meer.

Es hieße den Wikingern geschichtlich Unrecht tun, wollte man sie nur als gefährliche Seewölfe darstellen. Neben ihren Entdeckungsfahrten, bei denen sie auf Island, Grönland und Nordamerika stießen, haben sie auf ihren Fahrten rings um Europa ein Verkehrsgebiet erschlossen, das nicht nur die Seewege von der Ostsee bis zum Schwarzen Meer, sondern auch alle größeren europäischen Flüsse in sich einschloß. Dieses Verkehrsgebiet bildete für die folgenden Jahrhunderte die Grundlage des europäischen Fernhandels.

Die entscheidende Überlegenheit über ihre Gegner errangen die Wikinger durch ihre Drachenboote und die kriegerische Haltung ihrer Besatzungen. Durch zahlreiche Funde wurde eine Rekonstruktion der Drachenboote möglich. So wurde ein 1880 bei dem Bauernhof Gokstad ausgegrabenes Wikingerschiff sorgfältig aufgenommen und nachgebaut. Mit dem Boot segelte eine 13 Mann starke Besatzung 1893 von Norwegen über den Nordatlantik in 40 Tagen nach Chikago. Das Boot erreichte Geschwindigkeiten bis zu 10 kn und bewährte sich auch bei schwerem Wetter im Atlantik ausgezeichnet. Das 28 t Wasser verdrängende Boot hatte eine Länge von 23,8 m, eine Breite von 5,1 m und bei einem Freibord von 0,9 m mittschiffs eine Raumtiefe von 1,75 m.

Die Wikinger hatten für jedes Drachenboot eine fest erprobte Besatzung, die in zwei Wachen zu je 40 Mann arbeitete. Eine Wache besetzte die 32 Riemen – die Boote besaßen auf jeder Bordseite 16 Riemen – und

bediente Ruder und Segel, während die zweite Wache ausruhte. Das Boot trug einen 13 m hohen Mast mit einem bunt gestreiften, viereckigen Rahsegel von etwa 70 m^2 Fläche. Auch die Boote waren mit bunten Farben bemalt. Der Drachenkopf, nach dem die Langboote ihren Namen erhielten, wurde nur bei Kriegsfahrten am Vorsteven angebracht.

Die Besatzungen waren seit ihrer Jugend im Sinne der alten Sagas erzogen worden. Sie handelten nach den Regeln von Eroberern der sich auflösenden Urgesellschaft, die Kampf, Raub und Plünderung heroisierten. Sie fuhren meistens in kleineren oder größeren Abteilungen, und sie kamen immer überraschend für den Überfallenen, kühn, beutegierig und entschlossen, den Sieg zu erringen.

Es gibt keine verbürgten Überlieferungen über die Regeln des Zusammenlebens der Wikinger. Nach den überlieferten Aussagen der Sagas war jeder Wiking der Blutsbruder seines Bootsgenossen, dessen Tod unter Einsatz des eigenen Lebens am Feind zu rächen war. Die Beute sollte gleichmäßig an alle Bootsgenossen, unter Berücksichtigung der Führeranteile, verteilt werden. Beute zu unterschlagen bedeutete den Ausschluß aus der Bootsgenossenschaft. Sie hatten eine strenge Nachrichtendisziplin. Jede Nachricht oder Neuigkeit mußte dem Führer der Genossenschaft mitgeteilt werden. Nur er entschied darüber, ob und in welcher Form die Nachricht weitergegeben werden durfte. Gerüchte oder Verleumdungen auszustreuen oder nachzuerzählen, stand unter Strafe. Der Führer der Bootsgenossenschaft wurde nicht nach Geburt oder Befehl eingesetzt, sondern wurde von der Bootsgenossenschaft gewählt und unterstand den Beschlüssen der Genossenschaft. War er gewählt, besaß er die volle Autorität, nach den Gesetzen und Regeln zu entscheiden. Gegen seine Entscheidungen gab es keinen Widerspruch.

Natürlich lassen sich die Wikingerzüge nicht aus der Sicht einer Sagenliteratur erklären, die außerdem in der Regel erst Jahrhunderte später entstanden ist. Die moderne Geschichtswissenschaft weist nach, daß es sich um Taten und Ereignisse handelte, die den Prozeß der Herausbildung frühfeudaler Staaten in Europa begleiteten und nur in Ausnahmefällen zu einer dauerhaften Landnahme und Staatenbildung führten. Die Raubzüge und die Handelsfahrten, einschließlich eines umfangreichen Menschenhandels, boten den Adligen und ihren Gefolgschaften Möglichkeiten der Bereicherung, die sie nach ihren Gesetzen und Moralauffassungen voll nutzten.

Auch die Bezeichnung Wikingerkunst ist irreführend. Der Name wurde fälschlich auf die gesamte skandinavische Kulturepoche von 800 bis 1100 übertragen. In Wirklichkeit setzt die Wikingerkunst die germanische und frühmittelalterliche Kunst fort, bereichert durch Elemente der irischen, karolingischen und besonders der orientalischen Kunst als Ergebnis weitreichender Handelsbeziehungen der Wikinger.

Das Piratentum in Nord- und Ostsee

V.

Während die Normannen auf ihren Raub- und Eroberungsfahrten rings um Europa Angst und Schrecken verbreiteten, hatte der See- und Küstenraub auch im Bereich der Nord- und Ostsee, dem Ausgangspunkt der Wikingerzüge, einen erheblichen Umfang angenommen. Das Karolingerreich war durch innere Schwächen auseinandergefallen. In Skandinavien hatten sich feudale Königreiche gebildet, die fast ständig miteinander in Streit lagen. Die Ostseeslawen, im Stadium einer frühfeudalen Entwicklung, überfielen fremde Küsten, mußten sich aber auch selbst des Expansionsdranges der dänischen und deutschen Feudalen erwehren. Es gab zwischen den verschiedenen Küstenstaaten der Nord- und Ostsee im 10. und 11. Jahrhundert bereits einen lebhaften Handel über See, der jedoch immer wieder von Raubzügen und Überfällen, von Menschenjagden und Piraterie gestört wurde. Ein Chronist schrieb über diese Zeit:

»Es nahm die Seeräuberei in der Nordsee und auch anderswo bei den Dänen, Schweden, Normannen, Sachsen, Wenden, Russen, Engel- und Schottländern dermaßen überhand, daß nichts auf See und an der Küste vor ihren Raubzügen und Überfällen sicher war, und wenn vordem nur einzelne Personen die Seeräuberei betrieben hatten, so wurde sie jetzt zu einer Angelegenheit von Nationen und Völker. So beraubten die Schweden die Dänen und Russen, die Dänen und Normannen die Engländer und Sachsen, die Wenden die Dänen, die Sachsen die Engländer und Franzosen.«

Diese Aufzählung ist noch nicht einmal vollkommen. So ist es unverständlich, warum die Friesen nicht erwähnt werden, denn die Friesen waren nicht nur gute Seefahrer und Kaufleute, sondern trieben auch Seeraub und Menschenhandel. Sie begleiteten mit ihren Schiffen bereits Karl den Großen auf seinen Kriegszügen gegen die Westslawen und Sachsen, sie unterstützten die englischen Könige gegen die Normannen, und eine Eidgenossenschaft friesischer Seeräuber war 1097 an den Kämpfen des ersten Kreuzzuges vor Tarsus beteiligt. Auch die friesischen Küsten blieben von räuberischen Überfällen nicht verschont. Um das Jahr 1000 fielen dänische und schwedische Seeräuber, die als Aschmänner bezeichnet wurden, in Friesland ein. Nach der Überlieferung handelte es sich um zwei starke Räuberscharen – eine davon soll über 20 000 Mann betragen haben –, die das ganze Land ausraubten und verheerten.

An der südlichen Ostseeküste waren es die Ostseeslawen, Obodriten, Liutizen und Pomoranen – der Chronist bezeichnet sie als Wenden –, die neben ihren Handelsfahrten häufig Raub- und Plünderungsfahrten zur skandinavischen Küste, vor allem zu den dänischen Inseln, unternahmen. Sie überfielen Gotland und Bornholm, Falster, Laaland und Jütland, sie drangen selbst bis zur englischen Küste vor. Bei einem Überfall auf das norwegische Konnungahela im Jahre 1135 machten sie 7 000 Gefangene, Frauen, Mädchen und Knaben, die sie auf den slawischen Sklavenmärkten nach dem Orient verkauften. Nachdem ihre erste Küstenbasis Jomburg im Jahre 1043 von den Dänen zerstört worden war, verlagerten sie ihre Stützpunkte nach der Insel Rügen. Bei Kap Arkona, dem nördlichsten Punkt der Insel mit einem weiten freien Blick nach See, errichteten sie eine Tempelburg, die 1168 ebenfalls von den Dänen niedergebrannt wurde. Im Jahre 1187 überfielen Ostseeslawen die schwedische Stadt Sigtuna, brandschatzten sie und machten wiederum viele Gefangene für die Sklavenmärkte.

Der Seehandel zwischen den Anliegerstaaten der Ostsee und denen der Nordsee wurde gewöhnlich über die jütländische Landenge hinweg abgewickelt. Nur selten wurde die Halbinsel umfahren. Der bekannteste Umschlagplatz für den Warenaustausch war über Jahrhunderte Haithabu, eine mit einem Doppelwall geschützte dänische Kaufmannssiedlung im Süden Jütlands. Anfang des 10. Jahrhunderts wurde Haithabu schwedisch, von 934 bis 983 war es in deutschem Besitz; danach wieder dänisch, wurde die Stadt wiederholt von Seeräubern angegriffen und geplündert. Im Jahre 1066 wurde sie bei einem slawischen Angriff endgültig zerstört.

Mehrere Quellen bestätigen, daß zahlreiche Piratenfahrten aus der Nordsee in die Ostsee ausschließlich zum Zwecke der Menschenjagd organisiert und durchgeführt wurden. Auch bei den häufigen Kriegs- und Raubzügen in den slawisch-skandinavischen Auseinandersetzungen galten Menschen als die wichtigste Beute. Dabei wurden die Gefangenen kaum als Arbeitskräfte in der Wirtschaft des Siegers eingesetzt, sondern gewöhnlich als Sklaven an europäische oder orientalische Menschenhändler verkauft. Sie wurden gegen Schwerter, Pfeilspitzen, Münzen, Schmuck, Wein

und Tuche von der Nordsee oder gegen Schmuck, Silber, Glaswaren, Halbedelsteine, Seiden- und Brokatstoffe aus dem Mittelmeergebiet getauscht. Weitere Tauschobjekte der Ostseeküste waren Pelze, Wachs, Honig, Heringe und Bernstein. Einer der bedeutendsten Handelsplätze jener Zeit war die Ostseeinsel Gotland, auf der bei Ausgrabungen über 40 000 arabische Münzen gefunden wurden. Die häufig anzutreffende Insellage vieler Märkte entsprang nicht nur dem Bedürfnis des Kaufmannes nach Schutz vor Überfällen durch Räuber, denn vor Seeräubern war er hier ebenfalls nicht sicher, sondern auch dem Bestreben, der Handelsware Mensch die Flucht zu erschweren.

OCEANUS
GERMANICUS
DE
NOORD
ZEE
Stavanger
Carmen I.
Egere Oe
Fockstein
Varsten
Lindesnes al der neus
Lange Sund
Sandfioerd
Nedenes
Beresond
Flekkeroen
Kalsnoe
Suster
Friderichshal
Sarp
Coster
Distelberg
Pater Noster
Maelstrand
Bihus
GOTTEBORG
Skaun
Hertzholm
Lessow I.
Falkenberg
SCHAGER RACK
Anhout
Grinaa
Halmstad
Lund
Malmo
Barlum
AALBURGEN
Aalborg
Lemwyg
Wiborg
Aarhus
Randers
Ringkiöbing
Horsens
Weile
Fredericia
Kolding
Rypen
Fanoe I.
Rom I.
Sylt I.
Amrom I.
Norstrant I.
Helgelant I.
New Werck
Flensburg
Apenrade
Sleswig
Kiel
Oldenburg
Itzehoa
Ploen
HOLSATIA
Lubeck
Glukstat
HAMBURG
Stade
Lauwenburg
MEKLENBURG
Gustrow
Rostock
Stralsond
DUCATUS
Lunenburg
LUNENBURG
Bremen
Oldenburg
Emden
BREMENSIS
IURIS SUECICI
Odense
FUNE
Roskild
COPPENHAVEN
Kioge
Nistued
Skelskor
Laland
Falster I.
Mona I.
Langeland
Femeren I.
Arroe
Alsen I.
Christianbris

WESTMANIA
UPSALI
D I A
Philipstat
Carolstat
Orebro
NERICIA
Kunda
SUDER
Strengnes
Nykoping
Norrkoping
OSTROGO
THIA
Wadstena
Skenninge
Grenna
Wisby
GOTHLAND I.
Ostergard
MARE
I. Filsand
OESEL
Dagho
OELAND I.
Borkholm
Oostenby
Calmar
BALTICUM
Carlscron
Hanoe
Ertholm
Bornholm I.
DE OOST ZEE
Rugia I.
Colberg
Lebe
Louwenberg
DANTZICK
Elbing
Zinten
Koningsberg
Labiau
POMERANIA
Trepstow
Regenwold
Stettin
Stargard
Corlin
Hamerstein
Desertum
Woldow
POLONS
PRUS
Margenburg
Seeburg
Hoenstein

Die fast ununterbrochenen Raub- und Eroberungskriege sowie der sich immer stärker ausdehnende See-, Küsten- und Menschenraub im Bereich der Nord- und Ostseeküste führten seit der zweiten Hälfte des 11. Jahrhunderts zu einem allgemeinen Niedergang des Seehandels und sogar zu einem Rückgang in der Bevölkerungszahl dieses Gebietes. Die an Flußmündungen verkehrsgünstig gelegenen Handwerker- und Kaufmannssiedlungen versuchten sich gegen die ständigen Piratenüberfälle durch stark befestigte Wälle zu schützen. Es war die Geburtsstunde einer ganzen Reihe sich schnell entwickelnder Hafenstädte, denen bald darauf auch das Stadtrecht verliehen wurde. Rostock wird z. B. 1161 anläßlich eines Feldzuges der Dänen und Sachsen gegen die Obodriten zum erstenmal als Burg Roztoc bezeichnet. 1189 erwähnt die Chronik einen Markt, und 1218 wird der Stadt das Stadtrecht nach Lübecker Vorbild bestätigt. Ähnlich wie Rostock erhielten 1229 Wismar, 1234 Stralsund, 1237 Stettin, 1250 Greifswald nach Lübecker Vorbild das Stadtrecht.

Mit der stetig steigenden Produktion in den Städten für den Export begannen die städtischen Kaufleute den Fernhandel zu organisieren. Sie verdrängten damit jene Kaufleute von den Märkten, die – wie z. B. die Friesen – im wesentlichen nur als Zwischenhändler tätig gewesen waren. Gegen die Risiken bei den Handelsfahrten über See schlossen sich die Kaufleute zu Genossenschaften zusammen, die sich anfangs nach Rückkehr der Schiffe wieder auflösten. Im Verlauf der ersten Hälfte des 12. Jahrhunderts entwickelten sich die Genossenschaften zu festen Institutionen mit Dauercharakter. Es entstanden die Kaufmannshansen, wie die Flandrische und die Kölner Hanse. Die Mitglieder der Kölner Hanse erhielten bereits 1157 vom englischen König Rechtsschutz in Form eines Geleitbriefes, in dem er ihnen versprach, »sie wie seine eigenen Leute und Freunde zu behandeln«. Wegen der allgemeinen Unsicherheit der Transportwege und zum Schutz gegen Räuber aller Art war den Kaufleuten des »Heiligen Römischen Reiches« durch den Reichslandfrieden 1152 das Recht zum Waffentragen zuerkannt worden.

Anfang des 13. Jahrhunderts zeigte sich, daß die Genossenschaften der Kaufleute auf die Dauer nicht in der Lage waren, ihre Interessen im In- und Ausland wirksam wahrzunehmen. Im 14. Jahrhundert übernahmen die Städte die Verantwortung für den Warenaustausch im Fernhandel. Eingeleitet wurde dieser neue Abschnitt in der Entwicklung durch den Beschluß der im Jahre 1299 in Lübeck versammelten Abgeordneten der wendischen Städte, daß fortan in Gotland nicht mehr mit dem Siegel des gemeinen Kaufmanns gesiegelt werden dürfe. Jede Stadt habe ihr eigenes Siegel, womit sie die Geschäfte ihrer Kaufleute siegeln könne. Vorerst aber mußten sich die Städte in äußerst harten, zum Teil mit militärischen Mitteln geführten Auseinandersetzungen gegen ihre Feudalfürsten durchsetzen. Dabei erreichte Lübeck im Jahre 1226 den Status einer freien Reichsstadt. Damit unterstand sie keinem Feudalfürsten mehr, sondern unmittelbar dem Kaiser. Zur Durchsetzung ihrer gemeinsamen Interessen vereinigten sich viele Städte zu Städtebünden, deren bekanntester und stärkster der Städtebund der Hanse wurde. Bei der gewachsenen Bedeutung der Geldwirtschaft und der chronischen Geldnot der Feudalen blieben schließlich die Städte mit ihrer wirtschaftlichen Leistungsfähigkeit Sieger über die Fürsten, obwohl diese sich im Interesse ihrer Machterhaltung nicht scheuten, die gesamte Südwestküste der Ostsee an den Dänenkönig zu verkaufen. Viele Adlige wurden im Verlaufe dieses Prozesses zu Seeräubern, da sie erkannt hatten, daß sich die »Pfeffersäcke« auf See noch besser schröpfen ließen als an Land. Gegen das Seeräubertum schlossen die Städte Lübeck, Wismar und Rostock im Jahre 1259 erstmals einen Vertrag, um ihre Schiffahrt gemeinsam zu verteidigen.

Die andauernde Expansionspolitik der dänischen Könige hatte die Wirtschaft des Landes untergraben und Dänemark an den Rand des Ruins gebracht. Die Unzufriedenheit und Empörung des Volkes nutzte der dänische Adel, er verjagte den König und stürzte das Land in die Wirrnis einer feudalen Anarchie. Nun waren es auch zahlreiche dänische Adlige, die als Führer von Seeräuberbanden die Ostsee unsicher machten. Schließlich kam es im Jahre 1338 zu einem Bündnis der Städte Lübeck, Wismar, Rostock und Hamburg mit norddeutschen Fürsten und dem dänischen König, um gemeinsam gegen das Piratentum in der Ost- und Nordsee vorzugehen. Bremen schloß sich diesem Bündnis nicht an, obwohl die Stadt ihren Hafen wegen der ständigen Seeräubereien vor der Wesermündung vorübergehend schließen mußte. Die Stadt erkaufte sich die Freiheit der Wesermündung

lieber durch jährliche Tributzahlungen an die Friesen. So ist urkundlich überliefert, daß sie »für diesen guten Zweck« im Jahre 1312 1400 Silbermark bezahlte. Als die Hamburger Kaiser Karl IV. (1346–1378) um seinen Schutz vor Seeräubern auf der Elbe baten, gab er ihnen den guten Rat, die Räuber zu fangen und nach dem Gesetz zu bestrafen. Es gab im Norden Deutschlands tatsächlich keine Reichsgewalt, denn die Kaiser des »Heiligen Römischen Reiches Deutscher Nation« verbrauchten die ganze Kraft des Reiches in ihren Italienfeldzügen. Die norddeutschen Fürsten aber nahmen das Bündnis mit den Städten gegen das Piratentum nicht allzu ernst. Viele von ihnen unterstützten sogar heimlich die Seeräuber und bekamen einen Anteil vom Raub. Der dänische und der englische König nahmen die Piraten offiziell in ihre Dienste und verstärkten damit ihre Seemacht. Da die Kaper sich aus eigenem Aufkommen unterhalten mußten, stellten die königlichen Auftraggeber Kaper- und Repressalienbriefe für die Piraten aus, so daß aus der Plünderung eines Handelsschiffes ein ordentlicher Kriegsakt wurde. Auf diese Art wurde 1351 ein Greifswalder Schiff vor dem Hafen von Brügge von einem englischen Kaper aufgebracht und ausgeplündert. Auf Druck der Hanse wurde der Kaper durch ein flandrisches Gericht verurteilt. Als Antwort leitete der englische König Repressalien gegen den hansischen Handel in England ein. Auch die Seefahrer der deutschen Städte trieben Seeraub, mit Vorliebe in der Nordsee gegen englische Schiffe, aber auch sonst, wenn sich eine Gelegenheit dazu bot. Die Bewaffneten an Bord der Koggen hatten deshalb die Doppelaufgabe, sich sowohl das Frachtgut schwächerer Schiffe durch Gewalt anzueignen, als auch die Koggen selbst gegen Angriffe von Piraten und Kaper zu verteidigen. Notwendig waren die Bewaffneten auch zum Schutz des Schiffes bei einer Strandung vor der räuberischen Küstenbevölkerung. Aber es war in der vorhansischen Zeit und auch noch in der Anfangszeit des Bundes keine Seltenheit, daß Schiffe rivalisierender Städte sich gegenseitig angriffen und ausraubten.

Die Entstehung der Hanse vollzog sich über verschiedene Städtegruppierungen im Verlauf des 13. Jahrhunderts. Eine Gruppe bildeten die rheinischen Städte mit Köln als wirtschaftlichem Zentrum. Um die Mitte des 13. Jahrhunderts entstanden der westfälische und der niedersächsische Städtebund. Im westfälischen Bund war Dortmund führend, im niedersächsischen zuerst Braunschweig, später Hamburg und Bremen. Die Existenz dieser Städtebünde hat den Aufstieg der Hanse ohne Zweifel gefördert, doch die entscheidenden Impulse gingen von den Hafenstädten der südwestlichen Ostseeküste aus, von den sogenannten wendischen Städten mit Lübeck, Wismar, Rostock und Stralsund an der Spitze. Ausgangs des 13. Jahrhunderts bildete sich dann die Gruppe der preußischen Städte, in der die schnell aufblühende Stadt Danzig die Führung übernahm. Im Jahre 1358 wurde in einer Versammlungsurkunde der Städte zum erstenmal der Name »Deutsche Hanse« für den Bund gebraucht, obwohl auch ausländische Städte dem Bund angehörten.

In den wichtigsten ausländischen Hafen- und Handelsstädten, in London, Brügge, Bergen (Norwegen) und Nowgorod, unterhielt die Hanse ständige Kontore, die mit Sondervollmachten der jeweiligen Regierungen für die Hanse ausgestattet waren. Die ungekrönte Königin der Hanse, führend in allen Belangen, war Lübeck. Nach der Zerstörung des slawischen Alt-Lübeck im Jahre 1138 war es 1143 zu einer Neugründung Lübecks gekommen. Ein Überfall durch die Obodriten im Jahre 1147 konnte die schnelle Entwicklung der Stadt nicht aufhalten. Die führende Stellung im Bund wurde Lübeck zwar als freie Reichsstadt erleichtert, die Grundlagen ihrer Macht aber schuf sich die Stadt als Basishafen für die feudale deutsche Ostexpansion, die von hier aus – soweit sie über See ging – vorgetragen wurde. Lübeck zog ebenfalls große Vorteile aus seiner geografischen Lage, denn es entwickelte sich zum wichtigsten Umschlagplatz für den Warenverkehr zwischen Ostsee und Nordsee.

Im 14. Jahrhundert besaß die Hanse eine Flotte von rund 1000 Schiffen mit etwa 100 000 t Tragfähigkeit, die im Jahr – es wurde nur im Sommerhalbjahr zur See gefahren – 300 000 t Waren transportierte, eine für die damalige Zeit beachtliche Leistung. Das Schiff der Hanse war die Kogge, ihre Tragfähigkeit betrug bis zu 100 Lasten, das waren 200 Tonnen. Die Kogge war ein Einmaster mit einem großen viereckigen Rahsegel, klinkerbeplankt und auf fast geradem Kiel gebaut. Sie besaß im 14. Jahrhundert bereits statt des bis dahin üblichen Seitenruders das fest mit dem Achtersteven verbundene Steuerruder. Die Kogge war ein reiner Frachtensegler, weder für die Passagierfahrt noch für Kriegszwecke geeignet. Doch führte sie stets Waffen und Bewaffnete an Bord. Zur Kriegführung oder zum Kampf gegen Seeräuber wurden die Koggen zu »Fredekoggen« umgerüstet. So hieß es in einer Festlegung aus dem Jahre 1367, daß die zum Krieg gegen Dänemark zu stellenden Koggen mit jeweils 100 gut bewaffneten Leuten bemannt sein sollten, darunter mindestens 20 Schützen mit starken Armbrüsten. Für die Aufnahme dieser Bewaffneten wurden die Koggen in den späteren Jahren vorn und achtern mit gerüstartigen Aufbauten, den sogenannten Kastellen, versehen. Im Verlaufe der Entwicklung zum Dreimaster wurde aus der Kogge der Holk, im allgemeinen Sprachgebrauch die Hulk genannt. Die Hulk war ein Dreimastsegler, der 300 t Fracht und mehr befördern konnte.

Auch die Piraten benutzten – für ihre Zwecke entsprechend umgebaut und ausgerüstet – Kogge und Hulk. Sie entfernten die Decksaufbauten und stellten dafür möglichst viele Kanonen an Oberdeck auf. Trotzdem strebten sie grundsätzlich kein Artillerieduell an, denn sie wollten die Beute unbeschädigt in die Hand bekommen. Ihre Methode war die Überraschung, und die Entscheidung suchten sie im Enterkampf Mann gegen

Mann. Viele Piraten nutzten deshalb lieber schnelle, wendige Schiffe mit geringem Tiefgang, wie Schnigge und Schute. Mit diesen Seglern war es ihnen möglich, unbehindert in Flußmündungen einzudringen und zu manövrieren oder bei Verfolgung durch große und starke Gegner über Untiefen vor der Küste zu entkommen.

Zu einer ersten schweren Bedrohung der hansischen Schiffahrt kam es bei den Auseinandersetzungen um die politische Vormachtstellung in den skandinavischen Reichen. Die kriegführenden Parteien, Dänemark und Schweden, stellten Kaperbriefe aus, und viele skandinavische und deutsche Adlige nahmen die Gelegenheit wahr, schnell und mühelos Beute zu machen; denn das Angriffsobjekt war für sie nicht der feindliche Kaper, sondern die Handelskogge der Hanse. Schließlich konnte keine Hansekogge mehr ungefährdet aus ihrem Hafen auslaufen. Es kam zur Bildung von Konvois, die durch Fredekoggen gesichert werden mußten. Bewaffnete Aktionen der Hansestädte gegen das Piratentum zur Befriedung der See blieben ohne Erfolg. Hinzu kam, daß die mecklenburgischen Hansestädte einseitig gebunden waren, denn der König von Schweden war Albrecht von

Mecklenburg, ihr Landesherr. So wurde der Kampf in der westlichen Ostsee immer mehr zu einer Auseinandersetzung zwischen den Piraten der dänischen Regentin Margareta und den Hansestädten Rostock und Wismar, die ebenfalls begannen, Piraten in Dienst zu nehmen. Nach der Chronik gaben die beiden Städte den Piraten die Genehmigung zum Einlaufen in ihre Häfen und zum freien Verkauf der geraubten Güter. Auch Kaufleute der Hanse sicherten sich Anteile an Piratenschiffen oder stellten selbst Schiffe für den Seeraub in Dienst. Das Piratentum schädigte aber letzten Endes den Handel der Hanse so schwer, daß sich die Städte auf Verhandlungen mit Margareta verlegten. Im Jahre 1382 kam es zwischen Margareta und der Hanse zu einem Abkommen, das die Seeräuberei in der westlichen Ostsee einschränkte. Nun wandten sich die Piraten weiter nach Osten, wo sie zwischen Danzig und der russischen Küste die Schiffahrt schädigten. Darauf stellten die Hanse, der Deutsche Ritterorden und Margareta eine gemeinsame Flotte von 14 Fredenskoggen auf, die unter Führung des hanseatischen Schloßhauptmanns von Schonen, Wulflam, den Kampf gegen die Seeräuber aufnahm. Schließlich kam es durch Vermittlung von Margareta und der Grafen von Holstein zu einer friedensähnlichen Vereinbarung zwischen den Seeräubern und der Hanse.

1389 wurde Albrecht von Mecklenburg von den dänischen Truppen vernichtend geschlagen, er selbst geriet in Gefangenschaft. Königin Margareta hatte ihr Ziel erreicht: Dänemark, Norwegen und Schweden unterstanden ihrer Herrschaft – mit Ausnahme von Stockholm, das sich mit aktiver Unterstützung von Rostock und Wismar der dänischen Belagerung erfolgreich widersetzte.

Die Vitalienbrüder als Kaper und Seeräuber

VI.

Die Kämpfe um Stockholm führten erneut zu einem schnellen Aufblühen des Piratentums in der Ostsee. Der Lübecker Chronist Detmar schrieb darüber im Jahre 1392:

»In deme sulven jare warp sik bosamende en sturlos volk von meniger jegen, van hoveluden, van borgeren ute velen steden, van amtluden, van buren, unde heten sik vitalienbroder. Se spreken, se wolden teen up des koninghinnen van Denemarken to hulpe deme koninghe van sweden, den se hadde gevangen ———.« Ins Hochdeutsche übertragen hieß es: »In demselben Jahr fand sich ein haltloses Volk aus verschiedenen Gegenden zusammen, von Hauptleuten, von Bürgern aus vielen Städten, von Handwerkern, von Bauern, und sie nannten sich Vitalienbrüder. Sie sagten, daß sie gegen die Königin von Dänemark ziehen wollten, um dem König von Schweden zu helfen, den sie gefangengenommen hatte.«

Die Hanse sah in der siegreichen dänischen Königin und ihrem Streben nach einer skandinavischen Wirtschaftsvereinigung eine Gefahr für den Handel des Bundes. Da Stockholm außerdem Hansestadt war, übernahm Lübeck im Namen des Bundes die Interessenvertretung der belagerten Stadt. Es kam zu einem Bündnis der Hansestädte Lübeck, Wismar, Rostock, Stralsund, Greifswald, Danzig, Thorn, Elbing und Reval mit dem Herzog von Mecklenburg Johann und dem abgesetzten Schwedenkönig Albrecht von Mecklenburg. Da die Dänen seit dem Frühjahr 1389 landseitig einen festen Belagerungsring um Stockholm gezogen hatten, konnte die

Stadt nur von See her erreicht und versorgt werden. Dazu stellten die verbündeten Hansestädte und Johann von Mecklenburg im Namen des Königs von Schweden Kaperbriefe für jene Piraten und Schiffskapitäne aus, die sich bereit erklärten, als Blockadebrecher das hungernde Stockholm mit Lebensmitteln zu versorgen. Aus der damaligen Bezeichnung Viktualien für Lebensmittel leitete sich dann der Name Vitalienbrüder für die im Namen des Königs von Schweden handelnden und raubenden Kaper ab. Das Nehmen des Kaperbriefes war für viele Piratenkapitäne ein willkommener Anlaß, ihre alten Seeräubereien mit dem Schein der Legalität verstärkt fortsetzen zu können. Zwar versorgten einige von ihnen entsprechend dem erhaltenen Auftrag Stockholm mit Lebensmitteln, auch wurde der Seehandel der drei skandinavischen Reiche ausgiebig geschädigt, aber die meisten Kaper griffen bedenkenlos auch Hanseschiffe an. In der schon erwähnten Detmar-Chronik von 1392 heißt es deswegen:

»So bedrohten sie leider die ganze See und alle Kaufleute, und sie beraubten beide, Freund und Feind, so daß der Hering sehr teuer wurde.«

An der Situation änderte sich nichts, als Margareta im Jahre 1395 auf Intervention der verbündeten Städte den gefangenen König Albrecht in die Freiheit entließ. Wohl kehrten einige Adlige, denen es tatsächlich um die Freiheit ihres Landesfürsten gegangen sein mochte, auf ihre Landgüter zurück, doch der größte Teil der Kaper verwandelte sich nach Abschluß der Kämpfe wieder zurück in Seeräuber, darunter auch viele deutsche und skandinavische Adlige. Dennoch veränderte sich in dieser Zeit die soziale Zusammensetzung der Piraten. Der Anteil verarmter Landadliger ging spürbar zurück, und das bürgerlich-plebejische sowie das bäuerliche Element gewann stärkeren Einfluß.

Die empfindliche Störung des hansischen Handels durch das Piratentum in der Ostsee zwang den Bund zu einem energischen Vorgehen gegen die Seeräuberei. Wismar und Rostock als langjährige Förderer der Piraten verschlossen den Seeräubern ihre Häfen und Märkte. Die Städte rüsteten zur Jagd auf die Piraten Fredekoggen aus, und die Vitalienbrüder – den Namen hatten sie behalten – verschonten jetzt auch kein Wismaraner und Rostocker Schiff mehr. Die Gefängnisse der Städte waren bald mit Piraten überfüllt, und die Scharfrichter mußten Gehilfen einstellen, denn nach kurzer Verhandlung verhängten die Gerichte stets das Todesurteil über die gefangenen Vitalier, pauschal – ob Kapitän oder Mann.

Die Vitalienbrüder blieben den Städten nichts schuldig. Hatten sie früher schon kaum Lösegeld genommen, sondern in der Regel ihre Gefangenen »nach Hause schwimmen lassen«, so kam es jetzt auch zu Grausamkeiten. Kapitäne mehrerer Vitalierschiffe preßten ihre Gefangenen in Bier- und Heringstonnen und trieben ihren Spott mit ihnen, bevor sie die aus den Fässern herausragenden Köpfe abschlagen ließen. Überliefert ist ein Fall, wo die Stralsunder Gleiches mit Gleichem vergalten. »Es gelang den Stral-

MARGARETA, KÖNIGIN VON DÄNEMARK

sundern«, – heißt es in der Chronik – »eines von diesen räuberischen Schiffen zu erobern. Darauf mußten die Buben ebenmäßig in Tonnen kriechen, die so lange übereinandergestapelt und hingesetzt wurden, bis das Urteil gesprochen wurde, daß das Unebene, das aus den Tonnen hervorragte, durch Meister Hämmerling abgenommen werden sollte.« Bei der gnadenlosen Auseinandersetzung zwischen den Hansestädten und den Piraten in der westlichen Ostsee war Stralsund besonders erfolgreich. So berichten zeitgenössische Quellen über mehrere Operationen Stralsunder Fredekoggen gegen die Seeräuber. Bei einer dieser Aktionen fiel der inzwischen zum Seeräuber gewordene Kaperkapitän Moltke mitsamt 100 seiner Gesellen in die Hand der Stralsunder.

In dieser für die Vitalienbrüder immer kritischer werdenden Situation in der westlichen Ostsee zog sich der größte Teil von ihnen nach Wisby auf Gotland zurück. Gotland hatte sich, obwohl der schwedischen Krone gegenüber tributpflichtig, eine bestimmte Unabhängigkeit bewahrt. Als Knotenpunkt vieler Schiffahrtslinien im Verkehrsgebiet der Hanse blühte es in der Frühzeit der Hanse als hansische Niederlassung machtvoll auf. Wohl hatte Waldemar IV. von Dänemark das kleine Bauernheer der Insel 1361 geschlagen, auch mußte Wisby sich dem aufkommenden Lübeck beugen, doch die Stadt nutzte immer wieder geschickt ihre Lage im Schnittpunkt der Handelswege zum eigenen Nutzen aus. Die Wahl der Vitalienbrüder, Wisby zur Basis zu machen, war auch deshalb günstig, weil weder die schwarze Margareta noch die deutschen Hansestädte hier als Freunde galten. Hinzu kam, daß der Sohn Albrechts von Mecklenburg, Erich, als Landesfürst von Gotland zur Durchsetzung seiner Ansprüche auf den schwedischen Königsthron den Vitalienbrüdern erneut Kaperbriefe ausstellte, so daß sie wieder offiziell als Kriegführende auftreten konnten. Die Vitalienbrüder setzten sich in Wisby im Jahre 1394 fest. Nach dem Verlust von Stockholm hatten sie hier einen befestigten Hafen, Speicher und Vorratslager und nicht zuletzt Handwerker für die Reparatur ihrer Schiffe. Der Rat der Stadt Wisby trieb inmitten der Rivalitäten von Königen und Herzögen, der Uneinigkeit auch zwischen den Hansestädten und der wechselnden Rolle der Vitalienbrüder als Kaper und Seeräuber, eine vorsichtige und geschickte Politik. Für die Vitalienbrüder war der Anfang auf Gotland eine gute Zeit, wahrscheinlich ihre beste überhaupt. Mit Kaperbriefen ausgerüstet, waren alle dänischen und hansischen Schiffe ihre freie Beute. Die Speicher und Lager im Hafen von Wisby füllten sich, und auch die Stadt hatte beachtliche Vorteile vom Seeraub. Das wertvollste Zahlungsäquivalent der damaligen Zeit war Silber. Der Reichtum der Piraten und Bürger wird durch 525 verschiedene Schatzfunde auf Gotland bestätigt, die fast alle aus mehreren Kilogramm Silber bestanden. Es war nur allzu verständlich, daß sowohl die Dänen als auch die Hanse nach Wegen suchten, statt aufwendiger Geleitfahrten mit Fredekoggen die Piratenflotte in ihrer Basis anzugreifen und zu vernichten. Doch sie stimmten ihr Vorhaben nur schlecht miteinander ab.

Im Jahre 1396 lief eine Flotte der dänischen Königin aus Kalmar in Richtung Wisby aus, um die Piraten vor dem Hafen abzufangen und zum Kampf zu stellen. Doch die Dänen entdeckten noch nicht einmal eine Mastspitze. Also drehten sie wieder ab auf Heimatkurs nach Kalmar. Plötzlich sahen sie Schiffe mit vollen Segeln auf Wisby zuhalten, und noch ehe sie ausmachen konnten, um welche Schiffe es sich handelte, wurden sie von diesen angegriffen. Bei den Angreifern handelte es sich um eine vereinte Flotte preußischer Hansestädte und Lübecks unter Danziger Kommando ebenfalls mit dem Auftrag, die Vitalienbrüder nach Möglichkeit vor ihrem Stützpunkt Wisby zu stellen und zu vernichten.

Es kam zu einem mörderischen Kampf zwischen der dänischen und der hansischen Flotte. Als die Dänen den Irrtum bemerkten und den Kampf einstellen wollten, hielten die Danziger das für eine Kriegslist und mordeten weiter. Selbst den Aussagen der Gefangenen schenkte man keinen Glauben. 74 Männer aus Kalmar wurden noch nach der Schlacht über Bord geworfen. Nach dem Gefecht lief die siegreiche hansische Flotte in Wisby ein. Hier klärte sich der Irrtum endlich auf, und nun waren es die Lübecker, die bei dem Angriff auf die dänischen Schiffe gezögert hatten, die ihren Zorn auf die Danziger entluden. So kam es in den Straßen der Stadt zu einem weiteren Gemetzel zwischen den Kriegsknechten der Lübecker und denen der Danziger. Als die Vitalienbrüder dann wirklich in ihren Stützpunkt heimkehrten, erfuhren sie, daß sie ohne jede Beteiligung eine Seeschlacht gewonnen hatten.

Noch einmal rüsteten die Vitalienbrüder zu einem Raubzug unter politischen Aspekten. Nach Bildung der Nordischen Union im Jahre 1397, deren König auf Wunsch Margaretas ihr Großneffe Erich von Pommern geworden war, versuchten sie, das in hansischer Hand befindliche Stockholm zu erobern. Sie wollten damit den Anspruch Erichs von Gotland, als Sohn des ehemaligen Königs von Schweden, Albrecht von Mecklenburg, auf den schwedischen Thron unterstützen. Es ist wahrscheinlich, daß dieser Gedanke nur von wenigen schwedischen und mecklenburgischen Adligen verfolgt wurde, die während der Gotländischen Zeit als Führer der Vitalienbrüder noch über einen größeren Einfluß verfügten, die Masse der

Piraten aber ausschließlich an eine Plünderung Stockholms dachte. Jedenfalls rüsteten die Vitalienbrüder im Frühjahr 1397 eine Flotte von 42 Schiffen aus mit zusätzlich 1200 Bewaffneten an Bord, die im Juli von Wisby nach Stockholm segelte. Sven Sture, ein schwedischer Adliger und der unbestrittene Führer der Vitalienbrüder auf Gotland, rechnete bei dem Unternehmen mit dem königlichen Namen, mit den Getreuen Albrechts und seines Sohnes in Stockholm und den vielen Unzufriedenen in der Nordischen Union. Fast wäre den Vitalienbrüdern auch tatsächlich die Rückeroberung Stockholms geglückt. Der hansische Hauptmann Stockholms, Albert Russe, erwog bereits eine Übergabe. Doch der Sohn des Schwedenkönigs, Erich, der auf Gotland zurückgeblieben war, starb plötzlich. Dadurch kam es zu Meinungsverschiedenheiten zwischen den Piratenführern, in deren Ergebnis die Belagerung Stockholms abgebrochen wurde. Nach diesem Mißerfolg schien die Zeit der Vitalienbrüder endgültig abgelaufen zu sein. Neue Kaperbriefe waren nicht mehr zu erhalten. Was blieb, war die gewöhnliche Seeräuberei. Da schaltete sich eine neue Macht ein: der Deutsche Ritterorden. Diese auf feudalen Landraub im Osten orientierte Vereinigung verarmter Landadliger war auf Grund ihrer wirtschaftlichen Interessen auch Mitglied der Hanse.

Der Orden und die Hansestädte wurden sich einig, durch einen konzentrierten Großangriff die Seeräuber in ihrem Stützpunkt Wisby zu vernichten. Während es den Hansestädten hierbei eindeutig um die Wahrnehmung eigener Interessen, nämlich um die Sicherung ihres Seehandels ging, verfolgte der Orden wesentlich weiter gesteckte Ziele. Ihm ging es um den Besitz Gotlands und um die Erweiterung seines Einflußgebietes im Osten. Darauf konzentrierte er seine ganze Kraft. Die Flotte des Ordens und der preußischen Hansestädte hatte eine Stärke von 80 Schiffen und 5000 Mann und unterstand dem Oberbefehl des Ordenshochmeisters Konrad von Junginnen. Der vorgesehene Angriffstermin, der 31. März 1398, war gut gewählt. Es war ein Datum, das die Schiffe der Vitalienbrüder wegen der Eisgefahr noch im Hafen hielt, aber doch schon einen Angriff über See gestattete. Die Landung erfolgte südlich von Wisby bei Västergarn mit einer Heeresmacht, der die Vitalier nichts Gleichwertiges entgegenzusetzen hatten. Modern bewaffnete Kolonnen von Rittern und Kriegsknechten des Ordens und der Hansestädte, mit Belagerungsmaschinen und Kanonen ausgerüstet, marschierten von Västergarn gegen Wisby. Zugleich liefen die Fredekoggen, nachdem sie Krieger und Material an offener Küste angelandet hatten, auf Wisby zu, um es von See aus zu blockieren und einzunehmen. Dem Angreifer gelang durch den gewählten Zeitpunkt ein voller Überraschungserfolg.

Der Orden hatte auch moralisch gute Vorarbeit geleistet. Das ganze Unternehmen gegen die Vitalienbrüder war als eine Art Kreuzzug propagiert worden. Damit verschleierte der Orden nicht nur die eigenen Ziele, sondern verbreitete auch Zweifel und Unsicherheit bei der Bevölkerung

von Gotland. Offensichtlich hatte der Orden damit Erfolg, denn es ist eine Urkunde vom 19. 5. 1398 erhalten geblieben, in der Konrad von Junginnen der Bevölkerung von Wisby ausdrücklich für ihre Unterstützung bei der Einnahme der Stadt dankt. Den Berichten nach verteidigten die Vitalier Stadtmauer und Befestigungsanlagen der Stadt lange Zeit erfolgreich gegen das angreifende Ritterheer, und nur durch Hilfe aus der Bevölkerung konnten Einheiten der Belagerer bis in das Stadtinnere vordringen. Aber auch hier noch verteidigten sich die Vitalienbrüder so hartnäckig, daß der Hochmeister des Ordens gezwungen war, mit dem Anführer der Vitalienbrüder, Sven Sture, einen Waffenstillstand abzuschließen. Gotland fiel »für ewige Zeiten an den Deutschritterorden«, der seinen neuen Raub durch eine ständige Inselbesetzung sicherte. Den Vitalienbrüdern wurde freier Abzug gewährt, und Sven Sture segelte mit einer nicht näher bekannten Anzahl von Schiffen und den überlebenden Vitalienbrüdern, wahrscheinlich 2000 Mann, hinaus aufs offene Meer.

Auf der Suche nach neuen Jagdrevieren und sicheren Stützpunkten trennten sich die Wege der Vitalienbrüder. Sven Sture und andere adlige Führer wechselten die Seiten und machten ihren Frieden mit der schwarzen Margareta und ihrem Großneffen Erich, dem König der Nordischen Union. Ein Teil der Vitalienbrüder verlegte das Revier weiter nach Osten in den Bottnischen und Finnischen Meerbusen. Von hier drangen sie bis zur Newamündung vor, plünderten hansische Niederlassungen und jagten weiterhin die Schiffe der verhaßten Pfeffersäcke.

Der größte Teil der Vitalienbrüder aber segelte westwärts in die Westernsee, unter dem Kommando neuer Führer und der neuen Losung: »Gottes Freund und aller Welt Feind«.

Die Zeit der Likedeeler, der Gleichteiler, in der Nordsee begann. Die Namen Godeke Michel und Klaus Störtebeker, Wichmann und Wigbold gewannen legendären Ruhm.

Die Likedeeler, »Gottes Freund und aller Welt Feind«

VII.

Wenn Prisen in der Kaperfahrt ausblieben, oder wenn gerade keine Kaperbriefe zu erhalten waren, hatten die Vitalienbrüder auch ungeniert Seeraub getrieben. Das Jagdgebiet der Seeräuber reichte vom Finnischen Meerbusen bis zum englischen Kanal, und ihre Stützpunkte lagen nicht nur auf Gotland, sondern auch auf den dänischen Inseln und an der deutschen Nord- und Ostseeküste.

Als es zum offenen Bruch zwischen den Hansestädten und den Vitalienbrüdern kam und die Hansestädte ihre Häfen für die Freibeuterschiffe sperrten, suchten die Vitalienbrüder, soweit sie nicht nach Gotland gingen, neue Schlupfwinkel und Märkte. Nahezu ideal für die südwestliche Ostsee mit ihren beiden Meereszugängen Belt und Sund erwiesen sich die Inseln Rügen und Hiddensee sowie die weit in die See vorspringende Halbinsel Darß. Von der Nordspitze Rügens und vom Darß war ein weites Seegebiet zu überblicken und mit wenigen Schiffen der gesamte Seeverkehr zwischen dem östlichen und westlichen Teil der Ostsee zu kontrollieren. Zugleich boten die zahlreichen Einschnitte, Buchten und die ins Innere der Insel führenden Boddengewässer hervorragende Ankerplätze. Auch die Verbindung zum Hinterland, zu den Märkten, war von Rügen aus über den Greifswalder Bodden günstig.

Es ist sicher, daß Rügen eine Basis der Seeräuber, oder, wie sie an der deutschen Küste genannt wurden, der Utligger war. Wahrscheinlich ist auch, daß Störtebeker und Michel, die in den Urkunden über die Vitalienbrüder auf Gotland nicht erwähnt sind, aber von den Lübeckern und Engländern während dieser Zeit wegen wiederholten Seeraubs angeklagt wurden, hier als Führer der Likedeeler zu Hause waren.

Ob zwischen den Utliggern auf Rügen und den Vitalienbrüdern auf Gotland eine Verbindung bestanden hat, ist unbekannt geblieben. Vermutlich handelte es sich bei den zwischen Jütland und Bornholm operierenden Seeräubern um eine selbständige Gruppe, die an der südwestlichen Ostseeküste ihre Wandlung zur Brudergenossenschaft der Likedeeler durchmachte. Dafür spricht auch die Tatsache, daß im Jahre 1394 eine große Aktion der Hanse gegen die Likedeeler – nicht gegen die Vitalienbrüder auf Gotland – durchgeführt werden sollte, die allerdings am Widerstand der preußischen Hansestädte scheiterte. In der Lübecker Chronik von 1395 werden außerdem Godeke Michel, Klaus Störtebeker, Wigbold und Wichmann als Häuptlinge der Likedeeler aufgeführt.

Der Einfluß adliger Führer ist bei den Likedeelern nicht so stark gewesen wie bei den Vitalienbrüdern. Dagegen scheint die Ordnung einer dänischen Seeräubergenossenschaft die Auffassungen der Likedeeler geformt zu haben. Diese Genossenschaft betrieb den Seeraub mit rund 20 Schiffen. Die ehemaligen Eigner der Schiffe erhielten als Entschädigung ein Achtel der gemachten Beute, sofern es sich nicht um ein im Kampf erobertes Schiff handelte. Ehe die Piraten an Bord gingen, mußten sie dem Priester ihre Sünden beichten und danach die ihnen auferlegte Buße verrichten. Anschließend wurden ihnen die Sterbesakramente gereicht, um so, mit Gott ausgesöhnt und auf den Tod vorbereitet, völlig unbeschwert in den Kampf ziehen zu können.

Sie nahmen weder Geld noch Wertsachen mit an Bord. Ihr Gepäck bestand aus den Waffen und dem erforderlichen Proviant sowie einem Minimum an Dingen für den persönlichen Bedarf. Alles, was sie hätte belasten können, was unnötig Platz beanspruchte oder beim Kampf hinderlich gewesen wäre, blieb an Land zurück. Sie lebten an Bord der Schiffe sparsam, einfach und nüchtern. Glücksspiele waren verboten. Während ihrer Wache hielten sie scharfen Ausguck, und während der Freiwache schliefen sie auf den Kanonen. Durch ihre große Tapferkeit im Gefecht – Feiglinge wurden aus der Genossenschaft ausgestoßen – erzielten sie gewöhnlich rasche Siege über ihre Gegner. Jede Aktion wurde sorgfältig vorbereitet. Wollten sie ein Unternehmen an der Küste durchführen, so schickten sie vorher Kundschafter an Land, um sich ein genaues Bild über die Lage zu verschaffen.

Ihre Hauptgegner waren andere Seeräuber, sie kämpften mit ihnen, um ihnen das geraubte Gut wieder abzunehmen. Die Beute wurde allerdings nicht den ursprünglichen Besitzern zurückgegeben, sondern zu gleichen Teilen in der Genossenschaft aufgeteilt. Der Schiffer erhielt nicht mehr davon als der gemeine Bootsknecht. Gefangene an Bord der genommenen Piratenschiffe wurden beköstigt und bekleidet und im nächsten Hafen freigegeben. Auch die gefangengenommenen Piraten ließ man laufen. Reichten die Mittel nicht, um die Schiffe nach langem Winterquartier wieder auszurüsten, so nahmen sie die benötigten Lebensmittel und Materialien von der Bevölkerung mit dem Versprechen, dafür die Hälfte der Beute abzutreten.

Der erste Teil der Likedeeler-Losung »Gottes Freund ---« spricht dafür, daß sich die Ordnung der Likedeeler auf ähnliches Gedankengut gestützt haben muß, während der zweite Teil der Losung »--- und aller Welt Feind« offensichtlich im Sinne des »Pirata hostis humanis generis« als Drohung gegen die Reichen und Mächtigen dieser Welt verstanden werden sollte. Tatsächlich leisteten die Likedeeler, genau wie die Vitalienbrüder, den Hansestädten Kriegs- und Hilfsdienste gegen Handelsgegner, vorrangig gegen England und Dänemark. Es wird auch nicht nur Willkür gewesen sein, wenn der englische König die Hanse für die Piraterie

der deutschen Utligger verantwortlich machte. Er ließ Hansekoggen in englischen Häfen beschlagnahmen und verlangte von der Hanse Schadenersatz für verlorengegangene englische Schiffe durch deutsche Freibeuter.

Darauf antworteten die Utligger – mit oder ohne Wissen der Hanse – mit einem bemerkenswerten Gegenschlag. Sie erschienen mit starker Streitmacht in der Danziger Bucht, bemächtigten sich der dort liegenden englischen Schiffe und entführten sie in ihre Schlupfwinkel.

DIE
Koge
BELT
B
Vulgo
Rurkoping
FALST
RIA
Naxkow
LALAN
DIA
Hedisgaard
FEMEREN
Borg
Oldenburg
Brodow
Travemund
LUBECK
WISMAR
ROSTOCK
Doberan
Kropelin
Ribnitz
Gustrow
Rochow
Olenhagen
Dobbertin
Goldberg
Krakow
SWERIN
Witenberg
Gadebusch
Schonberg
Dassow
Pees
Cruwel
Sanitz
Petzkow
Tessin
Bistow
Satow
Gnemer
N. Bukow
Ilow
Greskow
Nien kloster
Buel
Bützow
Lipse
Walden hagen
Grubenhage
Grobe
Dölendorp
Eixen
Cramon
Rugensee
Demeren
Steenfelt
Crivitz
Warnin
Demen
Cladrun
Zachan
Redevin
Marsow
Wartin
Lützow
MEKLENBURG
DUCATUS PA

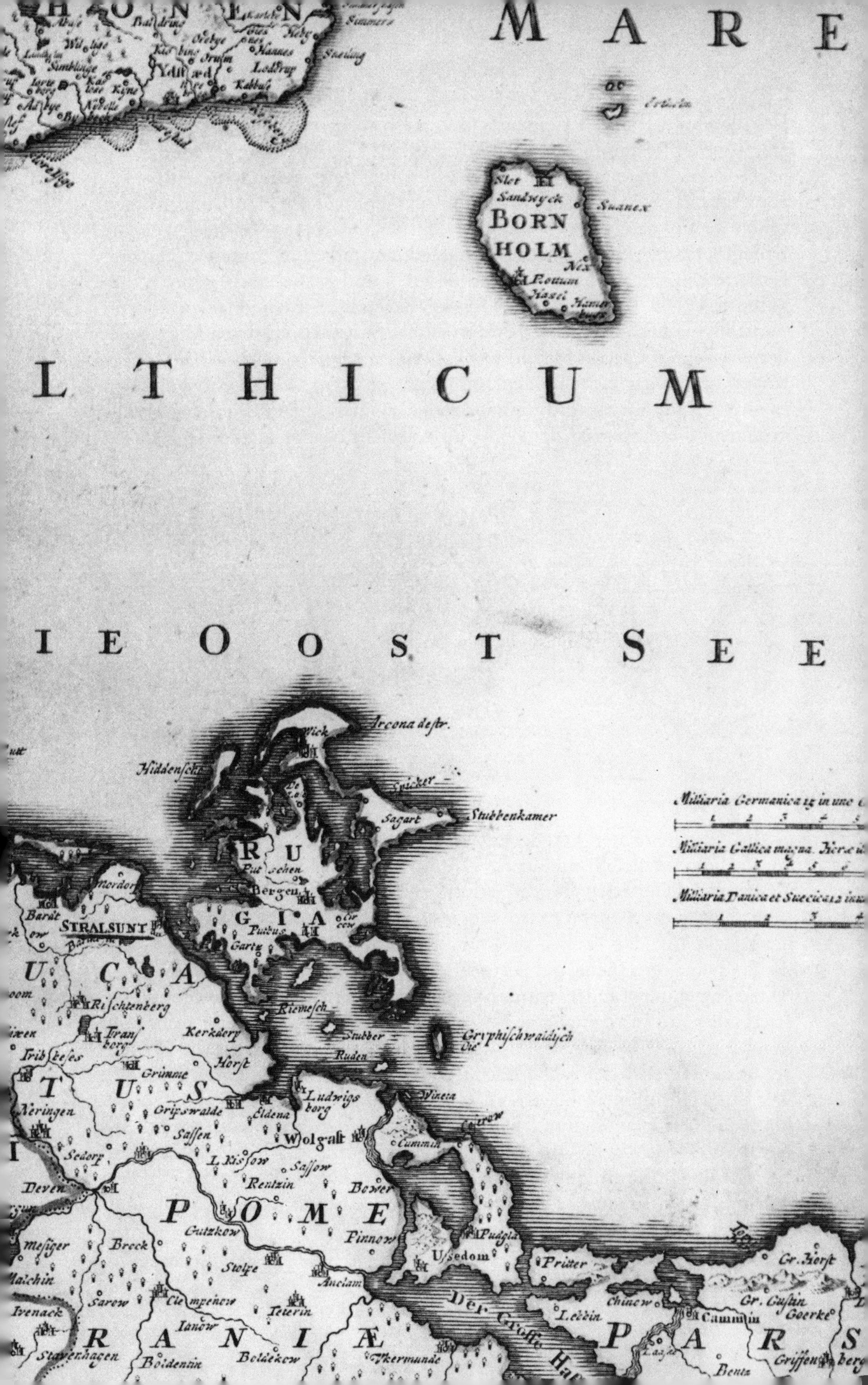

MARE
LTHICUM
IE OOST SEE
BORN HOLM
Slet
Sandwyck
Suanex
Nex
Rottum
Hasel
Arcona destr.
Wick
Stubbenkamer
Sagart
RU GIA
Bergen
Putbus
Gartz
STRALSUNT
Rischtenberg
Transborg
Kerkdorf
Horst
Grimme
Gripswalde
Eldena
Ludwigsborg
Wolgast
Riemesch
Stubber
Ruden
Gryphischwaldisch Oie
Wineta
Cummin
Sassen
Sedorf
Deven
Kissow
Sassow
Reutzin
Bower
POME RANIÆ
Gutzkow
Breck
Pinnow
Usedom
Pudgla
Pritter
Stolpe
Anclam
Der Grosse Haf
Teterin
Sarew
Ianow
Malchin
Ivenack
Stavenhagen
Boldentin
Boldekow
Ukermunde
Leddin
Chinew
Cammin
Gr. Horst
Gr. Gustin
Goerke
Beutz
PARS
Milliaria Germanica 15 in uno
Milliaria Gallica magna
Milliaria Danica et Suecica 12 in uno

Daß auch Hansekoggen immer wieder Opfer der Utligger wurden, hatte sich der Städtebund zu einem guten Teil selbst zuzuschreiben, denn er zeigte weder Beständigkeit noch Einigkeit in seiner Haltung gegenüber den Seeräubern. Schien es ihm nützlich, so gab er den Seeräubern heute noch Kaperbriefe gegen englische oder dänische Schiffe in die Hand, und morgen schon verbündete er sich mit den Herrschern dieser Reiche gegen die Utligger. Häufig kam es auch vor, daß einige Städte die Piraten hegten und förderten, während andere Städte des Bundes dieselben Piraten bekämpften. Die Piraten nutzten diese Inkonsequenz weidlich aus, denn schließlich mußte man leben, und so schnell, wie im politischen Ränkespiel der Großen Freund und Feind wechselten, so schnell konnte ein einfacher Kaperkapitän gar nicht umdenken. So wurde manche Hansekogge, wenn es sich gerade ergab und keine Zeugen zu befürchten waren, als willkommene Bereicherung der Beute aufgebracht und ausgeraubt.

HAMBURG

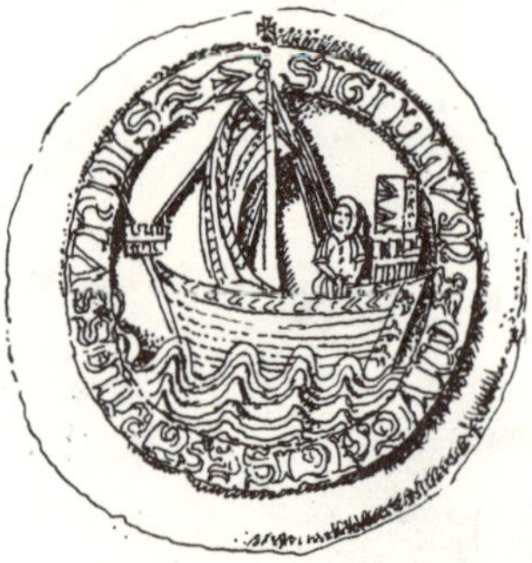

STRALSUND

LÜBECK

Der Übergang der Likedeeler von der Ostsee in die Nordsee wurde vermutlich zeitgleich mit den gotländischen Vitalienbrüdern vollzogen. Wahrscheinlich hatten einzelne Schiffe bei ihren Kaperfahrten gegen englische Schiffe in der Nordsee die friesische Küste bereits früher kennengelernt. An der flachen und navigatorisch schwierigen Küste fanden die Freibeuter eine neue, gut geeignete Basis und wohlwollende Aufnahme. Marienhave und Emden wurden ihre bevorzugten Stützpunkthäfen. Ostfriesland hatte zur damaligen Zeit viele kleine Herren, die sich gegenseitig befehdeten und kräftig Strand- und Seeraub trieben, denn für die Friesen war das eine ehrliche Sache harter Männer. Bevorzugtes Angriffsobjekt war über Jahrhunderte die Bremische Schiffahrt. Im Jahre 1397 hatte die Stadt Bremen wieder einmal einen Vertrag mit den Friesen ausgehandelt. Für 10 000 Rheinische Gulden verpflichteten sich die friesischen Herren, bremische Schiffe in Zukunft nicht mehr anzufallen. Trotzdem ging der Seeraub gegen bremische Schiffe weiter, ja, er verstärkte sich noch, und auch die Schiffe der anderen Hansestädte wurden in der Nordsee immer häufiger Opfer von Seeräubern.

Die Friesen beteuerten ihre Unschuld und schworen, die abgeschlossenen Verträge eingehalten zu haben. Mit den Likedeelern gäbe es keine Zusammenarbeit, außer daß sie friesische Häfen nutzten. Aber die Likedeeler seien freie Männer und brauchten ihnen, den Friesen, keine Rechenschaft abzulegen. In Wirklichkeit nahmen die ostfriesischen Herren klug ihren Vorteil wahr, ohne sich mit den Hansestädten zu überwerfen. So kam der Probst Hisko von Emden den Hamburgern scheinbar in vielen Dingen entgegen. In Wirklichkeit war er neben dem Grafen von Oldenburg, Konrad II., dessen leiblicher Sohn Kordes Likedeeler war, und dem Friesenfürsten Keno ten Broke, der seine Tochter dem berühmtesten Likedeeleradmiral Störtebeker zur Frau gegeben hatte, der dritte große Förderer der Likedeeler. Die Stärke der Likedeeler in Ostfriesland soll etwa

ROSTOCK

WISMAR

DANZIG

1500 Mann betragen haben. Sie verteilten sich während des Winters über das gesamte Land und brachten Geld in die Dörfer. Für ihre benötigte Ausrüstung zahlten sie in Gold und Silber, und die von ihnen angebotenen Waren wurden auf den Märkten gern gekauft. Sie beschenkten die Armen, unterstützten die öffentliche Wohlfahrt innerhalb und außerhalb der Kirche, und sie besaßen eine feste Bindung zum Volk. Dadurch blieb es nicht aus, daß ihnen auch immer wieder junges Volk zulief. An Bord ihrer Schiffe gab es ausreichend einheimische Lotsen und Steuerleute, den hansischen Schiffen aber wurde jeder Lotse verwehrt.

Als die Hansestädte spürten, daß mit den Likedeelern an der friesischen Küste eine gefährliche Bedrohung ihres England- und Norwegenhandels entstanden war, trafen sie die ersten Gegenmaßnahmen. Der Kampf der Hansestädte gegen die Likedeeler war schwer. Zwar setzten sie bis zu 3500 Bewaffnete gegen die Seeräuber ein, aber ohne klare Führung und konzentrierte Aktionen errangen die Städte nicht mehr als bescheidene

Teilerfolge. Am 25. Juli 1399 beschloß der Hansetag in Lübeck Maßnahmen gegen die Likedeeler, und die Königin Margareta von Dänemark schrieb im Einvernehmen mit der Hanse Briefe an den Grafen Konrad II. von Oldenburg, an den Friesenführer Keno ten Broke und an mehrere friesische und oldenburgische Städte, um sie zu warnen, in ihren Gebieten und Städten weiterhin Likedeeler zu hegen und zu fördern. Im Jahre 1400 kam es zu der beschlossenen Expedition gegen die Likedeeler in Ostfriesland. Doch nur die Städte Hamburg und Lübeck beteiligten sich auf der Seite des Bundes. Die Bremer weigerten sich, das Unternehmen zu unterstützen, da sie bereits genug Mittel gegen die »böse Versammlung der Seeräuber« in Friesland aufgebracht hätten.

Die Führer der Hamburger Schiffe waren die Ratsherren Schreye und Nanne, die Anführer der Lübecker von Rintelen und Krispin. Das hansische Geschwader spürte nur einen kleinen Teil der Freibeuter vor der Emsmündung auf, wo die Likedeeler unter dem Kommando der Unterführer Kordes, Holle und Bartholdus mit etwa 200 Bewaffneten den Kampf annahmen. Die hansische Chronik berichtet von 80 getöteten und 24 gefangenen Seeräubern. Die Gefangenen, darunter die Unterführer der Utligger, wurden am 11. 5. 1400 in Emden hingerichtet. Eine zweite Expedition unter der Führung des Hamburger Bürgermeisters Schocke zur Wesermündung brachte ebenfalls nur einen Teilerfolg.

Die Likedeeler blieben nur im Winterhalbjahr in ihren Stützpunkten an der ostfriesischen Küste. In dieser Zeit besserten sie ihre Schiffe aus, versorgten sich vor dem Auslaufen mit Proviant und sonstiger Ausrüstung und gewannen aus der einheimischen Bevölkerung den Nachwuchs für die Komplettierung ihrer Schiffsbesatzungen. Mit Beginn der jährlichen Schifffahrtsperiode in der Nordsee – das war bei normaler Witterung allgemein Anfang März – liefen sie zu ihrer sommerlichen Hauptbasis, der roten Felseninsel Helgoland, aus, von wo sie aus günstiger Position alle aus Elbe- und Wesermündung kommenden Ostsee-, England- und Flandernfahrer gut sehen und erreichen konnten. Auf Helgoland versorgten sich die Utligger mit Trinkwasser aus den Zisternen der Insel, und von den einheimischen Fischern kauften sie Fisch als Frischproviant. Wegen der weit ins Meer ragenden vielen Untiefen bei Helgoland, aber auch wegen der Seeräuber vermieden Kauffahrteischiffe im allgemeinen eine zu große Annäherung an die Insel. Dennoch suchten die Steuerleute der meisten Schiffe, bedingt durch die unzulängliche Navigation jener Zeit, die hochragenden roten Felsen an der Kimm auszumachen, um den Schiffsstandort bestimmen zu können. Von Helgoland segelten die Geschwader der Likedeeler, normalerweise zwei, getrennt auf Elbe- und Wesermündung zu, um die aus Hamburg und Bremen auslaufenden Schiffe zu erwarten, sie zu entern und nach siegreichem Gefecht auszuplündern. Die zeitgenössischen Angaben über die Stärke der Likedeeler lassen vermuten, daß sie mit einem Drittel ihrer Schiffe unmittelbar in Lauerstellung lagen und

Beute machten, ein zweites Drittel sich auf und um Helgoland in Warteposition befand und das letzte Drittel in den friesischen Stützpunkten die Beute unterbrachte, Verwundete absetzte und Ausbesserungen an Schiffen und Takelagen vornahm. Dieser sommerliche Kreislauf machte es den angreifenden Hansestädten unmöglich, die Seeräuber mit einem Schlage zu vernichten, umso mehr, da sich das unmittelbar auf Jagd befindliche Drittel der Likedeeler noch einmal nach den Revieren in Elbe- und Wesermündung teilte.

Die Hamburger errangen einen entscheidenden Erfolg, als es ihnen im März 1401 gelang, Klaus Störtebeker bei Helgoland zu schlagen und als Gefangenen nach Hamburg zu bringen. Dieser Erfolg wurde vervollständigt, als im Spätsommer des gleichen Jahres bei einem Seegefecht auf der Unterweser die Hamburger auch Godeke Michel und den Magister Wigbold gefangennahmen.

Klaus Störtebeker, Godeke Michel und ihre Erben

VIII.

Klaus Störtebeker und Godeke Michel leben seit Jahrhunderten als Volkshelden in der Erinnerung der deutschen Küstenbevölkerung an Ost- und Nordsee. Die Existenz beider, ihr Leben als Führer der Likedeeler und ihr Tod auf dem Grasbrook in Hamburg, sind urkundlich belegt. Was allerdings an sicheren Lebensdaten vorhanden ist, reicht nicht aus, um einen ausführlichen Bericht über Leben und Wirken dieser berühmten Utligger zu schreiben. Bei Klaus Störtebeker bringt der Vorname, der häufig unterschiedlich angegeben ist, und die Häufigkeit des Namens Störtebeker an der Küste Verwirrung in die Geschichtsschreibung. Bei Godeke Michel ist es die Vielfalt der Namensschreibung, wie Michel, Michels, Michael, Michaelis oder auch Gottfried Michal und andere Namen, die unsicher machen. Leben und Sterben der beiden Likedeelerführer, und auch das ihrer Unterführer Wigbold und Wichmann, gaben Stoff für viele Lieder, Gedichte und Werke von Dichtern und Schriftstellern.

Neben zahlreichen Dramen und epischen Gestaltungen verdient der unvollendet gebliebene Roman Theodor Fontanes »Die Likedeeler« besondere Beachtung, mit dem – wäre er vollendet worden – die deutsche Literatur nach Auffassung von Thomas Mann einen »historischen Roman von höchstem poetischen Rang« besessen hätte. Angeregt durch mehrere Besuche in Marienhave in Ostfriesland begann Fontane 1895 mit den Arbeiten an dem Roman, der – so Fontane – »von allem abweicht, was ich bisher geschrieben habe, und der überhaupt von allem Dagewesenen abweicht – – –. Der Stoff in seiner mittelalterlichen Seeromantik und seiner sozialdemokratischen Modernität – alles schon dagewesen – reizt mich ganz ungeheuer.« Die durch die Likedeeler aufgeworfene soziale Frage beantwortet Theodor Fontane im Schlußsatz seines Romans: »In der Kirche geht das Gespenst Störtebekers um, aber das Gespenst der Likedeeler geht durch die ganze Welt.«

Für die Rügenfestspiele schrieb Kurt Barthels (Kuba) »Die Legende vom Klaus Störtebeker.« Er deutete hierin Leben und Kampf der Likedeeler als eine Art sozialen Protestes der unterdrückten Schichten in Stadt und Land. Kuba läßt in seiner Legende Störtebeker im 14. Jahrhundert in Ruschwitz bei Sagard auf Rügen als Sohn eines Landarbeiters geboren sein. Im Streit habe er den Baron zu Putlitz und dessen Vogt erschlagen. Danach habe er mit einer Magd ein Fischerboot bestiegen und sei mit ihr über See geflohen. Noch vor der Küste Rügens habe ihn dann ein Schiff der Likedeeler aufgenommen, ein Schiff, das unter Führung von Godeke Michel und Wichmann stand.

Willi Bredel schildert in seinem historischen Roman »Die Vitalienbrüder« Klaus Störtebeker als einen Bauernburschen aus der Umgebung von Wismar, der sich in Wismar als Fischersknecht zum Heringsfang an der Schonenküste anheuern ließ. Bei der Rückfahrt sei es zu einer Meuterei der Besatzung an Bord der Kogge gekommen, und Klaus Störtebeker sei zum Anführer der Meuterer gewählt worden. Da bei einer Rückkehr in den Heimathafen oder auch in andere Hansehäfen schwerste Strafen auf die Matrosen gewartet hätten, habe sich Störtebeker mit seinen Schiffsgenossen für die Piraterie entschieden.

Beide Darstellungen der Herkunft Störtebekers sind nicht belegbar, ebensowenig die Annahme Ehm Welks in seinem viel beachteten Bühnenstück der zwanziger Jahre »Gewitter über Gotland«, daß Störtebeker ein verarmter Landedelmann aus Mecklenburg oder Pommern gewesen sei. Geburtsort und Herkunft Störtebekers sind unbekannt geblieben. Über zwölf Städte und Dörfer in Mecklenburg, auf Rügen, in Hannover und Friesland werden neben Hamburg als Geburtsort Störtebekers angenommen. Die meisten Annahmen über seine Herkunft zielen auf Verden und Wismar. Nach der geografischen »Beschreibung der beyden Herzogtümer Bremen und Verden 1718« sollen »Michaelis und Störtebeker in der Domkirche (in Verden) bei dem großen Schwibbogen das beste Fenster haben machen und ihr Wappen darein setzen lassen«. Leider sind die Wappenfenster des Domes, die drei Becher zeigten, nicht erhalten geblieben. Dem Domkapitel von Verden soll Störtebeker auch eine Spende vermacht haben, die sogenannte Lätare-Spende, die sich bis zum Jahre 1603 zurück nachweisen läßt und bis heute jährlich verteilt wird. So erhielten 1965 noch 105 Bedürftige und Arme 267 Brote und 656 Heringe. Die Kosten in Höhe von 421,40 DM wurden allerdings nicht mehr aus einem Kirchenfonds, sondern aus der Stadtkasse finanziert. In einem

Verfestungsbuch der Stadt Wismar wird 1380 ein Nicolao Störtebeker als gewalttätiger Mensch aufgeführt, und im Jahre 1400 wird ebenfalls in Wismar für einen Seeräuber Johann Störtebeker ein Geleitbrief ausgestellt. Wahrscheinlich ist das der unter dem Namen Klaus Störtebeker bekannt gewordene Führer der Likedeeler.

Mit Godeke Michels Leben hat sich die Sage und der Volksmund nicht ganz so intensiv beschäftigt wie mit Klaus Störtebeker, obwohl Godeke Michel, älter als Störtebeker, der Hauptführer der Likedeeler war.

In der schon erwähnten »Beschreibung der beyden Herzogthümer Bremen und Verden 1718« wird behauptet: »Der berühmte Seeräuber Gotke Michaelis ist hier in Dauelsen gebürtig gewesen, welcher mit seinem Kameraden Störtebeker und anderen Seeräubern in Hamburg den verdienten Lohn bekommen.«

Obwohl urkundlich nicht belegt, kann als sicher angenommen werden, daß Michel und Störtebeker bereits bei der allgemeinen Piraterie in der Ostsee bis 1394 eine führende Rolle bei den Utliggern gespielt hatten. Urkundlich als Führer der Seeräuber erwähnt sind beide sowohl in der Lübecker Chronik von 1395 als auch in einer Klageakte der Engländer, die für die Zeit von 1394 bis 1399 für Überfälle auf englische Schiffe verantwortlich macht: einmal Godeke Michel und Klaus Scheld, dann in fünf Fällen Michel, Scheld und Störtebeker und schließlich für neun Überfälle allein Michel und Störtebeker.

Es ist verständlich, daß Michel und Störtebeker keine Geschichtsschreiber an Bord hatten. Wenn über die Vitalienbrüder und ihre adligen Führer eine Reihe von Tatsachen durch die Geschichtswissenschaft rekonstruiert werden konnte, dann deshalb, weil sie durch ihre Kriegsdienste für Könige, Fürsten und Hanse Objekt der Geschichtsschreibung waren. Mit den Führern der Vitalienbrüder schloß man Verträge und Bündnisse, gestattete ihnen freien Abzug nach einer Niederlage, wie auf Gotland.

Ganz anders lag der Fall bei den Likedeelern. Von ihrem Versuch, als gleichberechtigte Menschen zu leben, von ihren Führern und ihrem Kampf gegen die Reichen wissen wir fast nur aus der mündlichen Überlieferung, aus Sagen und Legenden, die das einfache Volk schuf. Die wenigen geschichtlichen Daten, die urkundlich belegt sind, sind Daten, die von ihren Feinden, von den Mächtigen jener Zeit, aufgezeichnet wurden. Sie stammen aber nicht aus den Perioden, in denen die Utligger ihnen dienten, sondern aus jenen, wo man sich ihrer wieder entledigen wollte. Darum wissen wir auch nur wenig über die Geschichte, wie es dem Hamburger Senat gelang, Klaus Störtebeker und Godeke Michel zu überwältigen.

Klaus Störtebeker war im Frühjahr 1401, dem zweiten Jahr nach seiner Eheschließung mit der Tochter des Friesenführers Keno ten Broke, frühzeitig aus seinem friesischen Winterquartier nach Helgoland aufgebrochen. Seine Schiffe waren deshalb, entgegen den Legenden, noch ohne Beutegut. Auch Godeke Michel stand nicht vor Helgoland bei Störtebeker, sondern

Suder Ough
Krum horn
Andell
Irars
Tonning
Garding
Ording
Weldt
Tating
Lunden
Nienkerken
Westing buren
Helgelant I
S. Nicolaus
H
Hey de
Deloing
Bielshovet
Meldorf
DITHMAR
Dycksant
S. Michaelis
Norder Elbe
Bocklenborg
Brunsbuttel
Sedorf
Suder Elbe
Brokdorf
Elbe Stroom
Dosen
Oldenwalde
Ludingworcht
Osterbroek
Ballie
DUCATUS
Wahn
Hilligenworth
Gadesheim
Midlum
Asel
Flogelen
Stinte
Stade
Dorum
BREMENSIS
Rust
Ellem
Carelstat
Mulsum
Geeste Flu
Westerbeke
Bexhaven
Bihusen
Bremer Vohrde
PARS
Lockste
Dorhn
Valle

lag wahrscheinlich mit seinen Schiffen auf Position vor der Wesermündung. Der Hamburger Senat hatte für das Jahr 1401 die endgültige Vernichtung der Seeräuber beschlossen und während des Winters eine Flotte von Fredekoggen ausrüsten lassen, die unter das Kommando der Hamburger Ratsherren Schocke und Langhe gestellt wurde. Das stärkste Schiff der Flotte, die »Bunte Kuh« (später wurde sie die »Bunte Kuh von Flandern« genannt), war ein Neubau, den Simon van Utrecht, ein in Holland gebürtiger Neubürger Hamburgs, auf eigene Rechnung hatte bauen lassen. Die »Bunte Kuh« wurde als Flaggschiff eingesetzt und von Hermann Nienkerken als Kapitän geführt.

Utrecht selbst hatte – entgegen der Sage – weder Anteil an der Führung des Unternehmens, noch war er Kapitän eines Schiffes.

Wie es zum Gefecht kam, wieviel Mann und wieviel Schiffe auf beiden Seiten beteiligt waren, ist unbekannt geblieben. Entweder hat der Hamburger Admiral Schocke keinen schriftlichen Gefechtsbericht gegeben, oder er ist verloren gegangen.

Nach der Sage näherten sich die Hamburger Helgoland bei dichtem Nebel. Nachdem sie in sicherer Entfernung von den Schiffen Störtebekers die Anker hatten fallen lassen, wurde ein Beiboot zu Wasser gebracht. In dem Beiboot ruderte der Steuermann der »Bunten Kuh« zum Flaggschiff der Likedeeler und machte dort am Heck des Schiffes fest. Als er vom Wachgänger des Störtebeker-Schiffes angerufen wurde, antwortete der als Fischer verkleidete Steuermann, daß er nur seine Suppe über dem im Boot brennenden Feuer wärme. Statt dessen aber hatte er Blei flüssig gemacht, mit dem er die Bolzen des Steuerruders in ihren Halterungen festsetzte. Dadurch war die Hulk nicht mehr manövrierfähig und konnte von den Hamburgern geentert werden.

An Bord gab es dann einen schweren Kampf zwischen den Likedeelern und den Hamburger Kriegsknechten. Vor allem konnten die Hamburger Störtebeker nicht bezwingen, der – wie viele ihn auch angriffen – alle Angreifer mit einem Schlag seines mächtigen Schwertes niederhieb. Deshalb verfielen die Hamburger auf eine List. Sie warfen Störtebeker von der Großrah aus ein Netz über Kopf und Schultern, in das er sich bewegungsunfähig verstrickte. Dann erst konnten sie ihn überwältigen.

In Wirklichkeit hat es ein hartes Gefecht zwischen den Schiffen der Likedeeler und der Hamburger Flotte gegeben. Davon zeugen die noch vorhandenen Kämmereirechnungen jener Zeit, die neben einem Geschenk in Höhe von 80 Silbermark an Admiral Schocke auch erhebliche Kosten für Schäden an den Hamburger Schiffen ausweisen.

Über die Anzahl der Toten auf beiden Seiten gibt es keine belegbaren Angaben. Die Hamburger Chronik nennt 40 Tote auf Seiten der Likedeeler, über die eigenen Verluste schweigt sie sich aus. Nach der Überwältigung des Störtebeker-Schiffes scheint es zu einer allgemeinen und gelungenen Flucht der Likedeeler-Flotte gekommen zu sein, denn mehr als 73 Gefangene haben die Hamburger trotz lauten Jubels nicht heimgebracht. Die Hinrichtung Störtebekers und seiner Gesellen erfolgte am 20. Oktober 1401.

Auch über die Gerichtsverhandlung gegen Störtebeker und seine Mitgefangenen vor dem Rat der Stadt Hamburg und über Störtebekers Tod schuf sich das Volk seine ›Legende. Die Verhandlungen gegen die Likedeeler haben tatsächlich fast ein halbes Jahr gedauert – das ist im Stadtarchiv von Hamburg durch Kämmereirechnungen belegt –, und jeder Angeklagte erhielt das Wort zu seiner Verteidigung. Störtebeker soll vor dem Rat als Anwalt der Armen aufgetreten sein und sich mutig zu seinem Leben und zu seinen Taten als Likedeeler bekannt haben. Der Volksmund artikulierte das so: »Störtebeker is'n feiner Kerl. Arm Lüd het he wat gewen, rieck Lüd wat namen.«

Auf dem Richtplatz wurde Störtebeker, nach der Legende, als letzte Bitte gewährt, diejenigen seiner Kampfgenossen vor dem Beil zu verschonen, an denen er noch ohne Kopf vorbeilaufen würde. Angeblich lief Störtebeker nach seiner Enthauptung an elf seiner Gefährten vorbei. Erst als der Henker ihm ein Bein stellte, strauchelte der kopflose Körper und fiel in den Sand.

Unmittelbar nach dem Tode Störtebekers entstand ein in plattdeutscher Sprache geschriebenes Volkslied, das, vielfach variiert, jahrhundertelang an der deutschen Ost- und Nordseeküste gesungen wurde. Von der ursprünglichen Fassung des Liedes ist nur die erste Strophe überliefert worden. Eine hochdeutsche Fassung des Liedes mit 26 Strophen stammt aus dem Jahre 1550. Der erhalten gebliebene Text dieses Liedes ist aber nicht mehr identisch mit dem Originaltext, sondern enthält wesensfremde Zusätze. Im Hamburger Volksblatt »Der Freischütz« erschien 1851 ein fünfstrophiges Lied, das in seiner Schlichtheit auf eine der erhalten gebliebenen Formen des Störtebekerliedes zurückgeführt wird.

STÖRTEBEKER UN GÖDTKE MICHEEL,
DAT WEEREN ZWEE RÖWER TO GLIEKEN DEEL
TO WATER UN NICHT TO LANDE,
BIT DAT ET GOTT IM HIMMEL VERDROOT,
DO MUSTEN SE LIEDEN GROOT SCHANDE.

STÖRTEBEKER SPROOK: ALLTOHAND!
DE WESTSEE IS UNS WOLBEKANNT,
DAHIN WÖLLN WI NU FAHREN.
DE RIEKEN KOPLÜD VAN HAMBURG
MÖGT JEM EHR SCHEEP NU WAHREN.

NU LEEPEN SIE WIE DULL DAHIN
IN EHREM BÖSEN RÖWERSINN
BIT DAT MAN JEM KREG FAATEN,
BIE'T HILGELAND IN ALLER FRÖH
DA MÜSSEN SE'T HAAR WOLL LAATEN.

DE BUNTE KOH UUT FLANDERN KAM,
DAT ROOV-SCHIPP OP DE HÖÖREN NAHM
UN STÖTT ET WIß IN STÜCKEN.
DAT VOLK SE BROGGEN NA HAMBURG UP,
DA MÜSSEN SE'N KOPP ALL MISSEN.

DE VRONE DE HEET ROSENFELD
HAUT AFF SO MANKEN WILDEN HELD
DEN KOPP MIT KÜHLEN MOOTE.
HE HADDE ANGESCHNÖÖRTE SCHOH,
BIT AN SIEN ENKEL STUNN HE IN BLOOTE.

Der Hamburger Senat gab sich mit dem Erfolg über Störtebeker nicht zufrieden. Nach Wiederherstellung der am Gefecht vor Helgoland beteiligten Schiffe unternahm die Hamburger Flotte weitere Fahrten gegen die Likedeeler. Die Hamburger wollten nun Godeke Michel in ihre Gewalt bringen. Godeke Michel war nach der Gefangennahme seines Vizeadmirals aktiver als vorher, aber die Hamburger waren nach den harten Kampferfahrungen von Helgoland vorsichtig. Über das Flaggschiff des Godeke

Michel hieß es in zeitgenössischen Berichten, daß es sich um einen großen und starken Holk gehandelt habe, während Störtebekers Schiff nur allgemein als Holk bezeichnet wurde. Im Spätsommer kam es zum zweiten großen Seegefecht zwischen der Hamburger Flotte und den Likedeelern auf der Unterweser. Auch über dieses Treffen liegen keine Berichte oder Tagebücher vor, so daß weder Tag, Monat, noch der Verlauf des Gefechts bekannt ist. Die Chronik berichtet nur in wenigen Sätzen über das Ereignis: »Nicht lange danach, noch im selbigen Jahr wie die Schlacht vor Helgoland, das hier ›Heilig Landt‹ genannt wird, gingen die Hamburger abermals aufs Meer und fingen noch bey achtzig Vitalienbrüder mit deren Hauptleuten Godeken Michael und Wigbolden, ein promovierter Magister in den freyen Künsten. Unter anderer Beute hatten sie auch des Heiligen Vincentz Gebeine bey sich, welche sie an der Spanischen See-Küste geraubet hatten. Sie wurden alle gegen Hamburg geführt, daselbst enthauptet und ihre Häupter zu den anderen auf das Brook gesetzt.«

Anführer der Hamburger war wieder Nikolaus Schocke, diesmal zusammen mit dem Ratsherrn Jenefelt. Als Unterführer nennt die Chronik Simon van Utrecht, Hermann Nienkerken und Werner von Uelzen.

Mit dem Tode ihrer beiden großen Führer waren die Likedeeler zwar hart getroffen, doch die Seeräuberei in Nord- und Ostsee war damit nicht zu Ende. Dazu blühte der Seehandel der Hanse zu gut und förderten die anhaltenden politischen Wirren und Kriege mit dem Ausstellen von Kaperbriefen den Seeraub zu sehr. So kämpften die Likedeeler 1407 auf Seiten ihrer friesischen Gönner gegen Holland. 1426 waren es die Holsteiner Grafen, die gegen König Erich von Dänemark im Streit um das Herzogtum Schleswig den Likedeelern Kaperbriefe ausstellten.

Wie fragwürdig das moralische Verhalten der Hansestädte gegen die Likedeeler war, erwies sich 1428 (1401 war Störtebeker hingerichtet worden), als die Hanse im Krieg gegen Dänemark eine Flotte von 26 Schiffen und eine Streitmacht von 12 000 Mann aufstellte. Unter den Schiffsbesatzungen befanden sich 800 Likedeeler. Die Likedeeler eroberten Fehmarn, plünderten Bergen und schlugen die norwegische Flotte. Während ein Teil der Hansestädte die Likedeeler als Kaper in Kriegsdienste nahm, bekämpften andere Städte des Bundes sie zur gleichen Zeit als Seeräuber. So gab es 1403 größere Aktionen der Hansestädte Danzig und Lübeck gegen die Seeräuber. Die Hamburger köpften 1408 den vom Bürgermeister Buxtehude gefangengenommenen Likedeelerführer Plukkerade mit neun seiner Gesellen auf dem Grasbrook.

Simon van Utrecht, inzwischen Ratsherr von Hamburg, wurde im Jahre 1433 zusammen mit den Ratsherren Langhe, Meltzing und Luneburg mit dem Oberbefehl über eine hamburgische Flotte in Stärke von 21 Schiffen betraut, um in die Emsmündung einzudringen und zusammen mit einem starken Landheer die Stadt Ems zu nehmen. Damit sollte der letzte Rückhalt der Likedeeler in Friesland zerstört werden. Wieder wurden

Der Hamburger Sieg wider die Victalien-Brüder und Claus Stortzebechers Enthauptung Anno 1402.

Victalien-Brüder.

Zu Ende des vierzehenden Jahr-Hunderts thaten sich auff der Ost-See die so genannten Victalien-Brüder mit grosser Gewalt hervor / und war dieses eine gewisse Art See-Räuber / welche alle Schiff-Leute selbiger Gegend in Furcht und Schrecken setzeten. Absonderlich aber überfielen diese schädliche Raub-Vögel das Königreich Norwegen / und eroberten die Haupt-Stadt Bergen / von dar sie den erbeuteten grossen Reichthum nach Rostock und Wißmar brachten / und selbigen um ein geringes an die Bürger verkauffeten / angesehen eine Wahre von niemand wohlfeiler gegeben werden kan / als von den Dieben / welche ihr Gut mit so leichter Mühe erworben. Hierauff theileten sie sich / und gieng eine Parthey in Frießland / allwo sie von einigen mächtigen und eigennützigen Einwohnern willig auffgenommen / und zu Vollbringung ihres bösen Vorsatzes mit aller benöthigten Hülffe versehen wurden / weil dieser Handel den Frießländern selbsten nicht wenig eintrug. Dargegen litten die Kauffleute der Städte Hamburg und Lübeck von diesen Räubern desto mehr Schaden: Dahero sie auff Mittel und Wege bedacht waren / wie solchem Ungezieffer / als einer Pest des allgemeinen Wesens / in Zeiten zu steuern seye. Solchemnach vereinigten sie sich Anno 1398. mit Margaretha / Königin in Dennemarck und Schweden / in Willens / diese räuberischen Victalien-Brüder mit gesamter Macht zu verfolgen und auszurotten; inmassen denn in folgendem Jahre dieser beyden Städte Abgeordneten an die Königin nach Nicöping verschicket wurden / welche itztgedachtes Verbündniß erneuerten / und hierauff wurden von diesen Alliirten einige Schreiben an Graff Conraden von Oldenburg abgelassen / mit dem Begehren / daß er die Galgen-würdige Zunfft der Victalien-Brüder in seinem Lande nicht ferner auffnehmen oder schützen solte.

Rauben in Norwegen.

Gehen in Frießland.

Hamburg und Lübeck suchet sie zu dämpfen.

Verbin... mit D... marck.

Sodann versammleten sich Anno 1400. der Hansee-Städte Abgeordneten zu Lübeck / allwo dieser Sachen halber abermahls berathschlaget wurde. Weil nun Renno von Brocken / als einer der vornehmsten Frießländer / so diese Räuber biß anhero beherberget / aus der Städte bezeigetem Ernst merckete / daß es zugleich über ihn auslauffen möchte / so schickete er seine Abgeordneten ebenfalls nach Lübeck / und ließ sich durch allerhand Entschuldigungen so weiß brennen / als es ihm immer möglich war / wiewohl die Städte gnugsam mercken konten / daß es mehr aus Arglist als aus rechter Auffrichtigkeit geschahe: Dahero sie eine ansehnliche Schiff-Flotte ausrüsteten / welche nach dem Oster-Feste gedachtes Jahres von Hamburg in See gieng / und zu welcher sich einige Haupt-Leute nebst ihrer unterhabenden Mannschafft von Bremen / Gröningen und andern Orten geselleten. Gleich nach ihrer Ankunfft in Frießland geriethen diese Alliirten an etzliche Victalien-Brüder / welche sie besiegeten / und derselben bey 80. Mann getödtet über Bort warffen / worbey 36. andere gefangen und also gelohnet wurden / wie sie gearbeitet hatten. Dargegen stellete sich Renno von Brocken / auff empfangenes sicheres Geleit / zu Embden ein / allwo er sich genöthiget sahe / den siegenden Städten nicht allein sein Schloß Aurich-Hofe zu überantworten / sondern auch einige Geissel zu hinterlassen / biß er sich mit ermeldeten Städten wegen aller und ieder Ansprüche verglichen hätte. Dazumahl waren die West-Friesen mit Holland in einen Krieg verwickelt / und weil sie auch eine Anzahl Victalien-Brüder in ihrer Bestallung hatten / so musten sie den vereinigten Städten Versicherung thun / daß die Kauff-Leute nicht allein vor denjenigen Räubern / so in West-Frießländischen Diensten waren / sicher seyn solten / sondern daß sie dieselben auch nach geendigtem Kriege wiederum allesamt abdancken wolten. Jedoch hiermit war die See noch lange nicht von dem Ungezieffer gesaubert / indem A. 1402. die Engellands-Fahrer bey Heilige Land unter etzliche Victalienbrüder geriethen / welche noch in der West-See raubten / und welche den bekanten Claus Stortebecher oder Stortzebecher nebst einem andern / Nahmens Wichman / zu Haupt-Leuten hatten. Diese diebische Rotte aber wurde von den Hamburgern männlich angegriffen / viele derselben erschlagen und ihrer siebentzig nach Hamburg gebracht / allwo ihnen / und unter andern auch Claus Stortzebechern / die Köpffe herunter geschlagen wurden. Hiernechst begaben sich die Hamburger abermahls auffs Meer / und fiengen noch ungefehr 80. solcher Raub-Vögel / welcher Haupt-Leute waren Gödecke Michael und Wypald oder Wicbald / ein Magister der freyen Künste. Diese wurden alle mit einander / gleich den vorigen / enthauptet / und ihre Häupter auff den Graß-Brock zu den vorigen gesetzet. Unter anderer Beute aber hatten sie auch des heiligen Vincentii Gebeine bey sich / welche sie an der Spanischen See-Küste geraubet / und erstreckete sich der Aberglauben bey ihrem gottlosen Leben so weit / daß sie sich die Einbildung gemachet / sie würden nicht allein durch Hülffe solcher Reliquien überall eine glückliche Schiffarth haben / sondern auch auff allen ihren Raubereyen den Sieg darvon tragen. *Albert. Crantz. Lib. X. cap 6. fol. 229.* Adelungks Histor. Beschreibung der Stadt Hamburg *p. 49. seqq.*

Die ... Städ... eine ... aus.

Die Victalien-Brüder büssen ein.

Cla... bed... neb... gefa... enth...

ortzebecher ließ ſein Haupt hier nicht weit vom Waſſer kleber
eil ihm vormahls ſtets beliebt auff der wilden See zu leben.
Hamburg hat ihn noch bezwungen/S. Vincentz verließ ihn ga
lnd der Hencker war ſein Meiſter/da er andrer Hencker war

40 Likedeeler als Seeräuber enthauptet und ihre Köpfe auf Pfähle gesteckt. Aber schon 1438 warben Hamburg und Bremen erneut Utligger als Verbündete zum Krieg gegen Holland und Seeland. Aufschlußreich war die Mitteilung der Hansestadt Bremen an die nichtkriegführenden Hansestädte, daß die »Bremer Utligger« ihre Schiffe als feindliche Schiffe behandeln würden, wenn sie Waren aus Holland oder Seeland an Bord hätten. Das bedeutete Seeräuberei im Dienst einer Hansestadt gegen eine andere Hansestadt. In den Kaperbriefen des Bremer Senats wurde den Kapern zwei Drittel des Beutegutes zugestanden, während ein Drittel an den Senat abzutreten war. Die von Bremen angeheuerten Kaper unterschieden wie immer kaum zwischen Freund und Feind. Sie stoppten im englischen Kanal und schwedischen Sund alle Kauffahrteischiffe, und unter dem Vorwand, holländische Waren an Bord zu haben, nahmen sie jede lohnende Beute, gleichgültig, unter welcher Flagge das Schiff segelte. Der bekannteste Führer in dieser Endperiode der Likedeeler wurde Hans Engelbrecht, der vor der schwedischen Küste 13 holländische Schiffe mit einem Wert von 34 000 Rheinischen Gulden aufbrachte.

Piraterie im Englischen Kanal

IX.

Der Name eines berühmten Kapers der hansischen Zeit, Paul Beneke, ist mit einem außergewöhnlichen Schiff, dem Kraweel »Peter von Danzig«, verbunden. Das Schiff gilt als der erste Kraweel des Nordens und kam als französischer Segler um das Jahr 1462 nach Danzig. Seine Maße waren fast doppelt so groß wie die der heimatlichen Hulken. Es hatte eine Länge von 43 m, eine Breite von 12 m und eine Tragfähigkeit von 800 t. Als Dreimaster mit Rahsegeln an Fock- und Großmast sowie einem Dreiecksegel am Besanmast getakelt, trug allein der Hauptmast mit einer Höhe von 32 m eine Segelfläche von 552 m^2.

In der Zeit seines Aufenthaltes in Danzig schlug ein Blitz in den Großmast. Die Rechnung der Danziger für die Reparatur des Seglers muß sehr hoch gewesen sein, denn die französischen Eigentümer verpfändeten das Schiff. So wurde aus dem »Peter von La Rochelle« der »Peter von Danzig«. Er wurde mit 17 Kanonen bestückt und mit 50 Seeleuten und 300 Seesoldaten bemannt. Dann erhielt der Ratsherr Bernd Pawest das Kommando über das Schiff mit dem Auftrag, Kaperkrieg gegen England zu führen. Pawest lag jedoch die meiste Zeit mit dem Schiff untätig im Hafen von Brügge und wurde deshalb bereits nach kurzer Zeit durch Paul Beneke im Kommando abgelöst. Beneke fuhr, wie ihm aufgetragen, Geleitschutz für reich beladene Hansekoggen, um sie sicher nach Brügge oder auch weiter durch den Englischen Kanal zu bringen. Darüber hinaus betätigte er sich im Kanal und vor der englischen Ost- und Westküste als

Fünff und siebentzig auff einen Tag enthauptete

See-Räuber

Zwey berühmte See-Räuber.

JOnas Matzken ein Däne/und Jan Heinrichsen / ein Schwede / hängeten ihren angebohrnen Adel an die Wand / und begaben sich auff die See-Räuberey / weil sie vielleicht darvor hielten / es sey kein beqvemeres Mittel / in kurtzer Zeit reich zu werden / als durch Raub und Ungerechtigkeit / welches in der Welt die gewöhnlichste Nahrung ist. Dieses Henckerwürdige Handwerck trieben sie absonderlich Anno 1458. den gantzen Sommer durch / da denn ein Schiffer und Bürger von Dantzig / Nahmens Hans Weinrich / das Unglücke hatte / daß er nebst einem reich-beladenen Schiff / wormit er durch den Sund zu segeln Willens war / in ihre wachsame Klauen gerieth. Kaum aber hatten die Dantziger solches erfahren / so schicketen sie alsofort einige Schiffe aus / welche zu dergleichen Verrichtungen ohnedem schon fertig stunden / und diese traffen das ehrbedürfftige Paar solcher Räuber unter Bornholm an / welche eben in voller Arbeit begriffen waren / sich eines Lübeckischen Schiffes zu bemächtigen: Jedoch als die Dantziger auff sie loß gesegelt kamen / liessen sie sich nichts anders als böses träumen; dahero vergieng ihnen die Begierde nach dem Lübeckischen Schiffe / dargegen aber macheten sie sich auf eine verzweiffelte Gegenwehr gefast. Diese bestunde nun in zwey wohlgerüsteten Pincken / nebst dem eroberten Dantziger Schiffe / welches letztere aber / weil es noch nicht zur Nothdurfft / sondern nur mit jungen und unerfahrnen Leuten besetzet / sich von Stund an ergab. Sodann wurden die beyden Pincken dermassen unfreundlich begrüsset / daß viele Personen theils erschossen / theils verwundet wurden / worauff die Dantziger allehand anfiengen / ihre Hacken an die feindlichen Schiffe zu werffen / welche aber des gewaltsamen Ausganges nicht erwarten / sondern sich lieber gutwillig ergeben wolten. Allein dieses war nichts mehr / als eine Galgen-Frist / und die kurtze Verzögerung des Todes wurde mit desto grösserer Beschimpffung vergolten: Denn nachdem sie zu Dantzig angelanget / wurde ihnen der Proceß solchergestalt gemachet / daß ihrer zugleich fünf und siebentzig an der Zahl dem Scharffrichter die Köpffe darstrecken musten / worunter sich auch die beyden adlichen Ober-Häupter befanden. Die Vollziehung des Urtheils geschahe den 14. September obgedachtes Jahres auff dem so genannten Dominick-Plan / und wurden die abgeschlagenen Köpffe / andern zum Abscheu / längst dem Strande auffgestecket. Andere jungen Pursche aber / welche nicht s grosse Schuld hatten / bekamen die Landes-Verweisung / und ein Dominicaner-Münch / so sich mit seinem Pater Noster gleichfalls unter diese saubere Zunfft begeben / wurde dem Kloster zur Bestraffung überantwortet. Schützens Chron. des Landes Preussen *Lib. VI. fol. 374. b. seq.*

Werden gefangen.

Und nebst ren Cam den enthauptet.

Viel Haupter stecken hier von Schelmen und von Dieben/
Die ihre Missethat an diesen Ort gebracht.
Du/ Wandersmann/ laß dich nicht andrer Gut belieben/
Sonst wird dirs/ gleich wie uns/ durch Henckers-Hand gemacht.

HINRICHTUNG VON SEERÄUBERN IN DER HANSESTADT HAMBURG WIE

zu Dantzig  Anno 1458.

Kaper. Er enterte viele Schiffe, raubte sie aus und knüpfte die Gefangenen, skrupellos wie jeder Seeräuber, an den Rahen auf. Es glückte ihm sogar, den während der englischen Adelsfehden in den Rosenkriegen nach den Niederlanden fliehenden König von England, Eduard IV., und mit ihm den Lordmayor von London gefangenzunehmen. Die Hanse übertrug Beneke schließlich den Oberbefehl über die gesamte Kriegsflotte. Mit den Fredekoggen erschien er vor der Ostküste Englands, setzte Landungstruppen aus und zwang England zum Friedensschluß. Damit bewies Beneke, daß er nicht nur ein tüchtiger Kaper und gefürchteter Seeräuber war, sondern auch ein überaus begabter Admiral und Flottenführer der Hanse, ähnlich wie einhundert Jahre später der berühmt-berüchtigte Francis Drake im Dienste der englischen Königin.

Da Beneke nicht, wie die meisten Seeräuber, sein Haupt durch das Richtbeil des Scharfrichters verlor, sondern sich als ehrsamer Bürger in der Heiligen-Geist-Gasse in Danzig zur Ruhe setzen konnte, überstrahlten seine Kriegstaten als Kaper und Admiral im offiziellen Dienst der Hanse die des Seeräubers aus eigener Machtvollkommenheit.

Sein tollstes Piratenstück beschäftigte selbst Papst Sixtus IV., der in einer Bulle Beneke des Raubes und Mordes und alle, die ihn deckten, der Mittäter- und Mitwisserschaft anklagte. Paul Beneke hatte ein ungewöhnlich reich beladenes Schiff, die florentinische Galeere »St. Thomas«, im Hafen von Brügge ausgemacht. Dabei störte ihn weder die Tatsache, daß die geladene Ware fast ausschließlich aus Kirchenschätzen bestand, noch daß zwischen den Hansestädten und Florenz Friede herrschte. Beneke besaß für den Angriff auf dieses Schiff nicht den Schein eines Rechts aus seinen Kaperbriefen, sondern handelte ausschließlich mit dem Recht des Stärkeren als Pirat. Nachdem die »St. Thomas« den Hafen verlassen und die offene See erreicht hatte, griff Beneke mit seinem »Peter von Danzig« die Florentiner an. Der florentinische Kapitän glaubte zuerst an einen Irrtum des Deutschen und zeigte auf seine Flagge. Doch Beneke rief ihm zu, er möge die Flagge streichen, dann gäbe es keinen Grund des Protestes mehr. Es kam zum Enterkampf Mann gegen Mann an Bord des Florentiners, bei dem 13 Florentiner getötet und über 100 verletzt wurden. Über die Verluste Benekes in diesem Kampf ist nichts bekannt geworden. Der Wert der Beute war ungeheuer und betrug in heutiger Währung viele Millionen Mark. Das kostbarste Beutestück, ein Altar von Hans Memling mit der Darstellung des Jüngsten Gerichts, schenkte Beneke der Marienkirche in Danzig. Das übrige Beutegut kauften ihm Kaufleute aus den Hansestädten ab. Die »St. Thomas« kam unter hansische Flagge, wurde aber bald darauf von französischen Schiffen gekapert und gegen eine Entschädigung von 12000 Gulden an die ursprünglichen Eigentümer zurückgegeben.

Wie die Danziger allerdings über Seeraub dachten, wenn andere ihn betrieben und es einem Danziger Patrizier an den Kragen oder Geldbeutel ging, darüber berichtet das »Historische Labyrinth der Zeit« unter der Überschrift:

»75 auf einen Tag enthauptete Seeräuber Anno 1458 in Danzig.«

»Jonas Matzken, ein Däne, und Jan Heinrichsen, ein Schwede, hängten ihren angeborenen Adel an die Wand und wurden Seeräuber, weil sie glaubten, daß es kein bequemeres Mittel gäbe, in kurzer Zeit reich zu werden, als durch Raub und Ungerechtigkeit, eine in der Welt gewöhnliche Erscheinung. Dieses henkerwürdige Handwerk trieben sie absonderlich Anno 1458 während des gesamten Sommers. In dieser Zeit hatte ein

Warwick
Oxford
Northampton
Huntington
Cambridge
Ely
Hartford
MIDLESEX
LONDON
Rochester
SURREY
Guldeford
Kingston
Croydon
Derking
Horsham
Winchester
Southampton
Chichester
Arundell
Newbury
Basingstoke
Marlborough
Dorchester
Wantage
Farnham
Alton
Petworth
Brading
WIGHT I.
ANALIS BRITANN

Southwold
Walderswick
Dunwiche
Saxmundham
Alabrough
Orford
Orford haven
Bardsey
Harwiche
The nase
Erinton
Colchester
Dengye
Foulnesse
Gr Wakering
Soburye
Thames Riv.
Shepye I.
North Forland
Thanet I.
Sandwiche
Downs
Deale C.
Dover
Folkeston
Hith
Rumney
Feversham
CANTERBURY
FRETUM CALETANUM sive DOVERIANUM
DEN
ZEELA
I Sch
I. Walchen
Ostende
Neuport
Dunkerken
Mardyk
Gravelines
Bourburg
Calais
Guisnes
Boulogne
S Omer
FLAND
ARTESIA
Ayre
Bethane
Monstreuil
Authie
Canche R.
Some R.
Crotoy
Arras
A

Schiffer und Bürger aus Danzig, mit Namen Hans Weinrich, das Unglück, beim Segeln durch den Sund mit seinem reich beladenen Schiff in die wachsamen Klauen dieser Seeräuber zu geraten. Kaum hatten die Danziger davon erfahren, entsandten sie mehrere für die Jagd auf Seeräuber schon bereitstehende Schiffe, und sie trafen das ehrbedürftige Räuberpaar unter Bornholm, gerade als diese dabei waren, sich eines Lübeckischen Schiffes zu bemächtigen. Als jedoch die Danziger auf sie losgesegelt kamen, träumte ihnen nichts gutes. Sie ließen ab von dem Lübeckischen Schiff und rüsteten sich zu einer verzweifelten Gegenwehr mit ihren zwei gut bewaffneten Pinken und dem eroberten Danziger Fahrzeug. Da das letztere aber nur mit jungen und unerfahrenen Leuten besetzt war, ergab es sich sofort. Danach wurden die beiden Pinken von den Danzigern so unfreundlich begrüßt, daß viele Personen getötet oder verwundet wurden. Als die Danziger hierauf ihre Enterhaken auf die feindlichen Schiffe warfen, warteten die Seeräuber den Waffengang erst gar nicht ab, sondern ergaben sich freiwillig. Allein erreichten sie damit nur eine Galgenfrist, und die kurze Verzögerung des Todes wurde mit umso größerer Beschimpfung vergolten; denn als sie in Danzig anlangten, wurde ihnen der Prozeß gemacht, und 75 von ihnen mußten dem Scharfrichter die Köpfe hinhalten, darunter auch die beiden adligen Oberhäupter. Die Vollstreckung des Urteils erfolgte am 14. September 1458 auf dem Dominick-Plan, und die abgeschlagenen Köpfe wurden – anderen zur Abscheu – am Strande auf Pfähle gesetzt. Andere Seeräuber, meistens junge Burschen, die nicht so große Schuld auf sich geladen hatten, wurden des Landes verwiesen, und ein Dominikanermönch, der sich gleichfalls dieser sauberen Zunft gewidmet hatte, wurde dem Kloster zur Bestrafung übergeben.«

Der Englische Kanal und die Südwestküste Englands, wo Paul Beneke seine Taten und Untaten vollbrachte, waren seit Jahrhunderten, ähnlich wie Nord- und Ostsee, ein bevorzugtes Jagdgebiet von Seeräubern. Die Verbindungswege mit den britischen Inseln gingen notwendigerweise über See, und den Englischen Kanal passierten überdies alle Schiffe, die aus Ost- und Nordsee westwärts oder auch weiter um die iberische Halbinsel in das Mittelmeer gingen bzw. mit entgegengesetzten Kursen in Nord- und Ostsee einliefen. Da die Könige von England mit dem Seeräuberunwesen nicht fertig wurden, es gar unterstützten oder selbst betrieben, waren die Freibeuter unbestrittene Herren der See rings um England, bis einige englische Städte zur Selbsthilfe schritten. Die fünf Hafenstädte Hastings, Romney, Hythe, Dover und Sandwich, später kamen noch Winchelsea und Rye dazu, schlossen einen Bund mit dem Namen Cinque Ports und dem Ziel, die Südostküste Englands und die Ansteuerungen zu den Häfen des Bundes von Seeräubern freizuhalten. Als Gegenleistung der Krone wurde ihnen vom englischen König das Recht auf Plünderung aller nichtenglischen Schiffe im Kanal zugesprochen. Da die Städte und ihre beauftragten Kaperkapitäne dieses Recht so großzügig auslegten, daß auch zahlreiche

englische Schiffe zu ihren Opfern zählten, gingen andere Hafenstädte wiederum gegen Schiffe des Bundes vor. Es kam zu zahlreichen Gefechten, und die Piraterie blühte stärker als zuvor.

Die englische Westküste war ebenfalls Tummelplatz von Seeräubern. Auch hier kämpften die Städte gegen die Piraten, schickten zur gleichen Zeit aber auch Kaper gegen die französische Küste zur Bretagne vor. Da die normannische Küstenbevölkerung Küstenraub mit Küstenraub vergalt und auch zur See nicht schlechter zu plündern verstand als die Engländer, geriet bald die Versorgung der britischen Inseln in Gefahr. Bei diesen gegenseitigen französisch-englischen Räubereien, wie sie mit und ohne Stehlbriefe königlicher Herren betrieben wurden, erlitt der französische und der englische Kaufmann gleichermaßen schweren Schaden. Der englische König ließ sogar privaten Kaufleuten Repressalienbriefe ausstellen, die sie berechtigten, sich am Gut französischer Kaufleute schadlos zu halten. Das brachte ein solch wildes Piratentum hervor, daß kein Schiff mehr – gleich welcher Nationalität – vor dem anderen sicher war.

Der erste bekanntere Seeräuber in den englischen Gewässern und im Englischen Kanal war der entlaufene Mönch Eustace mit dem Beinamen »Geißel des Kanals«. Sieben Jahre, von 1205 bis 1212, raubte und mordete er im Auftrag des englischen Königs Johann Ohneland. Dann glaubte er des königlichen Schutzes entbehren und die Abgaben an den königlichen Hof sparen zu können. Da er nun neben französischen Schiffen auch englische Kauffahrteischiffe angriff, zog er sich den Unwillen des englischen Königs und den Zorn der englischen Kaufleute zu. Seine Verhandlungen um neue Kaperbriefe mit der englischen Krone scheiterten, und Eustace wechselte zu den Franzosen über. Bei ihnen erhielt er nach kurzer Zeit den Oberbefehl über eine französische Flotte für einen Überfall auf die englische Küste. Doch wurde diese Flotte 1217 von den Engländern auf der Höhe von Sandwich geschlagen und Eustace selbst gefangengenommen. Er wurde an Bord seines eigenen Schiffes enthauptet.

Aus der Geschichte des Seeraubs im Englischen Kanal ist auch eine Seeräuberin bekannt geworden. Als der französische Seeräuber Oliver de Clisson wegen Piraterie und Hochverrat 1343 enthauptet wurde, führte seine Frau unter ihrem Mädchennamen Jeanne de Beauville zusammen mit ihren beiden Söhnen das Piratengeschäft erfolgreich fort. Mit drei gemeinsam operierenden Schiffen griff sie nicht nur Handelsfrachter an und raubte sie aus, sondern sie drang mit ihren Schiffen auch in die Häfen ein, um in der Stadt die Kirchen auszuplündern. Als Rache für den Tod ihres Mannes ließ sie alle gefangengenommenen Männer über die Klinge springen oder einfach über Bord werfen.

Im Jahre 1360 wurde in England das Hohe Admiralitätsgericht geschaffen, das alle auf See begangenen Verbrechen zu verfolgen und zu bestrafen hatte. Oft arbeiteten allerdings die eingesetzten Richter Hand in Hand mit den Piraten. Ein Musterbeispiel hierfür war John Hawley,

Mitglied des Parlaments, Admiral der Westküste und »Königlicher Kommissar zur Unterdrückung der Piraterie«. Der Beginn seiner Tätigkeit war bemerkenswert. Als Bürger von Dartmouth, das stark unter den Übergriffen französischer Piraten zu leiden hatte, faßte Hawley mit Zustimmung des englischen Königs die Schiffe seiner Heimatstadt zu einer Flotte zusammen und segelte mit ihr zur französischen Küste. Hier schlug er sich in einer regelrechten Seeschlacht mit den Franzosen und eroberte 34 französische Schiffe. Für diese Tat wurde er vom König zum Stellvertretenden Befehlshaber der Königlichen Flotte ernannt.

Hawley nutzte die ihm verliehenen Titel und Funktionen, um Seeraub auf eigene Rechnung zu treiben. Aus diesem Grunde ging er gegen Piraten nur deshalb vor, um sie als unerwünschte Konkurrenten auszuschalten. Seiner eigenen Piraterie fielen französische, spanische und italienische Schiffe zum Opfer, aber auch englische Schiffe verschmähte er nicht, wenn er sie ohne Zeugen in die Hand bekommen konnte.

Ein äußerst erfolgreicher Piratenführer dieser Zeit war auch Harry Pay, vielfach Arripay genannt. Sein Jagdgebiet reichte von der französischen Kanalküste über den Golf von Biskaya bis nach Gibraltar. In seinem erfolgreichsten Räuberjahr soll Pay über 15 Schiffe kommandiert haben, mit denen er allein 120 Schiffe unter französischer Flagge aufbrachte. Wie bei vielen anderen Seeräubern üblich, plünderte er auch Hafenstädte und wegen der vielen Kostbarkeiten besonders gern Kirchen.

Die Piraterie im Englischen Kanal nahm schließlich solche Ausmaße an, daß Heinrich IV., König von England, mit Spanien und Frankreich einen

Vertrag schloß, in dem alle drei Staaten sich verpflichteten, keine Seeräuber mehr in Dienst zu nehmen. Das Piratentum sollte gemeinsam bekämpft werden, und für die Ergreifung von Seeräubern wurden hohe Prämien gezahlt. Nur besaß Heinrich IV., im Unterschied zu Frankreich und Spanien, keine ausreichend starke Kriegsflotte und damit kein Instrument, diesen Vertrag für England durchzusetzen. Deshalb plünderten die englischen Seeräuber fortan lieber ihre eigenen Kauffahrteischiffe aus, statt wie bisher französische und spanische. Als Ausweg aus dieser Lage stellte Heinrich IV. Kaperbriefe für Seeräuber gegen Seeräuber aus, damit Seeräuber Seeräuber umbringen sollten. Die Unsicherheit war so groß, daß Hansekoggen und Schiffe der italienischen Seestädte zusätzlich Bewaffnete an Bord nahmen, wenn sie durch den Englischen Kanal fuhren.

Heinrich V. (1413–1422) erklärte die Piraterie für Hochverrat und untersagte das Ausstellen von Kaperbriefen. Trotzdem ließ er, ähnlich wie Heinrich IV., zwei Jahre später Kaperbriefe gegen Piraten ausgeben. Die Piraterie schien in England nicht ausrottbar.

Im Jahre 1536 brachte ein neues Gesetz und seine rücksichtslose Anwendung spürbare Erfolge in der Bekämpfung der Piraterie. In den ersten zwei Jahren seiner Gültigkeit wurden mehr Piraten gehängt als in den vorausgegangenen drei Jahrhunderten. Es wurde ein besonderes Hinrichtungsdock in Wapping geschaffen, wo die Piraten bei Ebbe so gehängt wurden, daß ihre Zehen fast das Wasser berührten. So schlug mit aufkommender Flut auch noch das Wasser über ihren Köpfen zusammen.

Allerdings waren es weder Gesetzgebung noch Bestrafung, die dem Piratentum in Nord- und Ostsee, ebenso wie im Englischen Kanal, endgültig ein Ende setzten, sondern die nach der Entdeckung Amerikas folgende Verlagerung des Schiffahrtschwerpunktes auf den Atlantik.

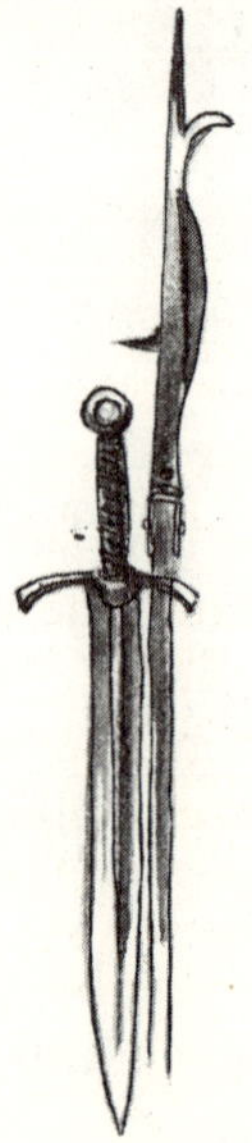

Was suchte Kolumbus in Amerika?

X.

Nach dem herkömmlichen Geschichtsbild gilt Kolumbus als ein Held, der Amerika entdeckte und eine neue Geschichtsepoche einleitete. Weniger bekannt ist, daß er als Spielball höfischer Intrigen ins Gefängnis geworfen wurde und von seinen Zeitgenossen schon fast vergessen in Armut starb.

Doch warum suchte Kolumbus im Auftrag der spanischen Krone einen Weg über See nach Indien, und was tat er nach der Landung auf den Bahama-Inseln? Die Antwort auf diese Frage macht verständlich, warum Kolumbus in einem Buch über Seeraub erwähnt werden muß; denn nicht der Wunsch, die Erde zu erkunden, veranlaßte die Mächtigen jener Zeit, Expeditionsfahrten auszurüsten, die Christoph Kolumbus Amerika entdecken, Vasco da Gama um Afrika herum Indien erreichen und Fernão de Magalhaes den Erdball umrunden ließ. Es waren Raubfahrten zu fremden Küsten mit dem einzigen Ziel, in staatlichem Auftrag Länder zu erobern, um Gold, Silber, Gewürze und Sklaven zu gewinnen. Es war eine Wiederholung dessen, was Jahrtausende vorher Ägypter, Phönizier und Griechen an fremden Küsten trieben, was Wandalen und Wikinger berüchtigt machte, nur unendlich grausamer und erbarmungsloser bis zur Versklavung und Ausrottung ganzer Völker. Das alles geschah unter dem Zeichen des Kreuzes mit dem Segen des Papstes, angeblich um Heiden zum Christentum zu bekehren, um den allein seligmachenden christlichen Glauben bis in die entferntesten Teile dieser Erde zu tragen. Doch das war eine widerliche Heuchelei. In Wirklichkeit ging es den Päpsten und Köni-

gen und ihren willfährigen Gehilfen um Gold und Silber als Zahlungsäquivalent für die sich rasch entwickelnde Warenwirtschaft in Europa. Der Venezianer Marco Polo hatte auf Grund seines langjährigen Aufenthaltes in China von märchenhaften Reichtümern dieses fernen Landes berichtet, von Tempeln und Palästen, deren Dächer mit reinem Gold gedeckt sein sollten. Inzwischen aber hatten Türken und Araber mit ihren Eroberungen im Nahen Osten den Handel mit Indien und China unter ihre Kontrolle gebracht. So suchte man neue Wege nach Asien, und zwar zum Asien des Marco Polo, um in den Besitz des Goldes zu gelangen.

Da die Wissenschaft die Erde als Kugel erkannte, bejahte sie grundsätzlich die Möglichkeit, die Erde mit einem Schiff zu umfahren. Dieser Gedanke wurde von dem Genuesen Christoph Kolumbus aufgegriffen, der zuerst dem portugiesischen König Johann II. und dann dem spanischen Herrscherpaar Ferdinand und Isabella vorschlug, mit einer Flotte auf westlichen Kursen segelnd Indien, das hieß das von Marco Polo beschriebene China, zu entdecken. Der Vertrag, den der Genuese für sich ausgehandelt hatte, wäre nicht schlecht gewesen, hätte ihn der König von Spanien eingehalten. Kolumbus hat das Papier, ein wenig modifiziert, als Präambel dem Bordbuch seiner ersten Fahrt vorangestellt:

»Ew. Majestäten beschlossen, mich in die Länder Indiens zu senden, um die Fürsten, Völker und Landschaften daselbst kennenzulernen, ihre Verhältnisse, Anlagen und Neigungen zu erforschen, damit man wisse, welche Wege man einzuschlagen habe, unseren allerheiligsten Glauben daselbst zu verbreiten. Sie erhoben mich in den Adelsstand, so daß ich berechtigt bin, mich von nun an Don zu nennen. Sie machten mich zum Großadmiral des Ozeans und auch zum Vizekönig und beständigen Statthalter aller Inseln und Festlande, welche durch mich entdeckt oder erobert werden mögen. Ferner verordneten Sie, daß mein ältester Sohn mein Nachfolger sein soll, und daß es solchergestalt bleibe von Generation zu Generation.«

Was Kolumbus hier im Vorwort des Bordbuches nicht erwähnt, ist die Zusicherung der Herrscher, Kolumbus und seinen Nachkommen für alle Zeiten den zehnten Teil des Gewinns aus dem Handel mit diesen Ländern zu überlassen. Natürlich konnte Kolumbus nicht ahnen, daß dieser Vertrag, als er für den König von Spanien lästig wurde, mit dem lapidaren Satz liquidiert wurde: »Mit Untertanen geschlossene Verträge gelten für Könige nicht.« Doch Könige sind nicht undankbar. Als Lohn für die Entdeckung eines Kontinents und als Anteil für den Gold- und Menschenraub zugunsten der spanischen Krone in Amerika erhielt Kolumbus ein Ehrengeschenk des spanischen Herrschers in Höhe von 2000 Dukaten.

Die Fahrt des Kolumbus mit den drei berühmt gewordenen Schiffen »Santa Maria«, »Nina« und »Pinta« von seiner Abfahrt am 3. August 1492 in Palos bis zu seiner Landung am 12. Oktober 1492 auf einer der Bahamainseln – vermutlich Watling – ist vielfach beschrieben worden.

HANDSKIZZE DES KOLUMBUS

Doch erst nach der Landung wird deutlich, was Kolumbus wirklich suchte. Unbestechlicher Zeuge dafür ist das Bordbuch des Kolumbus.

Auszüge aus dem Bordbuch des Kolumbus:

Samstag, den 13. Oktober 1492 (Erster Tag nach der Landung)

»Ich bemerkte – und nicht nur ich – daß manche Indianer die Nase durchlöchern und in die so entstandene Öffnung ein Stück Gold gesteckt haben. Sie tauschten das Gold, das sie offenbar für wertlos ansahen, gern gegen Glasperlen ein, ---« Als Kolumbus von den Eingeborenen hört, daß es im Süden ein Reich gäbe, »wo der König aus großen Gefäßen aus purem Gold esse und trinke« beschließt er: »Zu ihm wollen wir bald weiterfahren!«

Montag, den 15. Oktober 1492 (Nach der Landung auf der Insel, die Kolumbus Santa Maria de la Conception nannte)

»Auch hier empfingen uns die Indianer mit Geschenken. Wir fragten sofort nach Gold und erfuhren, daß auf einer weiter im Süden gelegenen Insel die Eingeborenen goldene Fuß- und Armspangen trügen.«

Dienstag, den 16. Oktober 1492 (Auf der Fahrt nach Süden)

»Ich habe eine weitere große Insel entdeckt, die ich Fernandia nannte. Gold fanden wir hier nicht.«

Donnerstag, den 18. Oktober 1492 (Nach der Landung auf der Insel Saometo)

»Auf Saometo fanden wir weder Gold noch eine Stadt noch einen König.«

Donnerstag, den 1. November 1492 (Kolumbus ist nach einigen Irrfahrten auf Kuba gelandet)

»Die Eingeborenen brachten uns Früchte, gesponnene Baumwolle und Papageien. Ich verbot jedoch meinen Leuten, irgend etwas anzunehmen, damit die Indianer endlich wußten, daß wir nur auf der Suche nach nucay – das ist der indianische Name für Gold – oder auch Silber seien.«

.S.
.S. A .S
X M Y
:Xpo FERENS

Dienstag, den 9. November 1492 (Nachdem Kolumbus auf Kuba die Kartoffel und den Tabak kennengelernt hatte)

»Übermorgen will ich weiterfahren. Der Allmächtige wird mir beistehen, Gold, Gewürze und neue Länder zu finden«.

Mittwoch, den 21. November 1492 (Nachdem Kolumbus zahlreiche weitere Inseln besucht und überall nach Gold gefragt und einiges Gold gegen Glasperlen eingetauscht hatte)

»Von den Inseln nahm ich mehrere Eingeborene an Bord, ———«

Sonntag, den 6. Januar 1493 (Nachdem Alonso Martin Pinzon mit der Pinta sich eigenmächtig auf Goldsuche begeben hatte)

»Hätte Pinzon nicht das Weite gesucht, würden wir ganze Fässer voll Gold an Bord haben. Pinzon hat mehr Gold gefunden als ich. Die Hälfte hat er für sich behalten, die andere Hälfte unter seine Mannschaft verteilt. Auch hat er Indianer und Indianermädchen an Bord, die er in Spanien zu verkaufen gedenkt.«

Dienstag, den 16. April 1493 (Als Kolumbus nach seiner Rückkehr in Spanien vom spanischen Herrscherpaar empfangen worden war)

»Ich mußte noch einmal erzählen, was ich schon brieflich berichtet hatte. Dann zeigte ich die mitgebrachten Schätze, die unbekannten bunten Vögel, die seltenen Tiere und Pflanzen, das Gold in Körnern, in rohen Stücken und zu Schmuck verarbeitet. Am meisten bestaunten die Majestäten die Indianer und Indianerinnen ———«

Über den Verlauf der zweiten Fahrt des Kolumbus geben die authentischen Berichte des Diego Alvarez Chanca und des Michele de Cuneo Auskunft.

Danach trat Kolumbus am 25. September 1493 seine zweite Reise nach Amerika an. Eine Flotte aus drei großen Schiffen und 14 Karavellen stand unter seinem Kommando. Es war ein völlig verändertes Bild im Vergleich zur ersten Ausfahrt am 3. August 1492, als die Bevölkerung den Genuesen als einen gottlosen Abenteurer verfluchte und die spanische Mannschaft zum Dienst an Bord gepreßt werden mußte. Durch die Berichte und Erzählungen über die erste Reise, in der Weitergabe von Mund zu Mund bis zum Grotesken aufgebauscht, glaubten die meisten Spanier beim Auslaufen der Kolumbus-Flotte: Die Fahrt führt nach El Dorado, zu Inseln aus purem Gold, die von Flüssen durchschnitten werden, in die man nur Körbe zu tauchen braucht, um sie voll mit Goldkörnern wieder herauszuziehen. Und die Eingeborenen sind gerne bereit, Gold und Edelsteine gegen Glasperlen und Spiegel einzutauschen.

Auch der König und die Königin von Spanien erwarteten von dieser Reise des Kolumbus Gold, und zwar mehr Gold, als die Indianer beim ersten Zusammentreffen mit den weißen Halbgöttern freiwillig gaben. Das wußte Kolumbus, und er wußte auch, daß dieses Gold nur mit Gewalt von den Indianern zu bekommen sein würde.

Die Fahrt verlief unter günstigen meteorologischen Bedingungen. Nur ein Gewitter ging in der zweiten Oktoberhälfte über die Flotte nieder, bevor am 3. November, als die kleinen Antillen erreicht waren, der Ruf »Land« ertönte. Kolumbus suchte die auf der ersten Fahrt entdeckten Inseln wieder auf, entdeckte mehrere neue Inseln und fand auch das begehrte Gold. Aber um das Gold nach Spanien zu schicken, mußte es geschürft, mußten Goldbergwerke angelegt werden. Um Zeit zu gewinnen, sandte Kolumbus einen Teil der Schiffe, mit goldhaltigen Gesteinsproben beladen, nach Spanien zurück mit dem Versprechen an König und Königin, bald soviel Gold zu schicken, wie es Eisen in den Bergwerken an der Biskayaküste gebe. Auch Indianer als lebende Ware gab er mit an Bord der zurücksegelnden Schiffe, denn Sklaven waren auf den Märkten in Europa sehr gefragt.

Doch Kolumbus bekam größere Schwierigkeiten mit der einheimischen Bevölkerung, als er erwartet hatte. Die Indianer vertrauten den Weißen nicht mehr. Sie hatten ausreichend schlechte Erfahrungen sammeln müssen und begannen, sich gegen Ausbeutung und Versklavung zu wehren. Es kam zu den ersten Gefechten, bei denen die Indianer gegen die gut bewaffneten und mit Kanonen ausgerüsteten Spanier hoffnungslos im Nachteil waren. Tausende und Abertausende von ihnen wurden niedergemetzelt und von Bluthunden zerrissen. Wurde die Goldgier der umherschweifenden spanischen Plünderer nicht befriedigt, schnitt man den Männern die Ohren ab, die Frauen wurden vergewaltigt und die jungen Indianer als Sklaven in die spanischen Siedlungen verschleppt.

Doch das alles ließ den versprochenen Gold- und Silberfluß nicht nach Spanien gelangen. Darum erteilte König Ferdinand mit den aus Spanien

PIZARRO

nach Amerika zurückkehrenden Schiffen Kolumbus den Befehl, die Ausbeutung der Goldminen beschleunigt in Angriff zu nehmen und darüber monatlich einen ausführlichen Bericht an den königlichen Hof nach Spanien zu senden.

Da er die Schiffe trotzdem nicht mit Gold füllen konnte, schickte Kolumbus noch einmal 500 Indianer über den Atlantik, um sie auf dem Sklavenmarkt von Sevilla zugunsten der spanischen Krone verkaufen zu lassen. Es war ein Aufschub für die Dauer einer Hin- und Rückreise über den Atlantik. Während dieser Zeit verfielen die spanischen Eroberer in ihrer skrupellosen Goldsucht auf einen teuflischen Gedanken. Sie legten der Bevölkerung einen Tribut auf, der fast einem Todesurteil für die Indianer gleichkam. Jeder Eingeborene, der das 14. Lebensjahr erreicht hatte, mußte alle drei Monate das Maß eines flandrischen Falkenglöckchens voll Gold abliefern. Häuptlinge hatten die dreifache Menge zu bringen. Wer seinen Tribut abgeliefert hatte, erhielt eine Kupferscheibe, die er, um den Hals gehängt, gut sichtbar zu tragen hatte. Wurde jemand ohne diese Kupferscheibe angetroffen, wurde er gefangengenommen und auf dem Sklavenmarkt verkauft. Die Alternative Gold oder Freiheit ließ den freiheitsliebenden Indianern keine Wahl. Sie waren gezwungen, ihre Hütten aufzugeben und die Nahrungssuche einzuschränken, nur um Gold zu finden. Viele Menschen verhungerten, andere nahmen Gift, um der Sklaverei zu entgehen. Nach dem Bericht des Bischofs Las Casas, der auch die Übersetzung des Bordbuches von Kolumbus vornahm, waren von den 300000 Einwohnern Haitis zur Zeit seiner Entdeckung im Jahre 1496 noch 200 000 am Leben, 1508 nur noch 60 000, und im Jahre 1548 ergab eine Zählung, daß die eingeborene Bevölkerung auf 500 Menschen zurückgegangen, also ausgerottet war.

Zu Beginn des 16. Jahrhunderts ergoß sich von Spanien eine Flut von Abenteurern und verarmten Adligen über den Atlantik nach Amerika. Von Havanna aus landete Cortez 1519 an der Küste von Mexiko. Mit List und Gewalt unterwarf er innerhalb von zwei Jahren das auf hoher Kultur stehende Aztekenreich, mordete seine Einwohner und plünderte das Land aus. Ein unermeßlicher Goldstrom ergoß sich aus dem neu gegründeten Veracruz nach Cadiz und Sevilla.

Pizarro stieß 1531 bis zum Zentrum des Inka-Reiches vor, das er – ebenso wie Cortez in Mexiko – im Namen des Kreuzes plünderte und brandschatzte. Er gründete 1535 Lima mit dem Hafen Callao, um die geraubten Schätze der Inkas mit Schiffen nach Spanien befördern zu können. Was Generationen von Azteken und Inkas in mühevoller Arbeit zusammengetragen hatten, wurde nun geraubt, auf Schiffe verladen und über den Atlantik nach Spanien gebracht. Nachdem die Ureinwohner ausgeplündert waren, begann der Abbau der Edelmetallminen mit indianischen Arbeitskräften, später mit Negersklaven. Im Verlauf des 16. Jahrhunderts stieg die Silbermenge in Europa auf das Fünffache. Vier Fünftel des europäischen Gold- und Silberbestandes kamen aus dem spanischen Amerika. Die Gesamtmenge zwischen 1500 und 1800 betrug 90 000 t. Dieser über See transportierte Reichtum mußte notwendigerweise einen Seeraub hervorbringen, der alles bisher Bekannte auf diesem Gebiet weit in den Schatten stellen sollte.

Die Brüder von der Küste

XI.

Schon bald nach der Entdeckung Amerikas verbot Spanien allen anderen Völkern den Handel mit den neuentdeckten Ländern und Inseln und sogar ihr Betreten. Der spanische König konnte sich dabei auf eine Entscheidung des Papstes Alexander VI. berufen, der als angerufener Schiedsrichter einen Kompromiß zwischen den beiden einzigen von ihm anerkannten Kolonialmächten Spanien und Portugal zustande gebracht hatte und dessen Aufrechterhaltung gegenüber den anderen Völkern garantierte. Alles Land, das östlich des 46. Längengrades entdeckt wurde, sollte Portugal gehören; was westlich davon lag, also ganz Amerika mit Ausnahme des östlichen Brasilien, Spanien.

In der Schenkungsbulle des Papstes an den spanischen König hieß es: »Aus unserer eigenen Machtvollkommenheit und ohne jede Beeinflussung von irgendeiner Seite, übergeben wir als Träger der höchsten apostolischen Gewalt alle neu entdeckten Länder und Inseln an Sie und Ihre Erben, vorausgesetzt, daß sie nicht einem anderen christlichen König gehören. Bei Strafe der Exkommunikation ergeht das Verbot des Betretens dieser Länder und der Handelsbeziehungen mit ihnen ohne unsere ausdrückliche Genehmigung.«

Zwar hatte der König von Frankreich, Franz I., gemurrt, »Ich möchte gern die Bestimmung in Adams Testament sehen, die mich von der Teilung der Welt ausschließt«, aber noch waren die Länder des Abendlandes römisch-katholisch und die Macht des Papstes so groß, daß sich Könige und Fürsten seinen Weisungen fügten. Erst nach der Reformation, die ab 1517 in schneller Folge die europäischen Staaten erfaßte, wurde der politische Einfluß des Papstes zunehmend geringer. So erwiderte Elisabeth I. auf eine Klage des spanischen Gesandten über die Piraterie englischer Schiffe in westindischen Gewässern, daß sie die Bulle des Bischofs von Rom, nach der die Spanier in Westindien besondere Rechte besäßen, nicht anerkenne. Auch wenn die Spanier einige Küsten berührt und verschiedenen Kaps und Flüssen Namen gegeben hätten, sei das doch insgesamt so unbedeutend, daß sich daraus keine Besitzrechte ableiten ließen.

Die Spanier selbst waren nicht in der Lage, die zahlreichen Inseln Mittelamerikas zu besiedeln oder auch nur zu überwachen. Als der Seeweg über den Atlantik bekannt geworden war, setzten sich bald die ersten Abenteurer- und Auswanderergruppen aus Europa auf den Inseln der Karibik fest. Die größten Kontingente stellten Franzosen, Engländer und Holländer. Bei den Franzosen waren es vor allem Hugenotten, die den Weg über den Ozean nahmen, um dem Glaubenszwang in der Heimat auszuweichen. Die katholischen Spanier sprachen von den »Corsarios luteranos« und verliehen so den Auseinandersetzungen in der Neuen Welt fanatisch-religiöse Züge. Im Namen des Glaubens wurde umso verbissener um die geraubten Schätze der Neuen Welt gekämpft, gefoltert und getötet.

Wie die Spanier mit gefangenen Freibeutern verfuhren, darüber berichtet der venezianische Gesandte 1604 aus London:

»Die Spanier nahmen in Westindien zwei englische Schiffe, schnitten den Männern der Besatzung Hände, Füße, Nasen und Ohren ab, bestrichen die Verstümmelten mit Honig und banden sie an Bäume fest, damit sie von Fliegen und anderen Insekten gequält wurden.«

Begonnen hatte der Kampf um das amerikanische Gold allerdings schon Anfang des 16. Jahrhunderts. Während in Europa noch ein unruhiger Frieden herrschte, hatten sich in Westindien alle Nichtspanier gegen den gemeinsamen Feind Spanien zusammengeschlossen. Sie bezeichneten sich selbst als »Brüder von der Küste« und nahmen sich mit Gewalt, was die Spanier ihnen freiwillig nicht geben wollten.

Neben europäischen Einwanderern und Abenteurern rekrutierten sich die Brüder von der Küste aus desertierten Matrosen und Soldaten, entlaufenen Sklaven und aufständischen Indianern. Die vielen unbewohnten Inseln in der Karibischen See mit ihrem Überfluß an Nahrungsmitteln wie Früchte, Vögel, Fische, Schildkröten und Muscheln boten den Piraten ideale Schlupfwinkel. Von hieraus erreichten sie rasch die stark befahrenen Schiffahrtswege, und nach dem Überfall auf ein spanisches Schiff entgingen sie mit ihren flachen und wendigen Booten in den vielen engen Inseldurchfahrten leicht der Verfolgung durch Kriegsschiffe.

Bei den Brüdern von der Küste gab es in der Anfangsperiode eine Vormachtstellung französischer Hugenotten. Dabei kamen die meisten Hugenotten nicht als Seeleute oder Piraten über den Atlantik, sondern als Siedler, die an geschützten Stellen Pflanzungen anlegten. Hatten die Spanier diese Pflanzungen aber zu wiederholten Malen zerstört und den Pflanzern das Haus über dem Kopf angezündet, dann gaben die Hugenotten ihr Leben als Pflanzer auf und gingen zu den Küstenbrüdern, um sich an den Spaniern zu rächen.

Die ersten Überfälle auf spanische Karavellen und Galeonen erfolgten schon bald nach der Entdeckung Amerikas vor der spanischen Atlantikküste. Spanische Urkunden erwähnen einen französischen Korsaren, der im Jahre 1497 Kolumbus bei seiner Rückkehr von der dritten Reise zwang, auf Madeira Zuflucht zu nehmen. Der Name dieses Mannes ist nicht überliefert worden. Einer der ersten bekannt gewordenen französischen Freibeuter war Jean Ango aus Dieppe.

Die Spanier waren noch nicht auf das System der Geleitzüge gekommen, sondern sandten die mit Gold und anderen Schätzen beladenen Schiffe einzeln oder in kleinen Gruppen über den Atlantik. Ango verfügte über mehrere Fischereifahrzeuge, mit denen er zwischen Kap Vincente und den Azoren kreuzte und auf die spanischen Schiffe wartete. 1521 brachten Angos Schiffe vor Kap Vincente drei spanische Karavellen auf, die, von Westindien kommend, mit Kurs auf Sevilla segelten. Ein Unterbefehlshaber Angos, Jean Fleury, kaperte im folgenden Jahr drei weitere Karavellen,

darunter das Schiff, mit dem Cortez einen unvorstellbar reichen mexikanischen Schatz für den König von Spanien über den Ozean schickte. Ein Beispiel dafür, welche Reichtümer die Spanier aus Mexiko raubten, gibt die im 17. Jahrhundert vor der Küste von Florida gesunkene Galeone »Nuestra senora de Atocha«. Amerikanische Schatzsucher entdeckten 1975 nach fünfjähriger Suche Überreste des Fahrzeuges, das 27 t Gold und 47 t Silber an Bord gehabt haben soll.

Jean Fleury hatte das Glück, mit den Cortezschiffen zugleich das gesamte von den Spaniern streng geheimgehaltene Kartenmaterial des Seeweges zu den Antillen zu erbeuten. Dieses Material auswertend, segelten die französischen Freibeuter bis zu den Antillen und überlagerten den Seeweg mit ihren Schiffen. Sie griffen die spanischen Schiffe jetzt unmittelbar in der Karibik an und plünderten spanische Niederlassungen an der Küste. Im Jahre 1555 überfielen französische Korsaren unter Führung von Jaques de Sore und François le Clerc in einem kühnen Handstreich Havanna, raubten die Kirchen aus und kehrten mit reichlicher Beute an Bord ihrer Schiffe zurück. Auch englische Freibeuter hatten, wahrscheinlich schon vor den Franzosen, den Weg nach Westindien gefunden. Im Jahre 1518 entdeckte der Kapitän einer spanischen Karavelle zufällig ein 250 Tonnen großes, mit Kanonen bestücktes englisches Schiff in einer Bucht der Insel Puerto Rico. In Spanien warf man dem Kapitän und dem spanischen Gouverneur die Unterlassung vor, das Schiff nicht sofort gestellt, geentert und die Besatzung getötet zu haben.

Von den vielen, oft unbekannt gebliebenen französischen und englischen Freibeutern, die in Westindien oder vor der spanischen Küste dem Seeraub nachgingen, ist der englische Kapitän Robert Reneger aus Southampton berühmt geworden. Auf der Höhe von Kap Vincente kaperte er, gemeinsam mit vier weiteren englischen Schiffen, die große spanische Galeone »San Salvador« und raubte sie aus. Danach ließ er das geraubte Gold in den Tower von London schaffen und meldete den Vorfall dem englischen Kronrat. Reneger begründete seinen Piratenakt damit, daß ihm ein spanisches Gericht vor einiger Zeit eine Schiffsladung beschlagnahmt habe, so daß die Plünderung des Spaniers nicht Seeraub, sondern die Wiedergutmachung erlittenen Unrechts gewesen sei. Die englische Regierung erkannte ihm nachträglich das Recht der Repressalie zu. Reneger

erhielt ein Kapitänspatent der englischen Marine und dazu das einträgliche Amt eines Zollinspektors in Southampton.

Gegen die ständig steigenden Überfälle erhielten die spanischen Galeonen eine verstärkte Kanonenausrüstung und bewaffnete Kriegsknechte als Begleitkommando. Außerdem befahl der »Indien-Rat« die Zusammenfassung der Schiffe zu Geleitzügen, den sogenannten Flotas.

Die militärisch gesicherten Konvois segelten – im Termin abhängig von der Jahreszeit und den Windbedingungen – einmal im Jahr auf der alten Kolumbusroute nach Haiti. Dort teilte sich die Flotte in zwei Geschwader. Ein Geschwader ging nach Veracruz in Mexiko, das andere zur Landenge von Panama, nach Portobello. In diesen Häfen wurden die für die Kolonisten mitgebrachten Waren entladen und die spanischen Missionare an

MARE CANA
MARE VIRGINIÆ
Yles Bermu
Sive
MARE
NOVÆ
HIS
LUCAYÆ INS
ANTILLÆ INS
FLORIDA
VIRGINIA
Miamis
Sicacha
Tonica
Cap Cod
Nassau
Pensilvania
Tamaroa
Ozages
Panis
SINUS B. de Iuan Ponce
MEXICANUS
Tortugas
Baye S. Lous ou S. Bernard
Rio Bravo
Tamaela
Los Alacranes
Panuco
Mexico
Tlascala
CUBA
HISPANIOLA
Porto Rico
Barbada
Antigoa
Martin
Anguilla
Barbuda
Trinidad
S. Vincent
Tabago
MAR DEL NORTE
ARCHIPELAGUS
Serranilha
Roncador
HONDURAS
Truxillo
Guatimala
Leon
Granada
Realejos
ZUR
Cartagena
S. Martha
Venezuela
NOVA ANDALUSIA
Surinam
Caribana
Valentia
Merida
S. Christoval
TERRA FIRMA
PARIA
Catapazar
Popayan
Granada
Antiochia
Darien
Golfo de Panama
I. de S. Martin
I. de Palmas
Pta de Manglares
C. S. Francisco
C. del Pasao
Puerto Vejo
I. de la Plata
Pta de S. Elena
Puna
C. Blanco
Pta de Tangora
I. S. Roque
Truxillo
Santa
OCEANUS PERUVIANUS
PERU
AMAZONUM
Tecumes
Caribana
Aguares
Curianes
Zipatalaguars
Tacoma
Cusco
Arequipa
LOS CHARCAS
La Plata
Potosi
Tobiso
S. Ambrosia
Churumata
Lima olim los Reyes
Pta de Sangalla
Pisco
S. Miguel de la Ribera
Arica
Quito
Aparia
Cuenca
Loxa

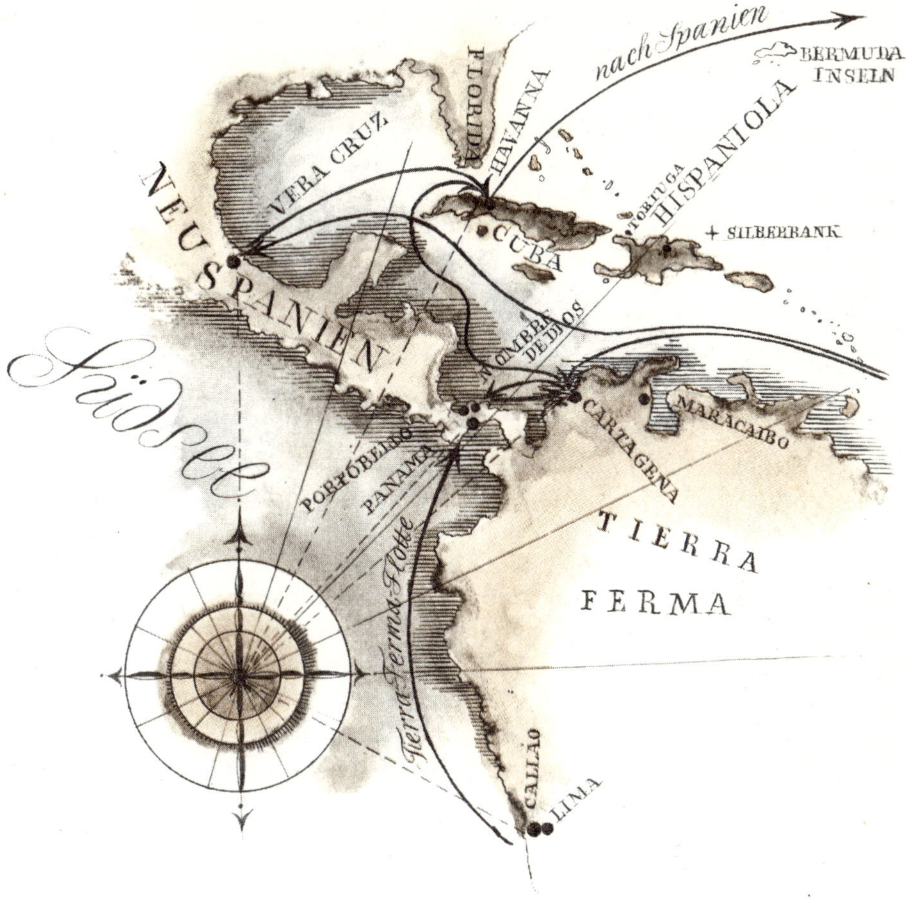

Land gesetzt. Maultierkarawanen stellten die Verbindung in das Innere Mexikos und nach Peru her, von wo sie mit Gold und Silber für die in den Häfen wartenden Galeonen zurückkehrten.

Mit den Schätzen aus Mexiko und Peru beladen, sammelten sich die spanischen Schiffe bei Havanna und traten im Geleit die Rückreise über die Azoren nach Spanien an. Es dauerte nicht lange, bis die Seeräuber dieses System ausspioniert hatten und ihm mit ihrer eigenen Taktik begegneten. Sobald die Flotte von Kuba aus in See gegangen war, folgten die schnelllaufenden Segler der Piraten den schwerfällig im Geleit fahrenden Galeonen. Sie warteten geduldig auf den Augenblick, wo eine Galeone durch sorgloses Manövrieren, Segelschaden, Wetter und Wind oder aus anderen Gründen vom Geleit getrennt wurde. Mit einer kaum vorstellbaren Schnelligkeit griffen sie dann das abgesprengte Schiff an und plünderten es aus. Die mitreisenden Kaufleute und auch die Matrosen des angegriffenen

Schiffes setzten ihre Hoffnung allein auf die eingeschifften Landsoldaten, die aber den konzentriert angreifenden Seeräubern fast immer unterlegen waren.

Einen mächtigen Auftrieb erhielten die französischen Freibeuter, als Franz I. ihnen im Kampf gegen die Frankreich umklammernde Macht Habsburgs Kaperbriefe gegen die spanischen Schiffe mitgab. Im Kriegsdienst des französischen Königs zeichneten sich ganz besonders die Seeleute aus St. Malo, Dieppe und Brest aus. Ihre kleinen, wendigen Schiffe, höchstens 35 m lang, waren mit 10 bis 20 kleinkalibrigen Geschützen bestückt und hatten rund 100 Mann an Bord.

Von den Kapern aus St. Malo ist die Ordnung überliefert worden, nach der die Beute verteilt wurde. Beim Einlaufen in den Hafen kam als erster ein königlicher Offizier an Bord, der die Beute besichtigte und den »Zehnten« festlegte, der als Entgelt für den Kaperbrief an den König zu entrichten war. Vorher durfte kein Mann an Land und auch kein Fremder an Bord. Von den verbleibenden neun Zehnteln erhielt die Besatzung ein Drittel zur Aufteilung, ein Drittel erhielt der Reeder oder die Genossenschaft für das Schiff, und das letzte Drittel wurde für den Einkauf von Proviant und Ausrüstung verwendet. Das Drittel für die Besatzung wurde in Einzelanteilen vergeben. Zwölf Anteile erhielt der Kapitän, acht der Steuermann, zwei bis vier Anteile gingen an jeden Unterführer, je einer ging an die Matrosen und je ein halber an Neulinge und Schiffsjungen.

Als Karl V. nach verschiedenen Kriegen den König von Frankreich besiegt hatte, mußte Franz I. die Ausgabe von Kaperbriefen einstellen. Doch Spanien bekam deshalb keine Ruhe. An die Stelle der französischen Korsaren traten englische Freibeuter, heimlich oder offen unterstützt durch die englische Krone. Die berühmtesten englischen Kaper waren John Hawkins und Francis Drake. Beide waren miteinander verwandt, hatten mehrere Reisen gemeinsam unternommen und wurden für ihre Erfolge im Dienste der englischen Königin geadelt.

Aber auch die meisten französischen Kaper setzten sich nicht zur Ruhe. Hatten sie vorher im Auftrag des Königs geraubt, so taten sie es jetzt aus eigener Machtvollkommenheit. Das Risiko blieb das gleiche. Sie verlegten ihre Basis endgültig in die Karibik und bereicherten die Brüderzunft von der Küste um einige bemerkenswerte Gestalten.

Hawkins und Drake, Freibeuter im Dienste Elisabeth I.

XII.

Es gibt keinen Zweifel daran, daß Hawkins und Drake, wie andere in den Adelsstand erhobene britische Seefahrer, die Bezeichnung Seeräuber ehrlich verdient haben, denn sie raubten – ohne die Spur eines Rechts – fremde Schiffe aus, sie plünderten Städte und Kirchen, und sie folterten, mordeten und vergewaltigten im Krieg wie im tiefsten Frieden. Wenn diese im großen Stil verübten Verbrechen die Täter nicht vor Gericht brachten, dann nur, weil sie gleichzeitig nach neuen Seewegen suchten, Küsten und Inseln erkundeten, kartographisches Material schufen und – bewußt oder unbewußt – das britische Kolonialreich mitschaffen halfen. Und eines vergaßen sie nie und unter keinen Umständen: Ob sie mit oder ohne Wissen der Krone gehandelt hatten – stets ging ein Teil der Beute, manchmal bis zur Hälfte, an den königlichen Hof.

Drake lernte das Piratenhandwerk bei Hawkins, seinem um acht Jahre älteren Onkel. Hawkins war einer der ersten Sklavenhändler, der Neger von der westafrikanischen Küste holte, um sie in Westindien zu verkaufen. Im Oktober 1562 unternahm Hawkins mit drei Schiffen – der »Solomon« (120 t), der »Swallow« (100 t) und der »Jonas« (40 t) mit nur knapp 100 Mann Besatzung seine erste Expedition an die afrikanische Küste. Dort plünderte er einige portugiesische Schiffe und segelte mit 300 geraubten Negersklaven nach Haiti, wo er sie gegen Häute, Zucker und Perlen eintauschte. Nach der Rückkehr in die Heimat bereitete Hawkins eine zweite Fahrt vor, für die ihm die Königin das ehemalige Hanseschiff »Jesus von

IOANNES HAWKINS
dilligence

Lübeck« zur Verfügung stellte. 1565 erreichte er mit einigen hundert Sklaven an Bord Venezuela. Doch der spanische Gouverneur verweigerte ihm die Erlaubnis zum Verkauf der Sklaven. Schließlich gelang es Hawkins mit List und Gewalt, wenn auch unter vielen Schwierigkeiten, seine »schwarze Ware« gegen Gold, Silber, Perlen und Edelsteine einzutauschen. Nachdem diese Reise doch noch von Erfolg gekrönt worden war, wurde für 1567 eine dritte, größere Expedition vorbereitet. Hawkins berichtet über ihren Verlauf in seinem Tagebuch:

»Am 2. Oktober Anno 1567 fuhren unsere Schiffe »Jesus« und »Minion« mit vier kleineren Schiffen von Plymouth ab. Bis zum 7. hatten wir schönes Wetter, dann erhob sich nördlich von Kap Finisterre ein großer Sturm, der unsere Flotte zerstreute und alle unsere großen Beiboote vernichtete«. Nach der Beschreibung des Sturms und einiger Einzelheiten beim Sammeln seiner Flotte fährt Hawkins in seinen Aufzeichnungen fort:

»Bei der Insel Gomera nahmen wir Wasser, fuhren am 4. November an die Guineaküste und kamen am 18. November beim Kap Verde an. Sofort landeten wir 150 Mann, in der stillen Hoffnung, einige Neger zu fassen. Wir konnten jedoch nur unter Mühen und Verlusten eine kleine Zahl fangen. Durch ihre vergifteten Pfeile hatten uns die Eingeborenen kleine, dafür aber umso gefährlichere Wunden beigebracht. Auch ich selbst war verwundet worden. Die folgende Zeit verbrachten wir an der Guineaküste und suchten bis zum 12. Januar sorgfältig die Flüsse vom Rio Grande bis nach Sierra Leone ab. Während dieses Zeitraumes nahmen wir nicht mehr als 150 Neger an Bord«. Dann kam Hawkins ein Zufall zu Hilfe. Bei einer Stammesfehde wurde er um Unterstützung ersucht gegen das Versprechen, ihm alle Kriegsgefangenen als Sklaven zu überlassen. Bei dem Gefecht mit dem feindlichen Stamm fielen den Engländern rund 300 Gefangene in die Hände, so daß Hawkins mit etwa 500 Negersklaven die Reise nach Westindien antreten konnte. Vor der Abreise übergab er seinem Neffen Drake das Kommando über die 50 Tonnen große »Judith«, eines der vier kleineren Schiffe des Verbandes. In Amerika traten wieder Handelsschwierigkeiten beim Verkauf der Neger auf. Daraufhin setzte Hawkins im Hafen Rio de la Hacha ein Landungskommando aus, plünderte und brandschatzte einen Teil der Stadt und drohte, die Bürger selbst als Gefangene an Bord zu nehmen und zu versklaven, wenn sie ihm nicht die Negersklaven abkaufen würden. Nun wurde man handelseinig.

Auf dem Heimweg geriet die Flotte in einen schweren Sturm, in dem die »Jesus« leck geschlagen wurde und aufgegeben werden mußte. Als Hawkins San Juan d'Uloa als Nothafen anlief, stieß er auf eine spanische Flotte von 13 Schiffen, die sofort das Feuer auf die verhaßten lutherischen Korsaren eröffneten. In dem Gefecht verlor Hawkins drei Schiffe, nur »Minion« und »Judith« entkamen, auf ihnen Hawkins und Drake, beide fest entschlossen, für die erlittene Niederlage Vergeltung zu üben.

Auf die nächste Fahrt, sein erstes selbständiges Unternehmen, bereitete sich Drake sehr sorgfältig vor. Er wollte sich das amerikanische Gold nicht auf dem Umweg über afrikanische Negersklaven, sondern unmittelbar von den Spaniern aus Amerika holen.

Im Jahre 1572 segelte Drake mit zwei Schiffen, der »Pasha« und der »Swan«, zur Landenge von Panama. Nachdem er mit seinen Leuten die Stadt Portobello niedergebrannt und geplündert hatte, marschierte er mit nur 30 Mann seiner Besatzung und 20 Hugenotten, die sich ihm für das Unternehmen angeschlossen hatten, landeinwärts. Sie überfielen bei Nombre de Dios eine spanische Maultierkolonne, die mit gemünztem Gold und anderen Schätzen von Peru auf dem Weg nach Portobello war. Danach segelte Drake zur amerikanischen Küste und griff, aber mit nur geringem Erfolg, Veracruz an. Noch einmal südwärts segelnd, enterte er vor Cartagena in einem kühnen Handstreich mehrere spanische Schiffe. Mit reicher Beute – aber auch nur noch mit halber Besatzung – nach England zurückgekehrt, erregte er die Aufmerksamkeit des königlichen Hofes. Er rüstete drei Fregatten aus und beteiligte sich mit ihnen als Kaper im Kampf gegen das aufständische Irland. Bei einem Empfang durch die Königin trug er ihr den Plan vor, den von der Wissenschaft vermuteten Südkontinent, die »Terra Australis«, südlich von Amerika zu suchen und dann die Spanier auf der Westseite Amerikas anzugreifen. Die Königin billigte nicht nur die Absicht Drakes, sondern beteiligte sich auch zusammen mit mehreren hohen Adligen an der Finanzierung des Unternehmens.

Die Vorbereitungen für die neue Expedition wurden streng geheimgehalten. Am 13. Dezember 1577 ging Drake mit einer Flotte von fünf Schiffen, der »Pelikan«, »Elizabeth«, »Marygold«, »Swan« und »Christopher«, und 164 Mann von Plymouth aus in See. Sein Flaggschiff, die »Pelikan«, war nur 26 m lang, 7 m breit und rund 200 Tonnen groß. Vor dem Einlaufen in die Magellanstraße gab er die beiden Versorgungsschiffe »Swan« und »Christopher« auf, ließ die »Pelikan« gründlich überholen und taufte sie auf den Namen »Golden Hind« um. Mit den verbleibenden drei Schiffen durchsegelte Drake die Meerenge und erreichte am 6. September 1578 den Pazifik. Vorher mußte er, ähnlich wie Magalhaes, eine Meuterei an Bord seines Schiffes niederschlagen. Er ließ den Anstifter, einen mitreisenden Passagier, vor ein von ihm benanntes Schiffsgericht stellen und hinrichten.

In einem schweren Sturm an der südamerikanischen Westküste ging die »Marygold« verloren, und die »Elizabeth« trieb so weit ab, daß ihr Kapitän auf eigene Faust nach England zurückkehrte. Auch die »Golden Hind«, das letzte noch verbliebene Schiff der Flotte, war durch den Sturm einen Monat lang nach Süden abgetrieben worden. Dabei konnte Drake die geographische Entdeckung machen, daß südlich der Magellanstraße nur noch ein kleiner Landzipfel lag, der offensichtlich zum amerikanischen Kontinent gehörte. Vom gesuchten Südkontinent war nichts zu sehen. Drake wandte sich nun dem zweiten Teil seiner Aufgabe zu. Er segelte mit der »Golden Hind« nordwärts bis Valparaiso, wo er in den Hafen einlief und Stadt und Kirchen plünderte. Nachdem das Schiff mit Proviant und Wasser aufgefüllt und gründlich überholt worden war, segelte er, alle Küstenortschaften plündernd, weiter nach Norden. Am 13. Februar 1579 lief die »Golden Hind« in den Hafen von Lima ein. Die dort befindlichen zwölf spanischen Schiffe hatten ihre Takelage an Land gegeben und waren auf keinen Kampf vorbereitet. Die Spanier fühlten sich an der Westküste Amerikas völlig sicher. So wurden die Schiffe, ebenso wie die in Lima gehorteten Schätze, eine Beute Drakes. In Lima hörten die Engländer von einem spanischen Schatzschiff, »Nuestra Senora de la Conception«, das wegen seiner starken Bewaffnung den Beinamen »Cacafuego« (Feuerspukker) trug und auf dem Wege nach Panama war. Dieses Schiff fuhr alljährlich die Küste längs nach Norden und nahm in den verschiedenen Häfen die Erträge der Silberminen sowie die von den Spaniern zusammengeraubten Goldschätze und Wertsachen an Bord, um sie zur Landenge von Panama zu schaffen. Drake ließ sofort alle Segel setzen und eilte dem »Feuerspucker« nach. Am 1. März erreichte er die spanische Galeone knapp nördlich des Äquators, und nach einem kurzen Feuergefecht gelang

DRAKE

es Drake, das Schiff zu entern und zu nehmen. Die Beute bestand aus 26 Tonnen Silber, 80 Pfund Gold und 13 Truhen mit Geld, Schmuck und anderen Wertsachen in einem Gesamtwert von etwa 200 000 englischen Pfund. Als das viele Silber auf die »Golden Hind« umgeladen wurde, soll ein britischer Matrose den Ausspruch getan haben: »Jetzt ist aus dem Cacafuego (Feuerspucker) ein Cacaplata (Silberspucker) geworden«.

Auf der weiteren Fahrt nach Norden kaperte Drake noch einen großen Kauffahrteifahrer sowie einen Segler, auf dem er zwei Lotsen mit Seekarten und Segelanweisungen für die Überquerung des Pazifik fand. Am 15. April 1579 lief er als letzten spanischen Hafen an der amerikanischen Westküste die Stadt Guatalco in Mexiko an. Die »Golden Hind« soll zu diesem Zeitpunkt schon derart mit Wertsachen überladen gewesen sein, daß die plündernde Besatzung nur noch Gold und Perlen nahm, Silber dagegen bereits verschmähte.

Es war ganz offensichtlich die Absicht Drakes, weiter nordwärts segelnd die Nordwestdurchfahrt zwischen Pazifik und Atlantik zu suchen, um auf diesem Weg in die Heimat zurückzukehren. Doch auf dem 48. Grad nördlicher Breite, in der Höhe von Vancour, drehte er wegen des dort

herrschenden schlechten Wetters wieder auf Südkurs und ankerte in der nach ihm benannten Drake-Bucht. Nach gründlicher Überholung der »Golden Hind« folgte er den Spuren Magellans, erreichte nach drei Monaten die Molukken, wo er im Hafen von Ternate noch eine kostbare Ladung Gewürze an Bord nahm, bevor er, um das Kap der Guten Hoffnung segelnd, am 26. September 1580, drei Jahre nach seiner Abfahrt, wieder in Plymouth einlief.

Das Geschrei nach Bestrafung des Piraten Drake war in Spanien so groß wie der Jubel in England über den Seehelden Drake. Wahrscheinlich wollte die englische Königin wegen der ständigen Vorstellungen des spanischen Gesandten nach Bestrafung Drakes Zeit gewinnen, als sie befahl, die »Golden Hind« unter Bewachung nach Deptford zu bringen.

Doch der Entschluß der Königin stand fest. Nachdem einige Monate verstrichen waren, ließ sie sich die Themse abwärts rudern und stieg an Bord der »Golden Hind«. Auf dem Achterdeck schlug sie Francis Drake zum Ritter und ernannte ihn zum Vizeadmiral ihrer Flotte.

Dafür erhielt die Königin 50% des auf $2^1/_4$ Millionen Goldpfund geschätzten Raubes, die übrigen Aktionäre erhielten immerhin noch 4700% ihres Kapitalanteils.

Die erste Aufgabe, die Drake als Admiral der königlichen Flotte erhielt, war die Jagd auf Piraten im Englischen Kanal. Als Antwort auf die Sperrung spanischer Häfen für englische Schiffe segelte Drake 1585 auf Befehl Elizabeths mit 25 Schiffen und 2300 Mann erneut nach Westindien, nahm Santiago und plünderte die spanischen Niederlassungen. Aus der Beute dieser Reise stammte ein Diadem mit dazu passendem Halskreuz, das die Königin am Neujahrstag vor aller Welt trug.

1587 drang Drake mit einer Flotte in den Hafen von Cadiz ein, verbrannte und versenkte 33 spanische Schiffe, bedrohte den Hafen von Lissabon, kaperte einen portugiesischen Ostindienfahrer mit einer Ladung im Wert von 100 000 Pfund und jagte königlich-spanische Schiffe vor ihrer heimatlichen Küste, womit er, wie er sich rühmte, »——— dem katholischen König den Bart versengte ———«.

Drakes große Fahrt wurde durch den weniger berühmt gewordenen englischen Piratenkapitän Thomas Cavendish wiederholt. Offensichtlich hatte er die Erfahrungen und Erkenntnisse aus der Reise Drakes genau studiert, während die Spanier daraus nichts gelernt hatten. Cavendish wählte dieselbe Route wie Drake, benutzte die gleichen Anker- und Reparaturplätze und brachte nach zweijähriger Piratenfahrt mit dem letzten seiner drei Schiffe kaum weniger Beute in den Hafen von Plymouth als zehn Jahre zuvor Drake. Elizabeth I. besuchte auch Cavendish an Bord seines Schiffes. Darüber berichtete der spanische Gesandte an Philipp II.:

»Dieser Tage ist der Kapitän Cavendish aus Peru zurückgekehrt. Er gab der Königin ein Bankett auf seinem Schiff und erzählte lang und breit von seinen Heldentaten. Seine Beute ist zweifellos beträchtlich, denn der Speisesaal war mit gold- und silberdurchwirkten Stoffen dekoriert. Jeder der Matrosen hatte eine goldene Kette um den Hals. Die Segel waren aus blauem Damast und die Standarten verschwenderisch bestickt. So muß eine Kleopatra gereist sein! Die Königin soll erklärt haben: Der König von Spanien ist ein Hund, der bellt, aber nicht beißt. Ich kümmere mich nicht um ihn, solange er seine Schiffe für mich mit Gold und Silber belädt«.

Das Maß war voll, die offizielle Kriegserklärung durch Spanien überreif. Im Juni 1588 ging die »Unüberwindliche Armada« in See und wurde geschlagen, nicht zuletzt durch die Tüchtigkeit des Piraten Drake. Francis Drake hatte als Vizeadmiral einen Kampfverband schnell umgerüsteter Handelssegler geführt und den Spaniern erhebliche Verluste zugefügt. Im Jahre 1595 führten Drake und Hawkins ihre letzte Reise nach

Westindien durch. Hawkins, der durch die Königin zum Vizeadmiral und zum Schatzmeister der englischen Flotte ernannt worden war, hatte damals ein Alter von 63 Jahren. Drake war 55 Jahre alt. Mit einer starken Flotte von 6 königlichen und 21 weiteren Schiffen sowie einem eingeschifften Kommando von 2500 Mann wollten sie den Hafen Puerto Rico überfallen und den Spaniern die in der Stadt gesammelten Silberschätze fortnehmen.

Nach den vielen bösen Erfahrungen waren die Spanier jedoch vorsichtiger geworden. Der spanische Admiral Tello brachte eines der englischen Schiffe auf und erfuhr aus den Aussagen der Gefangenen die Absicht des englischen Geschwaders. Er blockierte darauf mit seinen Schiffen den Hafen und bereitete die Stadt zur Verteidigung vor. Bevor die englischen Schiffe Puerto Rico erreicht hatten, verstarb am 12. November Hawkins auf hoher See. Beim Angriff auf den Hafen schoß Drake zwar fünf spanische Schiffe in Brand, konnte aber die Blockade nicht durchbrechen. Die Engländer segelten anschließend nach Rio de la Hacha, einer Hafenstadt, die durch ihre Perlenfischerei berühmt geworden war. Drake schlug die ihm für die Schonung der Stadt angebotenen Perlen in einem Wert von 24 000 Dukaten aus und ließ die Stadt plündern. Danach brandschatzte er Tapia, eroberte auch Santa Martha, wo er den spanischen Stadtkommandanten gefangensetzte, und nahm zum Schluß den stark befestigten Hafen Nombre de Dios. Von hieraus ließ er eine Abteilung von

750 Mann in Richtung Panama marschieren, um die aus Peru kommenden Silberschätze zu rauben. Aber die Spanier hatten aus den Überfällen Lehren gezogen, und die Engländer holten sich blutige Köpfe. Ein zeitgenössischer Chronist vermerkte, »——— daß die Bekümmernis, welche Francis Drake hierüber zu Gemüte stieg und ein dazu gekommener gefährlicher Durchfall ihm am 28. Januar 1596 das unvermeidliche Lebensende brachte, nachdem er zuvor seines Bruders Sohn, Thomas Drake, zum Erben eingesetzt hatte«.

Beide Männer – Hawkins und Drake – sind zu bewunderten Seehelden ihres Volkes geworden, zu Lords und Admiralen aufgestiegene Piraten und Sklavenhändler, ein Stück britischer Geschichte.

In dem holländischen Admiral Piet Heyn hatten beide, jedenfalls was den Haß gegen Spanien und den Seeraub im Auftrag der Krone anging, einen würdigen Nachfolger. Heyn hatte jahrelang in spanischen Kerkern zugebracht, als er 1628 mit einem Flottengeschwader Havanna einnahm und die See zwischen Florida und Kuba unter seine Kontrolle brachte. Während der Befehlshaber der spanischen Südflotte daraufhin mit seinen Schiffen in Cartagena verblieb, fühlte sich der Befehlshaber der Nordflotte stark genug, den Hafen Veracruz zu verlassen und in See zu gehen.

Auf der Höhe von Kuba ging er in die ihm von Heyn gestellte Falle. Die spanischen Schiffe wurden durch das holländische Geschwader in einer Bucht zusammengeschossen. Besatzungen und Passagiere verließen eilig die Schiffe, und auch der Befehlshaber rettete sich an Land. Die Holländer brauchten nur noch die Gold- und Silberbarren auf ihre Schiffe umzuladen. Während Piet Heyn nach seiner Ankunft in den Niederlanden als Volksheld stürmisch gefeiert wurde, erwartete den spanischen Flottenbefehlshaber in Spanien das Todesurteil.

Bukanier und Flibustier

XIII.

Als sich die Spanier immer weiter auf dem amerikanischen Kontinent ausbreiteten, verließen sie nach und nach die dem Kontinent vorgelagerten Inseln. Auf Hispaniola (Haiti), einer der ersten von Kolumbus entdeckten Inseln, hatten sie die Ureinwohner fast völlig ausgerottet. Die spanischen Eroberer hielten nur noch Stadt und Fort Domingo besetzt. Die riesigen Rinder- und Schweineherden und auch viele Pferde waren verwildert und streiften herrenlos über die weiten Ebenen der Insel.

Es waren französische Piraten aus Dieppe und St. Malo, aus Brest und Bayonne, die sich auf der Fahrtroute der spanischen Silberschiffe niederließen und an der verlassenen Nordküste von Hispaniola eine feste Operationsbasis für ihre Raubzüge errichteten. Gleichzeitig versorgten sie sich auf der Insel mit dem reichlich vorhandenen Fleisch. Dazu blieben einige Besatzungsmitglieder an Land, um das verwilderte Vieh zu jagen. Das Fleisch der erlegten Tiere schnitten sie in Streifen, trockneten und räucherten es auf Rosten über offenem Feuer. Nach diesem geräucherten Fleisch, französisch »boucan« genannt, wurden die Jäger und auch die in diesem Gebiet tätigen Piraten als Bukanier bezeichnet.

Über die Bukanier schrieb der holländische Wundarzt Alexander Olivier Exquemelin, der selbst sechs Jahre unter Bukaniern lebte:

»Die auf der Insel Hispaniola ansässigen Franzosen gehen dreierlei Beschäftigung nach: Sie sind entweder Jäger, Pflanzer oder Seeräuber. Wenn ein Knecht aus seinen Diensten entlassen wird (die Bukanier hielten

Knechte, die sie aus französischen Hafenstädten oder von Schiffen nahmen und die drei Jahre dienen mußten, bevor sie in die Gemeinschaft aufgenommen wurden), sucht er sich einen Gefährten. Sie legen ihre gemeinsame Habe zusammen und setzen eine Schrift auf, worin sie einander gegenseitig zusichern, daß der Überlebende alles bekommen soll, was beide erworben haben. Nachdem ein derartiger Vertrag geschlossen ist, geht der eine auf Kaperfahrt, der andere auf die Jagd oder er pflanzt Tabak, je nachdem, was ein jeder für das beste hält.«

Über das Leben der Jäger schrieb Exquemelin:

»Die Bukanier bleiben ein ganzes Jahr, manchmal auch zwei, im Busch. Danach fahren sie zur Insel Tortuga, um dort ihre Vorräte an Pulver, Blei, Flinten, Leinwand und dergleichen zu ergänzen. Wenn sie angekommen sind, verprassen sie in einem Monat alles, was sie in ein oder zwei Jahren gewonnen haben. Sie trinken den Branntwein wie Wasser, kaufen ein ganzes Faß Wein, schlagen den Zapfen ein und saufen es in kürzester Zeit leer. Tag und Nacht laufen sie im Dorf herum und feiern Gott Bacchus, solange das Geld zum Trinken reicht. Wenn dann alles aufgezehrt und auch ein Teil dazu geborgt ist, gehen sie zurück in den Busch und bleiben darin wieder ein oder zwei Jahre.«

Als die Anzahl der Bukanier auf Hispaniola immer größer wurde – zuletzt waren es über 600 – versuchten die Spanier, sie von der Insel zu vertreiben. Die Jäger wurden wie vordem die Indianer aus dem Hinterhalt erschossen oder gefangengenommen und als Sklaven verkauft. Aber die

Bukanier waren keine Indianer. Mit ihren treffsicheren Gewehren setzten sie sich erfolgreich gegen die spanischen Streifen zur Wehr und vergalten Grausamkeit mit Grausamkeit. Schließlich wurde General von Delmof mit 500 Soldaten aus San Domingo gegen die Bukanier entsandt. Doch diese, vorher gewarnt, lockten die Soldaten in einen Hinterhalt und schlugen sie vernichtend. Der General wurde getötet. Nach diesem Fehlschlag gingen die Spanier gegen die Tiere vor. Bald waren die verwilderten Schweine- und Rinderherden ausgerottet, und die Bukanier sahen sich um ihren Erwerb gebracht. Viele von ihnen blieben deshalb auf Tortuga, und im Jahre 1630 wurde die erste Bukanierkolonie auf der Insel gegründet. Tortuga liegt 12 bis 15 km nördlich von Haiti. Ihren Namen verdankt die etwa 300 Quadratkilometer große Insel einem Berg, der ihr die Gestalt einer riesigen ruhenden Schildkröte (span. Tortuga) verleiht. Auf Tortuga gab es ebenfalls große Herden verwilderter Tiere, hauptsächlich Rinder und Schweine, so daß die Bukanier auch hier ihren Lebensunterhalt fanden. Doch bald setzten auch die Spanier nach Tortuga über und zerstörten die Küstensiedlung der Bukanier. Diese flohen vor dem Angriff der Soldaten in die Wälder und kehrten nach dem Abzug der Spanier wieder an die Küste zurück. Das wiederholte sich einige Jahre lang. Im Jahre 1640 errichtete der Hugenotte Levasseur mit 50 Landsleuten ein befestigtes Fort auf der Insel. Als die Spanier zum gewohnten Jahresbesuch kamen, wurden sie von den Kanonen des Forts beschossen und mehrere ihrer Schiffe versenkt. Erfolglos kehrten die Spanier nach Hispaniola zurück. Levasseur wurde französischer Gouverneur von Tortuga und Vorstand einer Bukaniergemeinde, die rasch den ursprünglichen Charakter einer reinen Männergesellschaft verlor. Von Europa, hauptsächlich aus Frankreich, kamen jetzt mehr und mehr Frauen auf die Insel, die alle innerhalb weniger Wochen geheiratet wurden. Diejenigen Bukanier, die zu Frau und Hausstand gekommen waren, blieben in der Regel fest auf der Insel, während die Junggesellen zur See auf Raubfahrt gingen.

Mit dem Standortwechsel der Bukanier von Hispaniola nach Tortuga wählten weitere Piraten der Karibik – vor allem Franzosen – Tortuga als Basis. Sie vereinigten sich mit den Bukanierpiraten zu einer Art von Genossenschaft, in der bestimmte Verhaltensregeln galten. Auch bezeichneten sie sich nicht mehr als Brüder von der Küste, sondern wurden unter dem Namen Flibustier bekannt. Die enge Verbindung und Arbeitsteilung zwischen den Bukanierjägern und den Freibeutern blieb so wie vordem auf Hispaniola erhalten. Der Ursprung des Namens Flibustier ist nicht eindeutig. Wahrscheinlich leitet er sich aus dem französischen Wort »flibot«, das bedeutet leichtes Boot, ab, denn zu Beginn ihrer Tätigkeit benutzten viele Flibustier tatsächlich kleine offene Boote, wenn sie spanische Schiffe in den seichten Küstengewässern der Inseln überfielen. Allerdings besaßen sie auch größere Segler, selbstgebaute oder genommene Fahrzeuge, um den großen spanischen Schiffen auf offener See auflauern zu können.

Die französischen Gouverneure der Insel deckten die Tätigkeit der Flibustier und stellten ihnen im Namen des französischen Königs Kaperbriefe aus. Für die kurze Zeit, in der Frankreich nicht mit Spanien Krieg führte, erhielten die Flibustier die Kaperbriefe von England oder Holland. War auch das ausnahmsweise nicht möglich, führten die Flibustier ihren eigenen Krieg gegen den Erbfeind Spanien. Auf die Beschwerde des spanischen Gesandten in Paris über Seeräubereien der Flibustier gab ihm die französische Regierung die Antwort, daß es sich nicht um französische Untertanen handele, und wenn Seine Katholische Majestät der Leute habhaft werde, könne er mit ihnen nach Belieben verfahren.

Exquemelin beschreibt in seinem Buch auch die innere Organisation der Flibustier, die auf einer harten, demokratisch begründeten Disziplin basierte. Wenn ein Anführer ein neues Unternehmen plante, warb er dafür

ein Kommando von Flibustiern an. Auch Bukanier kamen aus dem Busch, und selbst Indianer ließen sich als Teilnehmer eintragen. Zwischen den Teilnehmern wurde ein Vertrag abgeschlossen, in dem die Verteilung der Beute, die Entschädigung an Verstümmelte und sonst Notwendiges niedergeschrieben und beschworen wurde. Über jede Entscheidung wurde einzeln abgestimmt.

Bei der Entscheidung über die Beuteteilung war es üblich, außerhalb der Anteile bestimmte Summen für den Wundarzt, etwa in Höhe von 200–250 Achterstücken, und für den Zimmermann in Höhe von 100–150 Achterstücken festzulegen.

Beschlossen wurde ebenfalls die Belohnung für besondere Leistungen, so für den, der als erster das feindliche Schiff enterte und den Jolly Roger (rote Flagge mit Totenkopf) hißte, oder der Gefangene machte, die hohes

Lösegeld einbrachten. Sie legten auch die Summen fest, die Schwerverwundete erhielten. Für den Verlust des rechten Armes wurden 600 Achterstücke oder 6 Sklaven gezahlt, für den Verlust des linken Armes 500 Achterstücke oder 5 Sklaven. Ebensoviel erhielt ein Verwundeter für den Verlust des rechten Beines, während für das linke Bein 400 Achterstücke oder 4 Sklaven gezahlt wurden. Ein verlorenes Auge wurde mit 100 Achterstücken oder einem Sklaven vergütet. Auch für Ausrüstung und Proviant wurde eine feste Summe festgelegt, wobei Lebensmittel gleichmäßig ohne Rangunterschiede verteilt wurden. Was nach diesen Abzügen von der Beute blieb, erhielt nach festen Regeln die Besatzung. Der Kapitän oder Befehlshaber bekam gewöhnlich einen fünffachen Anteil für das Schiff und zwei bis drei Anteile für seine persönliche Leistung. Der Steuermann erhielt zwei Anteile, alle anderen, sofern sie nicht wie Wundarzt und Zimmermann fest abgefunden wurden, bekamen einen Anteil, ausgenommen die Schiffsjungen, die je einen halben Anteil erhielten.

Der Eid, den die Flibustier vor der Ausfahrt ablegten, verlangte von ihnen, nicht den geringsten Gegenstand, den sie als Beute machten, für sich zu behalten, zu verbergen oder zu verstecken. Verstieß einer gegen den Eid, wurde er aus der Gemeinschaft ausgeschlossen und, mit einer Flinte, Schießpulver und Wasserflasche versehen, auf einer einsamen Insel oder an einer öden Küste ausgesetzt und seinem Schicksal überlassen. Auch der Kapitän war von dieser Bestimmung nicht ausgenommen, obwohl er in der Schiffsführung und im Kampf die uneingeschränkte Befehlsgewalt besaß. Beim Beutemachen und bei der Beuteteilung genoß der Steuermann eine besondere Vertrauensstellung. Er bestimmte an Bord des genommenen Fahrzeugs, was als Beute auf das eigene Schiff umgeladen wurde und was nicht. Gold, Silber, Perlen und Schmuckgegenstände galten dabei grundsätzlich und immer als Beute.

Im Verlaufe der Zeit hatten sich Flibustier auf den verschiedensten Inseln der Antillen angesiedelt. Sie bildeten kleine, international zusammengesetzte Gemeinschaften mit starkem französischem, manchmal auch englischem oder holländischem Anteil. Diese Flibustiergemeinschaften wurden später als Brückenköpfe für die Besitzergreifung durch die europäischen Kolonialmächte genutzt. Sie kämpften als Kaper und als Landungstruppen unter der Flagge ihres Landes zusammen mit regulären Truppen.

Im Jahre 1625 ließen sich die Franzosen auf St. Christopher nieder. Von dort eroberten sie einen Teil von Santo Domingo sowie Martinique und Guadeloupe. Die Holländer landeten 1634 auf Tobago und Curacao, die Engländer 1655 auf Jamaika und auf Barbados. Zug um Zug wurden die Spanier gezwungen, die Antillen-Inseln aufzugeben. Sie hielten zum Schluß nur noch Kuba und die ärmere Hälfte von Hispaniola in ihrem Besitz. Von ihren Stützpunkten auf den Antillen konnten die Flibustier zu jeder Zeit als Kaper im Auftrage einer staatlichen Macht oder als Freibeuter in eige-

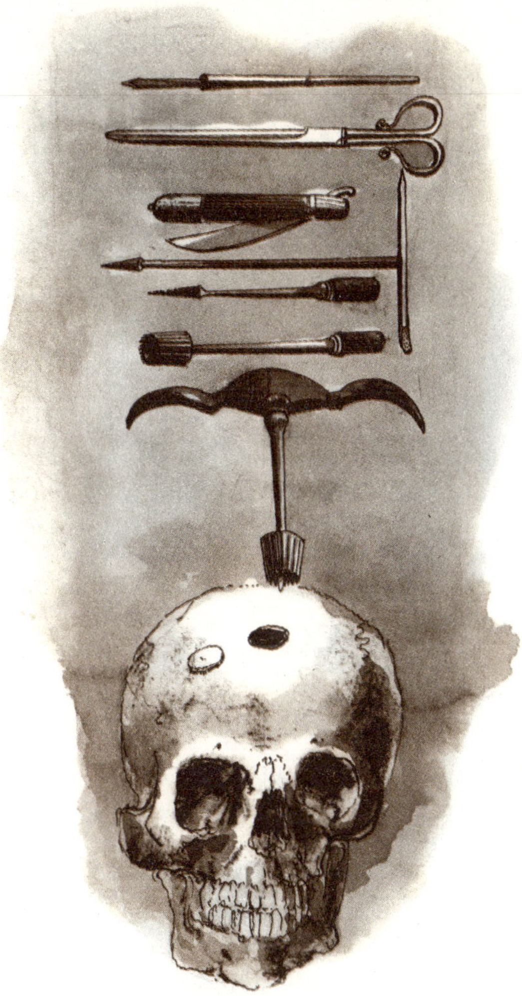

nem Auftrage die Verbindungslinien Spaniens zu seinen amerikanischen Kolonien unterbrechen. Aber sie begnügten sich nicht mit Überfällen auf spanische Schiffe, sondern griffen auch die amerikanischen Ausgangshäfen der Schiffe an. Das Angriffskonzept war fast immer gleich. Überraschend erschienen die Flibustierschiffe vor dem Hafen und beschossen ihn. Dann wurde ein Landungskommando ausgesetzt und die Stadt gestürmt. Daran waren bis auf ein geringes Restkommando an Bord alle Piraten beteiligt. Hauptobjekte der Plünderung waren Kirchen und Häuser reicher Bürger, die vielfach gefoltert wurden, um die Verstecke ihrer Wertsachen zu erfahren. Zum Schluß wurde die Stadt angezündet, und die Flibustier verschwanden so plötzlich, wie sie gekommen waren.

Unter den vielen Anführern der Flibustier sind einige wegen ihrer Erfolge besonders bekannt geworden.

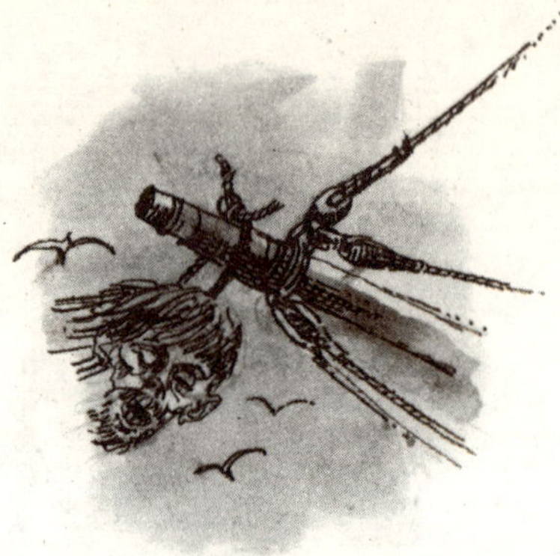

Der grausame Lolonois

XIV.

Was die Flibustier bedingungslos einigte, gleichgültig ob es sich um Franzosen, Engländer, Holländer oder Indianer handelte, war ihr Haß auf Spanien und auf alles Spanische. Die Spanier hatten die Indianer fast ausgerottet, sie hatten mit einer kaum vorstellbaren Grausamkeit in den Niederlanden gehaust, und sie maßten sich an, mit dem Segen des Papstes alleinige Herren über einen ganzen, unermeßlich reichen Erdteil zu sein. Aus diesen Gründen fühlten sich viele Flibustier moralisch im Recht, die Spanier zu bekämpfen, um ihnen das geraubte Gold und Silber wieder abzunehmen und es als eigene gute Beute heimzubringen. Stark moralisch motiviert handelte zum Beispiel Daniel Montbars, genannt der Vertilger. Er hatte während seiner Schulzeit in Südfrankreich die Schriften von Las Casas, des Bischofs und Anwalts der Indianer, gelesen und war nach Tortuga gekommen, um den Tod der vielen tausend Indianer an ihren spanischen Mördern zu rächen. »Ihn reizte weder Beute noch das freie Leben auf See, nur die Rache feuerte ihn an«, so schrieb Exquemelin über ihn. Bei seinen Überfällen auf spanische Schiffe und Siedlungen gab er keinem Spanier Pardon. Sein eigenes Ende ist unbekannt geblieben.

Ein erfolgreicher Flibustier-Kapitän war auch Bartholomeus de Portugues. Mit einer kleinen Vierkanonen-Bark kaperte er vor Kuba einen großen spanischen Segler, wurde aber auf dem Rückweg nach Jamaika mit seiner Prise von drei spanischen Kriegsschiffen aufgebracht. Die Spanier schafften Bartholomeus nach Campeche an der mexikanischen Küste und machten ihm und seinen Gesellen dort den Prozeß. Die Flibustier wurden zum Tode durch den Strang verurteilt. Doch Bartholomeus gelang es, zu entkommen und nach vierzehntägigem Fußmarsch die Hafenstadt Triste zu erreichen. Dort erhielt er durch die Unterstützung anderer Freibeuter ein Kanu und 20 bewaffnete Männer. Mit diesen ruderte er nach Campeche zurück, nahm im Handstreich das bereits einmal von ihm gekaperte Fahrzeug und entkam nach Jamaika.

Rock Brasileiro, einen holländischen Flibustier, machte folgende Episode berühmt: Nach einem Schiffbruch mußte Rock sich mit den 30 Mann seiner Besatzung gegen 100 spanische Reiter verteidigen. Die Flibustier schossen 30 Spanier nieder und jagten die übrigen in die Flucht. Auf den herrenlos gewordenen Pferden ritten sie zum nächsten Hafen, wo sie ein spanisches Schiff nahmen und in See gingen.

Aus den Anfängen der Flibustierzeit erzählt Exquemelin folgende Geschichte:

»Unter den auf Tortuga lebenden Flibustiern war ein aus Dieppe gebürtiger Franzose namens Pierre Legrand. Er machte sich einen Namen, als er im Jahre 1602 mit einem Ruderboot und 28 Mann Besatzung am westlichsten Punkt der Insel Hispaniola, am Capo del Tibron, den Vizeadmiral der spanischen Flotte gefangennahm. Die Spanier hatten damals den Kanal von Bahama noch nicht gefunden, so daß sie durch die Caicos (Inselgruppe südöstlich der Bahamas) in See gehen mußten. Das spanische Kriegsschiff, das von seinem Geleitzug abgekommen war und von dort nicht ausgemacht werden konnte, hatte acht Geschütze und 80 Mann an Bord. Die Flibustier ruderten in der Dämmerung an das Schiff heran, kletterten an Bord, besetzten die Waffenkammer und drangen bis zur Kajüte vor, wo sie den Kapitän des Schiffes und den Vizeadmiral beim Kartenspiel überraschten und mit vorgehaltener Pistole zwangen, das Schiff zu übergeben. Die Besatzung und den Admiral setzte Legrand an der Küste von Hispaniola an Land, mit der Prise segelte er nach Frankreich.«

Einer der bekanntesten, aber auch berüchtigsten Flibustierkapitäne war der Bukanier Jean David Nau, mit angenommenem Namen Francois L'Olonois, meistens Lolonois oder einfach Lolona genannt. Als junger Mann hatte er drei Jahre als Knecht bei einem Bukanier gedient, bis er als vollberechtigtes Mitglied in die Genossenschaft aufgenommen wurde. Die Jahre im Busch und die ständige Gefahr, von spanischen Lanzenreitern gefangengenommen und bei lebendigem Leibe verbrannt zu werden, hatten in ihm einen zügellosen Haß gegen die Spanier entstehen lassen. Nach mehreren Jahren Jägerleben entschloß sich der Bukanier, als Flibustier zur See zu fahren. Lolonois bewies als Pirat Tapferkeit und Entschlossenheit, so daß ihn die Mannschaft, nachdem der alte Kapitän im Kampf gefallen war, zum Kapitän wählte. Er erbeutete mehrere Prisen, verlor dann aber sein Schiff in einem schweren Sturm. Sein Ruf als erfolgreicher Kaperkapitän ermöglichte es ihm, mit Unterstützung des französischen Gouverneurs

von Tortuga rasch ein neues Schiff auszurüsten. Nach mehreren erfolgreichen Beutefahrten strandete er mit dem Schiff in der Nähe von Campeche. Lolonois hatte sich wegen seiner großen Grausamkeit gegenüber spanischen Gefangenen so verhaßt gemacht, daß jedes spanische Schiff und jede spanische Siedlung bis zum letzten Mann gegen ihn kämpfte. Als die Spanier ihn nach dem Schiffbruch aufstöberten, machten sie die gesamte Besatzung nieder. Lolonois entging nur dadurch dem Tod, daß er sich mit Blut beschmierte und unter Leichen versteckte. Nach dem Abzug der Spanier zog er sich die Uniform eines getöteten Spaniers an, gewann in Campeche einige Sklaven, mit denen er ein Kanu bemannte und nach Tortuga zurückruderte. Wieder gelang es Lolonois, mit Hilfe des Gouverneurs ein neues Schiff zu erhalten, und während die Spanier noch ihren Sieg über den gefürchteten Piraten feierten, lauerte Lolonois bereits mit seinem dritten Schiff auf spanische Kauffahrer vor Havanna.

Lolonois führte zusammen mit Michael de Basque, einem anderen bekannten Anführer der Flibustier, im Jahre 1666 das erste Großunternehmen von Flibustiern gegen das südamerikanische Festland durch. Für diesen Raubzug vereinigten beide Flibustierführer acht Segelschiffe und ein Landungskorps von 650 Mann unter ihrem Kommando. Schon auf der Fahrt nach Maracaibo, dem Ziel ihres Zuges, nahmen sie mehrere Schiffe als gute Prisen, darunter einen spanischen Großsegler mit einer großen Kakaoladung und 300 000 Silbertalern an Bord.

Maracaibo lag am oberen Ende eines Sees in Venezuela, der durch einen schmalen Kanal mit dem Meer verbunden war. Der Kanal wurde durch ein Fort gesichert. Lolonois und de Basque schifften außerhalb der Kanonenreichweite des Forts ihre Landungstruppen aus und stürmten das Fort. Dann segelten sie durch den Kanal in den See und griffen die 4000 Einwohner zählende und sich hart verteidigende Stadt an. Noch während der Plünderung erhielten die Flibustier Kenntnis über eine spanische Militärabteilung, die zum Entsatz der Stadt heranrückte. Lolonois marschierte mit 380 Mann dieser Abteilung entgegen und schlug sie vor der kleinen Stadt Gibraltar vernichtend. Auf spanischer Seite soll es dabei 500 Tote gegeben haben, während die Flibustier nur 40 Tote und 30 Verwundete hatten. Sechs Wochen brachte Lolonois mit seinen Leuten in Gibraltar zu, sie verheerten die Stadt und machten gute Beute. Als in den Reihen der Flibustier eine Seuche ausbrach, brannten sie die Stadt nieder und segelten nach Maracaibo zurück, das sie erneut und diesmal gründlich brandschatzten. Die Beute der Flibustier betrug 260000 Achterstücke und für 100000 Kronen Kirchengeräte und Schmuckgegenstände.

Mit dem nächsten großen Unternehmen versuchte Lolonois ein ganzes Land, nämlich Spanisch-Nicaragua, zu verwüsten und auszuplündern. Nach seinem Erfolg in Venezuela brachte er rasch sechs Schiffe und ein Kommando von 700 Flibustiern zusammen. Das erste Ziel der Fahrt war das Kap Gracias a Dios, aber Windstille und Strömung trieben die Flibustier in den Golf von Honduras. Sie beschlossen, die Küste des Golfes »auszuspülen«, d. h. zu plündern, bis das Wetter ihnen eine Weiterfahrt gestattete. Ihre Opfer waren die kleinen, meist von Indianern bewohnten Siedlungen der Schildkrötenfischer. Da die Flibustier nicht nur ihre Hütten plünderten, sondern ihnen auch ihre Boote wegnahmen, zerstörten sie die Existenzgrundlage der Indianer. Die Beute der Flibustier blieb gering, umso größer war der Haß, den sie bei den Indianern gegen sich erzeugt hatten.

Die erste größere Beute der Flibustier war ein spanischer Segler mit 20 Kanonen, der ihnen in Puerto Caballo in die Hände fiel. Von hieraus trat Lolonois den Marsch ins Landesinnere an. Er zwang Gefangene, ihm dabei als Führer nach der Stadt San Pedro zu dienen. Es wurde ein sehr beschwerlicher Marsch für die Flibustier, nicht nur durch natürliche Hindernisse bedingt, sondern auch durch ständige Angriffe der Spanier, die über das Vordringen Lolonois' unterrichtet worden waren. Beim Vormarsch auf die Stadt übte Lolonois, wie Exquemelin berichtete, seine übliche Grausamkeit gegen spanische Gefangene. »Es war seine Gewohnheit«, schrieb der holländische Arzt in seinem Buch, »daß er Personen, die beim Foltern kein Geständnis ablegten, augenblicklich mit seinem Kurzsäbel in Stücke hieb und ihnen die Zunge herausriß. Wenn es möglich gewesen wäre, hätte er das gern jedem Spanier in der Welt angetan. Oft geschah es, daß einige dieser unglücklichen Gefangenen, wenn sie auf die Folter gespannt wurden, versprachen, die Plätze zu zeigen, wo sich ihre geflüchteten Landsleute mit Hab und Gut versteckt hielten. Konnten sie dann diese Plätze nicht zeigen, starben sie eines noch schlimmeren und grausameren Todes als ihre Kameraden vorher«.

Exquemelin behauptet in seinem Buch sogar, Lolonois habe gefangenen Spaniern mit seinem Säbel die Brust aufgeschnitten und das noch zuckende Herz aus dem Leibe gerissen.

Nach starker Gegenwehr spanischer Soldaten fiel San Pedro in die Hände der Flibustier. Doch die meisten Einwohner waren geflohen und hatten Hab und Gut in Sicherheit bringen können. Ohne große Beute geblieben, ließ Lolonois die Stadt anzünden und kehrte, stark geschwächt, an die Küste zurück. Obwohl unter den Flibustiern nach der verlustreichen und glücklosen Zeit starke Unzufriedenheit herrschte, konnte Lolonois mit dem Versprechen auf eine zu erwartende reiche Prise seine Mannschaft noch zusammenhalten. Als das angekündigte spanische Schiff nach drei Monaten endlich eintraf, erwies es sich mit 41 Kanonen und 130 Mann Besatzung als ein starker und unbequemer Gegner. Aber die Flibustier wollten Beute machen und griffen es mit Todesverachtung an. Während ihre großen Schiffe den Spanier unter Feuer nahmen, näherten sich die Flibustier dem Schiff in vier Kanus von der entgegengesetzten Bordseite und enterten es. Doch statt des erwarteten Goldes und Silbers hatte das Schiff nur Eisen und Papier geladen. Diese neue Enttäuschung war so groß, daß der Zusammenhalt der Flibustier verlorenging. Ein Teil unter dem neu gewählten Anführer van Klyn kehrte nach Tortuga zurück, ein zweiter Teil unter Kapitän Pierre setzte die Beutesuche auf eigene Faust fort, aber nur mit geringem Erfolg. Lolonois verblieb mit knapp 300 Mann im Golf von Honduras und wartete auf Prisen, die nicht kamen. Das Glück hatte den bisher so erfolgreichen Kapitän verlassen. Er lief mit seinem Schiff und einer halb verhungerten Mannschaft auf eine Sandbank und bekam das Fahrzeug – obwohl sie Kanonen und Ausrüstungen an Land brachten – nicht wieder flott. Ein halbes Jahr lang mußte sich Lolonois der ständigen Angriffe der Indianer erwehren, dann brach er mit noch 150 Mann und selbstgezimmerten flachen Barken zur Mündung des Nicaraguastromes auf. Aber auch dort trieben ihn Spanier und Indianer zurück. Daraufhin segelte er mit den Barken die Küste längs in den Golf von Darien. Als er hier mit seinen Leuten an Land ging, um Lebensmittel und Frischwasservorräte aufzufüllen, wurde er von Indianern überfallen und gefangengenommen. Es handelte sich offensichtlich um Kannibalen, denn der Bericht Exquemelins schließt mit dem Satz: »Die haben ihn dann in Stücke gerissen und gebraten«.

Der sehr ehrenwerte Sir Henry Morgan

XV.

Jamaika war neben Tortuga eine Hauptbasis der Flibustier, vor allem der englischen Freibeuter. 1655 hatten die Engländer Jamaika erobert, und vier Jahre später traten die Spanier die Insel auch formell an England ab. Zu dieser Zeit war die indianische Urbevölkerung bereits ausgerottet und durch Negersklaven ersetzt worden. Wegen seiner günstigen Lage wurde Jamaika das Sprungbrett für alle maritimen Aktionen der Engländer, die sich gegen die spanischen Besitzungen in Amerika richteten. Eine der zweideutigsten Gestalten in der Geschichte der Piraterie, der später vom englischen König geadelte Sir Henry Morgan, hat die Geschichte der Insel und ihres Haupthafens Port Royal in der zweiten Hälfte des 17. Jahrhunderts maßgeblich beeinflußt. Henry Morgan wurde als Sohn eines walisischen Grundbesitzers geboren. Er ging bereits in früher Jugend nach Westindien und begann, genau wie Lolonois, seine Tätigkeit als Bukanier auf Tortuga. Hier beteiligte er sich an mehreren Piratenunternehmen, vor allem an Überfällen auf Kuba. Wahrscheinlich ist Morgan nach der Restaurierung der Monarchie in England 1660, als sein Onkel Sir Edward Morgan zum Vizegouverneur der Insel ernannt worden war, als Dreißigjähriger nach Jamaika gegangen. Dem Gouverneur von Jamaika unterstand eine Flotte von elf Fregatten mit zusammen 81 Kanonen und 740 Mann Besatzung. Befehlshaber dieser Flotte im Rang eines Admirals war Eduard Mansfeld, ein für die Verhältnisse in der Karibischen See ohne Zweifel begabter Flottenführer. Henry Morgan wurde Stellvertreter von

Mansfeld. Im Jahre 1666 unternahm Mansfeld mit seiner Flotte eine Expedition, bei der er die Insel Catalina besetzte, um sie als Stützpunkt einzurichten. Als den Spaniern die Rückeroberung der Insel gelang, geriet Mansfeld in Gefangenschaft. Sein weiteres Schicksal ist ungewiß. Spanischen Berichten zufolge wurde er nach Portobello gebracht und hingerichtet, andere Quellen sprechen von einer geglückten Flucht. Sein Nachfolger als Flottenbefehlshaber auf Jamaika wurde der zum Admiral ernannte Henry Morgan.

Morgans Start war erfolgreich. Er schiffte ein Landungskommando von 500 Mann auf seiner Flotte ein, landete an einer unbewohnten Küstenstelle Kubas und marschierte auf die 30 Meilen entfernt gelegene Stadt Puerto Principe zu. Die Stadt war auf den Angriff überhaupt nicht vorbereitet, so daß Morgan sie mühelos eroberte. Die Stadt kaufte sich durch ein Lösegeld von der Brandschatzung frei, doch soll die Beute Morgans nicht

allzu groß gewesen sein. Morgan wandte sich dann Portobello zu, ein sicher sehr kühnes Unternehmen, denn Portobello – einst durch Drake in Brand gesteckt – war die nach Havanna, Veracruz und Cartagena stärkste Festung der Spanier in Westindien geworden. Für Morgan wurde es in der Folge typisch, daß er sich nur an großen, viel Beute versprechenden Objekten versuchte, immer wartete, bis er eine ausreichend starke Mannschaft zusammenhatte, und das Ziel seines Überfalls erst unmittelbar vor dem Angriff bekanntgab. Auch in anderen Fragen hielt er sich nicht an die üblichen Regeln der Flibustier. So ließ er die Männer nach der Plünderung einer Stadt auf zurückgehaltene Beutestücke untersuchen. Für den Angriff auf Portobello verfügte Morgan über 400 Mann auf neun Schiffen. »Da wir weniger sind, wird der Anteil des Einzelnen umso größer sein«, sagte Morgan seinen Leuten, als ein Teil der französischen Flibustier nach Bekanntgabe des Angriffszieles sich von Morgan getrennt hatte. Nach Exquemelins Beschreibung wurde die Hafeneinfahrt von Portobello durch zwei Kastelle und eine ständige Garnison von 300 Mann gesichert. Dazu kamen etwa 400 Bürger, die ihren ständigen Wohnsitz in der Stadt hatten, und viele Kaufleute, die mit Wertsachen aus Panama kamen, um sie an Bord der Silberschiffe zu verladen. Morgan griff die Stadt wegen der Kastelle nicht von der Seeseite aus an. Er ließ die großen Schiffe auf geschützter Reede ankern und brachte das Landungskommando mit Booten an die Küste. Von hier aus marschierte er mit seiner Mannschaft unter Führung eines ortskundigen Engländers auf die Stadt zu. Nach einem kurzen Feuergefecht mit den Wachsoldaten am befestigten Stadttor sprengten die Flibustier das Tor mit Besatzung in die Luft und drangen in die Stadt ein. Die Bevölkerung versuchte sich mitsamt ihren Wertsachen in die Kastelle zu retten. Auch der Gouverneur hatte sich in ein Kastell zurückgezogen.

Der weitere Verlauf des Kampfes und die Plünderung von Portobello ist durch Exquemelin beschrieben worden. Als das Buch des Holländers, 16 Jahre nach den Ereignissen von Portobello, in einer englischen Übersetzung erschien, verklagte der inzwischen geadelte und zum Gouverneur der Insel Jamaika ernannte Morgan den Schriftsteller wegen Verleumdung. Morgan gewann zwar den Rechtsstreit, aber es dürfte wahrscheinlich sein, daß die Schilderung Exquemelins den Tatsachen entspricht:

»Ein Teil der Räuber besetzte die Klöster und nahm die Mönche gefangen, die anderen wandten sich gegen die Kastelle, um die bald ein heftiges Feuergefecht entbrannte. Die Räuber machten jedoch durch gezielte Schüsse einen Teil der Geschütze gefechtsunfähig, wodurch auch erhebliche Mannschaftsverluste bei den Spaniern entstanden. Um Mittag war es den Räubern noch nicht gelungen, die Kastelle zu nehmen. Nun ließ Morgan große Leitern bauen, auf denen vier Mann nebeneinander hinaufklettern konnten. Er zwang die Mönche und Nonnen der besetzten Klöster, die Sturmleitern zum Kastell zu schleppen und an die Mauern

anzulehnen. Er setzte alles daran, die Kastelle in seine Gewalt zu bekommen, weil sich dorthin die Vornehmsten der Stadt mit allen Schätzen, auch den Kirchenkleinodien, zurückgezogen hatten. Er nahm an, daß der Gouverneur wenigstens seine eigenen Leute schonen würde, doch der dachte gar nicht daran. Er ließ ohne Rücksicht in die wehklagenden Mönche hineinschießen. Als die Leitern standen, kletterten sofort einige Räuber mit Stinktöpfen hinauf, wurden aber wütend abgewehrt. Sie ließen nicht nach, setzten das Kastelltor in Brand und unternahmen immer neue Angriffe, bis der Widerstand der Spanier endlich erlahmte.

Am Abend waren die Kastelle erobert. Frauen und Männer wurden in getrennten Gebäuden in Gewahrsam genommen, dann begann ein lustiges Treiben mit Wein und Weibern. Fünfzig tapfere Männer hätten in einer Nacht alle Räuber ins Jenseits befördern können.

Am nächsten Tag trugen die Räuber die Beute zusammen, durchsuchten die Häuser und ließen sich die Reichsten der Gefangenen zeigen. Diese befragten sie nach ihren versteckten Gütern und folterten sie so lange, bis sie entweder starben oder aussagten. Die Räuber verschonten nur diejenigen, die sie zu den Verstecken führten«.

Im Jahre 1669 plante Morgan sein nächstes Unternehmen. Es waren mehr als 1200 Flibustier, die dem erfolgreichen Admiral in kürzester Zeit zuliefen, um sich in die Werbelisten eintragen zu lassen. Als Morgan schon nach dem Auslaufen an Bord seines Flaggschiffes »Oxford« einen Kriegsrat abhielt, kam es durch eine Unvorsichtigkeit – man schoß in betrunkenem Zustand Musketen ab – zu einer Explosion in der Pulverkammer. Das Sechsunddreißig-Kanonen-Schiff flog in die Luft, und fast alle an Bord befindlichen Gäste und Besatzungsangehörigen wurden getötet oder schwer verwundet. Nur Morgan und die Kapitäne, die auf seiner Seite am Tisch gesessen hatten, blieben unverletzt. Morgan führte das Unternehmen, das sich gegen Maracaibo richtete, trotzdem durch. Die meisten Einwohner waren nach dem Überfall der Stadt durch Lolonois vorsichtig geworden. Bis es Morgan gelang, an den Kanalbefestigungen vorbei in den See zu gelangen, waren sie mit ihren Wertsachen geflohen. Morgan, der auch das naheliegende Städtchen Gibraltar erobert hatte, ließ über drei Wochen lang die Umgebung nach den Entflohenen absuchen und jeden gefangengenommenen Spanier, ob Mann oder Weib, so lange foltern, bis er die Verstecke seiner Wertsachen angegeben hatte. Bei der Rückfahrt verlegte ein starkes spanisches Geschwader den Flibustiern den Weg aus dem See. Morgan ließ darauf einen Brander fertigmachen, ein Schiff, auf dessen Oberdeck zur Tarnung Puppen und Kanonenatrappen aufgestellt wurden, dessen Laderäume aber mit Pulver, Pech und Teer gefüllt waren. Vermutlich hatten die Spanier in der nächtlichen Dunkelheit die Kriegslist nicht erkannt, denn sie segelten mit ihren Schiffen dicht an den vermeintlichen Gegner heran, so daß viele spanische Schiffe Feuer fingen, als der Brander in die Luft flog.

Auf diesen Augenblick hatte Morgan, der mit seinen Schiffen in sicherer Entfernung vom Brander unter Segel stand, gewartet. In der allgemeinen Verwirrung bei der spanischen Flotte erreichte er mit seiner auf 30 000 Pfund geschätzten Beute fast unbehelligt die offene See.

Im August des Jahres 1670 versammelte Admiral Morgan eine Flotte von 28 englischen und 8 französischen Schiffen mit rund 2000 Mann an Bord vor Port Royal. Der Gouverneur von Jamaika hatte dem Flibustierführer die Aufgabe übertragen, mit seinem Geschwader die Städte im Golf von Darien zu plündern, um damit die Spanier von ihren Angriffen auf englische Schiffe in der Karibischen See abzulenken. Am 21. Dezember tagte ein Kriegsrat der Flibustier, in dem ein Überfall auf die Stadt Panama beschlossen wurde. Die Verteilung der Beute sah vor: Ein Zehntel für den König, ein Zehntel für den Lordadmiral, ein Hundertstel für Morgan als Befehlshaber des Unternehmens. Die Zahlungen für besondere Verdienste oder den Verlust von Gliedmaßen entsprachen den üblichen Artikeln der Flibustier. Von den dann verbleibenden Anteilen sollten die Kapitäne jeweils acht erhalten. Das alles wurde beraten und beschworen. Die Angelegenheit hatte nur einen Fehler. Noch vor dem Auslaufen der Flotte war es zu einem Friedensvertrag zwischen England und Spanien gekommen, so daß aus der vorgesehenen Kaperfahrt ein Piratenakt wurde. Der Gouverneur Modyfort wußte es und Morgan sicher auch. Morgan ging bei dem Unternehmen gründlich und geschickt vor. Als Operationsbasis besetzte er zuerst die Insel Santa Catalina, und auf dem Festland brachte er die Festung San Lorenzo in seine Hand. Dann fuhren die Flibustier mit 1200 Mann auf Kanus den Chagres-Fluß aufwärts, bis die Stromschnellen sie zwangen, den Marsch auf Maultierpfaden fortzusetzen. Neun Tage quälten sich die Männer durch den subtropischen Urwald, knapp an Proviant und Trinkwasser und immer auf der Hut vor Überfällen durch Indianer und Spanier, bis sie endlich die Kirchtürme von Panama und die Südsee, den Pazifik, erblickten.

Vor der Stadt trafen die Flibustier auf weidende Rinder, die sie schlachteten, um sich wieder einmal sattessen zu können. Am anderen Morgen traten ihnen die Spanier mit zwei Schwadronen Kavallerie und vier Regimentern Infanterie vor der Stadt auf offenem Felde entgegen. Sie führten mehrere hundert wilde Stiere mit, die sie auf die Flibustier losließen. Doch schon nach der ersten Salve, die ihnen entgegenschlug, machten die Tiere kehrt und richteten nun bei den Spaniern die Verwirrung an, die sie den Angreifern bringen sollten. Nach zwei Stunden war das Gefecht zugunsten der Flibustier entschieden. Die Stadt wurde besetzt und in gewohnter Weise geplündert. Britische und französische Flibustier suchten nach Gold und Perlen, trieben Sklaven zusammen, vergewaltigten Frauen und marterten Gefangene, ganz so, wie sie es auch in Kriegszeiten taten. Dazu ließ Morgan nach erfolgter Plünderung die Stadt noch in Brand stecken. Da Panama der Umschlagplatz für alles Gold und Silber war, das die Spanier in Peru raubten, war die Beute der Flibustier groß. Ihr Wert wurde auf über 500 000 Achterstücke geschätzt und die Beute mit 200 schwer bepackten Maultieren über die Landenge zu den Schiffen transportiert. In Chagres kam es wegen der Verteilung der Beute zu einem Streit unter den Flibustiern. Bei dieser Gelegenheit verließen Morgan und einige seiner Vertrauten mit dem Großteil der Beute die übrigen Flibustier. Der Admiral soll seine Männer um mindestens ein Viertel ihres Anteils betrogen haben. Wegen der Zerstörung Panamas nach Abschluß des Friedensvertrages kam

es zu massiven Beschwerden der spanischen Regierung beim englischen Hof. Karl II. gab dem Druck der Spanier anfangs nach, denn er ließ den Gouverneur von Jamaika, Modyfort, ablösen, holte ihn nach England zurück und warf ihn in den Tower. Auch Morgan wurde kurze Zeit nach seiner Rückkehr von Panama in Port Royal als Häftling auf die Fregatte »Welcome« gebracht und nach England übergeführt, um angeblich als Pirat vor Gericht gestellt zu werden. Dazu ist es niemals gekommen, denn als die Taten Morgans in England bekannt wurden, feierte das Volk Morgan als Helden und verglich ihn mit Drake.

Die Gerichtsverhandlung fand nicht statt. Stattdessen schlug ihn der König zum Ritter. Auch Modyfort wurde wieder aus dem Tower entlassen, ohne daß ein Prozeß gegen ihn stattgefunden hätte.

1675 kehrte Morgan als Oberrichter und stellvertretender Gouverneur nach Jamaika zurück. Bald darauf wurde er zum Gouverneur der Insel ernannt. Als nunmehr hoher Regierungsbeamter, umgeben von der Glorie des Seehelden, begann er, das Piratentum zu bekämpfen. Seinen alten Freunden riet er, königlichen Pardon anzunehmen und friedliche Pflanzer zu werden, bevor es zu spät sei. Morgan soll als Gouverneur von Jamaika tatsächlich energisch gegen das Piratentum vorgegangen sein, aber er hat doch wohl mehr die kleinen Piraten, die Anfänger und Einzelgänger gemeint, als er 1680 von sich behauptete:

»Alle Piraten, die mir in die Hände fielen, habe ich eingesperrt und hingerichtet oder den zuständigen Behörden übergeben.«

Er selbst, einer der größten Seeräuber aller Zeiten, starb am 25. August 1688 friedlich in Port Royal auf Jamaika im Bett.

General Grammont
und berühmte französische Korsaren

XVI.

Die Lebensläufe Grammonts und Morgans ähneln einander. Beide begannen ihre westindische Laufbahn als Bukanier im Busch und wurden anschließend Flibustier. Während Morgan der berühmteste englische Freibeuter auf Jamaika war, bildete Grammont für die französischen Flibustier auf Tortuga den Kulminationspunkt.

De Grammont entstammte einem alten französischen Adelsgeschlecht. Mit kaum 14 Jahren erstach er einen französischen Offizier, der sich um die Hand seiner Schwester bewarb. Der Mord wurde zwar vertuscht, aber der jugendliche Totschläger kam auf Weisung des Königs in die Kadettenanstalt, wo er bald durch seine vielen Duelle und Raufereien bekannt wurde. Anschließend diente er als Offizier in der königlichen Marine. An Bord einer im Kaperkrieg gegen Holland eingesetzten Fregatte lernte er das Piratenhandwerk kennen, vielleicht auch lieben. Jedenfalls quittierte er seinen Dienst und ging nach Westindien. Über sein Leben im Busch als Bukanier und auch aus seiner Anfangszeit als Flibustier ist wenig bekannt geworden. Berühmt als einen der fähigsten und tapfersten Anführer der Flibustier machten ihn seine vier großen Raubzüge nach Maracaibo, Cumana, Veracruz und Campeche. Dabei endete sein erstes, im Jahre 1678 mit 700 Mann durchgeführtes Unternehmen gegen Maracaibo wenig erfolgreich. Nicht nur, daß die Beute der bereits von Lolonois und Morgan heimgesuchten Stadt mäßig ausfiel, sondern die Einwohner von Maracaibo zogen den Räubern auch noch nach und holten sich, nach einem für die Flibustier verlustreichen Gefecht, ihr Eigentum zurück. Trotzdem waren die Flibustier von der persönlichen Haltung Grammonts so begeistert, daß sie ihm bei seinem zweiten großen Unternehmen 1680 gegen Cumana erneut zuliefen. Cumana lag am gleichen See wie Maracaibo, nur weiter südöstlich. Der Kaperbrief, den Grammont besaß, war durch den Friedensvertrag von Nimwegen bereits ungültig geworden, als die Flibustier mit 180 Mann die Stadt stürmten und plünderten. Auch diesmal gab es nur eine geringe Beute, und wiederum verfolgten die Spanier die Flibustier, um ihnen die Beute abzujagen. Bei den Rückzugsgefechten deckte Grammont mit nur wenigen Leuten das Einschiffen seiner Mannschaft. Dabei brachte er das taktische Glanzstück fertig, 150 Spanier als Gefangene an Bord zu bringen.

Der nächste Raubzug galt Veracruz. Die Hafenstadt am Golf von Mexiko war zu einer der stärksten spanischen Festungen in Mittelamerika ausgebaut worden. Die Garnison hatte eine Stärke von 3000 Soldaten, und die Befestigungsanlagen waren mit 60 Kanonen bestückt. Die Spanier konnten die Garnison bei Gefahr in wenigen Tagen mit Truppen aus der näheren Umgebung auf rund 15 000 Soldaten verstärken. Für die Verteidigung des Hafens, dessen Anlagen sich außerhalb der Stadtmauer befanden, standen gesondert 600 Soldaten bereit. Einer der üblichen Raubüberfälle hätte vor Veracruz nur wenig Erfolgsaussichten gehabt.

Grammont, der auf Grund seines taktischen Könnens und seiner Tapferkeit in den ersten beiden Unternehmungen von seinen Leuten den Beinamen »General« erhalten hatte, gewann für den Zug nach Veracruz die beiden bekannten holländischen Flibustierkapitäne van Hoorn und de Graaf. Van Hoorn war ein gebürtiger Holländer, der als einfacher Matrose zur See gefahren war, bevor er sich von seinen Ersparnissen ein Fischerboot kaufte. Damit betrieb er allerdings keinen Fischfang, sondern erwarb einen französischen Kaperbrief und ging mit seinem Fahrzeug und einer nur mit Handwaffen ausgerüsteten fünfundzwanzigköpfigen Besatzung auf Kaperfahrt. Er hatte Erfolg, gewann mehrere gute Prisen und stieg mit vermehrter Besatzung auf ein größeres Schiff um. Nur hielt er jetzt Freund und Feind nicht mehr auseinander, so daß französische Kriegsschiffe auf ihn angesetzt wurden. In dieser Situation bot sich van Hoorn den Spaniern an, die ihm das Kommando über einen Geleitzug übertrugen. Hoorn suchte sich aus dem Konvoi zwei reichlich mit Gold und Silber beladene Schiffe heraus, überließ die anderen Schiffe ihrem Schicksal und segelte mit seinen Prisen in die Karibik. Nachdem er sich solcherart mit Frankreich und mit Spanien überworfen hatte, wurde er folgerichtig Flibustier.

De Graaf, ebenfalls Holländer von Geburt, hatte mehrere Jahre auf spanischen Schiffen Dienst getan und kannte Mentalität, Gewohnheiten und taktisches Verhalten der Spanier ausgezeichnet. Als die Flibustier die Galeone kaperten, auf der er diente, bewies de Graaf soviel kaltblütige Tapferkeit, daß die Flibustier ihm anboten, Mitglied ihrer Besatzung zu werden. De Graaf nahm an, fuhr mehrere Reisen unter seinem Landsmann van Hoorn, bis er auf Grund seiner in den Enterkämpfen gezeigten Kühnheit selbst ein Schiff erhielt. Durch seine Erfolge als Piratenkapitän wurde er rasch ein beliebter Flibustierführer, der – wie sonst nur auf großen Kriegsschiffen üblich – an Bord seines Schiffes ein Streich- und Blasorchester unterhielt. Für Grammont waren die beiden holländischen Kapitäne mit ihren Schiffen eine wertvolle Verstärkung.

Als die Flibustierflotte 1682 mit Kurs auf Veracruz in See ging, bestand sie aus sieben Schiffen und einem Landungskorps von 1200 Mann. Der Plan zur Einnahme der Stadt beruhte auf einer Kriegslist. Die Flibustier hatten erfahren, daß im Hafen von Veracruz zwei spanische Kakaoschiffe erwartet wurden. Grammont konzentrierte deshalb sein gesamtes Landungskorps auf zwei Schiffe, die abends mit einbrechender Dunkelheit unter spanischer Flagge in den Hafen einliefen. Die Täuschung gelang. Als am nächsten Morgen die Stadttore geöffnet wurden, drangen die Flibustier von den vermeintlichen Kakaoschiffen fast ungehindert in die Stadt ein. Zugleich waren die übrigen fünf Schiffe bis unmittelbar vor den Hafen gesegelt, von wo aus sie das Feuer auf die Befestigungsanlagen eröffneten. Erst der Kampflärm in der Stadt und die Breitseiten der Flibustierschiffe lösten in der Garnison Alarm aus. Doch für eine geordnete Verteidigung war es zu spät. Stadt und Festung fielen fast kampflos in die Hände der Flibustier.

Grammont ließ sofort die wichtigsten und die reichsten Leute der Stadt gefangennehmen und in die Kathedrale bringen. Vor den Augen der Gefangenen ließ er um die Kirche Pulverfässer auftürmen, um den Verhandlungen über die Höhe des Lösegeldes den nötigen Nachdruck zu verleihen. Währenddessen wurde die gesamte Stadt von den Flibustiern in der üblichen Art geplündert. Der Gesamtwert der Beute soll über sechs Millionen Taler betragen haben. Die Flibustier hielten sich nicht länger als 24 Stunden in Veracruz auf. Das war eine taktische Überlegung Grammonts, denn in dieser Zeit konnten die Spanier noch keine Verstärkung heranbringen. Die Gefangenen aber, die das Lösegeld schuldig geblieben waren, trieb man an Bord. 1500 gefangene Spanier gingen so mit auf die Reise; die Flibustier hatten bei diesem glanzvollen Unternehmen kaum Verluste.

Auf der Heimreise soll es zu einem Duell zwischen van Hoorn und de Graaf gekommen sein, bei dem van Hoorn getötet wurde. Der Tod van Hoorns während des Veracruz-Unternehmens ist unbestritten, dagegen werden Zeit und Ort sowie die Umstände seines Sterbens unterschiedlich gedeutet.

Das nächste Unternehmen, das Grammont 1686 durchführte, richtete sich gegen Campeche. Doch der Gouverneur von Tortuga, de Cussy, verweigerte Grammont dafür die Ausstellung eines Kaperbriefes, weil zwischen Frankreich und Spanien Frieden herrschte und es außerdem über

das Ausstellen von Kaperbriefen an Flibustier eine Untersuchung durch königliche Beamte gegeben hatte. Dem Gouverneur war dabei der Vorwurf gemacht worden, daß er die Weisung Ludwigs XIV. nicht durchsetze, wonach die Flibustier entweder seßhaft gemacht oder für den Dienst in der königlichen Marine gewonnen werden sollten.

De Cussy konnte und wollte deshalb Grammont nicht nachgeben und drohte sogar mit dem Einsatz königlicher Kriegsschiffe gegen die um Grammont und de Graaf versammelte Flotte mit 1200 Flibustiern. Grammont forderte den Kaperbrief mit dem Argument, das den Franzosen von den Spaniern verwehrte Fischereirecht wahrnehmen zu wollen. Dieses Recht ausgerechnet vor Campeche auszuüben, mußte von den Spaniern als Provokation empfunden werden und zu einem Kampf führen. Gerade das war die Absicht Grammonts, und dafür brauchte er den Kaperbrief. Auf die Bedenken des Gouverneurs erwiderte er zynisch: »——— Wir wollen die Einwohner in keiner Weise belästigen. Wir werden das Schaf scheren, ohne es zu häuten, es wird nicht einmal blöken.«

Grammont konnte von seinem Vorhaben nicht mehr zurück, ohne das Gesicht zu verlieren. Das Unternehmen war zwischen den Flibustiern beraten und beschlossen worden. So segelten Grammont und de Graaf mit

14 Schiffen von Tortuga ab. Auf der Reede von Campeche ankerten sie und brachten 900 Mann in mitgenommenen schweren Booten an die Küste. Ein im Hafen liegendes spanisches Kriegsschiff wurde in Brand geschossen. Trotz des offenen Angriffs am hellichten Tage war der Widerstand der Spanier nur gering. Die meisten Einwohner von Campeche waren mit ihrer Habe in die nächstgelegenen Dörfer geflüchtet. Die Flibustier unternahmen deshalb Streifzüge über Land, um Gefangene zu machen und reiche Leute zur Herausgabe verborgener Schätze zu zwingen. Dabei kam es zu Gefechten mit Patrouillen des Gouverneurs von Merida, die dieser aus dem 150 km entfernt gelegenen Gouverneurssitz gegen Grammont entsandt hatte. Bei einem solchen Gefecht verloren die Flibustier 20 Mann, und zwei wurden gefangengenommen. Grammont bot für die Freilassung dieser beiden Gefangenen die Freilassung aller gefangenen Spanier an. Bei der Nichtannahme dieses Austausches drohte er, die spanischen Gefangenen erschießen und die Stadt in Brand stecken zu lassen.

Die Antwort des Gouverneurs ist überliefert worden. Sie lautete: »Es steht Euch frei, zu brennen und zu morden. Spanien ist reich genug, die Stadt wieder aufzubauen. Auch gibt es genug Spanier, sie wieder zu bevölkern. Aber wir besitzen auch genug Soldaten, Räuber zu züchtigen. Mit Banditen verhandeln wir nicht«.

Grammont ließ darauf fünf der gefangenen Geiseln enthaupten und einen Stadtteil einäschern. Doch der Spanier blieb hart. Daraufhin versammelte Grammont seine Seeräuber um sich und gab ein großes Fest zu Ehren des Namenstages Ludwig XIV. Bei Einbruch der Nacht ließ er das riesige Mahagonilager in der Stadt anzünden, von wo der Brand auf die ganze Stadt übersprang. Doch statt zu verhandeln, zog der spanische Gouverneur seine militärischen Abteilungen zusammen und marschierte auf das brennende Campeche zu. Grammont ließ es nicht zum Kampf kommen. Nachdem er die gemachte Beute eingeschifft hatte, gab er die spanischen Gefangenen frei und ging in See. Grammont und de Graaf waren unsicher, wie man sie bei ihrer Rückkehr auf Tortuga empfangen würde, denn sie hatten sich einer Weisung des Königs widersetzt und mitten im Frieden eine spanische Stadt angegriffen, geplündert und eingeäschert. Der Gouverneur setzte die beiden Piraten aber nicht fest, sondern sandte nur einen Bericht an den königlichen Hof. Zur allgemeinen Überraschung trafen als Antwort aus Paris statt eines Haftbefehls zwei Ernennungsurkunden ein. Grammont wurde zum Gouverneur des französischen Teils von Hispaniola ernannt; de Graaf erhielt die französische Staatsbürgerschaft und die Ernennung zum obersten Polizeichef bei Grammont auf Hispaniola.

Im Oktober 1686 bestieg Grammont mit 180 Gefährten ein Schiff und verließ die Schildkröteninsel. Das Ziel seiner Reise ist unbekannt geblieben. Er ist weder auf Hispaniola noch sonst irgendwo in der Welt angekommen. Er blieb für immer verschollen.

Das letzte große, gemeinsam mit französischen Marinetruppen durchgeführte Unternehmen der Flibustier in Westindien richtete sich gegen Cartagena. Die Flibustier, die den Hauptanteil an der Eroberung der Stadt hatten, wurden bei der Verteilung der Beute durch den französischen Marinebefehlshaber de Pointis betrogen. Er billigte ihnen von einer viele Millionen betragenden Beute nur 400 000 Kronen zu. Als darauf die französische Flotte mit ihren Millionen nach Frankreich abgesegelt war, um die erschöpfte Schatzkammer des »Sonnenkönigs« aufzufüllen, kehrten die Flibustier nach Cartagena zurück und holten sich in vier Tagen nach bewährtem Rezept mit Folter, Mord und Brandschatzung ein Mehrfaches der entgangenen Beute. Auf Beschwerde des französischen Gouverneurs von Hispaniola über das betrügerische Verhalten de Pointis' schickte der französische König seinen Verbündeten noch 400 000 Goldfrancs als Ausgleichzahlung über den Ozean.

Ludwig XIV. benutzte nicht nur die Flibustier für die Aufbesserung seiner Einkünfte, sondern vergab auch großzügig königliche Kaperbriefe an Personen der verschiedensten Stände. Besonders häufig ließ er Marineoffiziere auswählen, die speziell für diese Tätigkeit beurlaubt wurden, oder er verlieh nach den ersten Erfolgen zivilen Kaperkapitänen den Rang eines Offiziers der königlichen Marine. Name und Rang des Offiziers sowie seine Freistellung für die Führung des Kaperkrieges wurden im Text des Kaperbriefes festgehalten. Als moralische Begründung für das Ausstellen des Briefes hieß es gewöhnlich, »––– daß Frankreich, auf Grund des großen Schadens, den es durch die Kaperei anderer Seemächte erleiden mußte, sich gezwungen sieht –––«. Die Rechte und Pflichten des Kaperkapitäns bestimmten, »––– das Schiff bewaffnen und kriegstauglich ausrüsten zu lassen, es mit Mannschaften, Munition und Lebensmitteln zu versorgen und alles zu tun, was nötig ist, um Krieg zu führen gegen Piraten, Raubgesindel auf See und alle Feinde des Staates, als da sind Holländer, Engländer und Spanier. Der Kapitän soll sie mit ihren Schiffen und Waffen gefangennehmen und mit ihnen nach Kriegsrecht verfahren, aber er ist persönlich und für seine Mannschaft verpflichtet, die Kriegsartikel und die Vorschriften Meiner Marine zu achten«.

Der Kaperbrief enthielt im weiteren genaue Bestimmungen für das Erfassen der Beute, den Anteil der Krone und der Admiralität. Auch wurde die Sicherheitssumme festgelegt, die der Kaper zu hinterlegen hatte, um außerhalb des Kriegsrechts angerichtete Schäden wiedergutmachen zu können. Das alles waren erhebliche Unterschiede zu den Gouverneursbriefen und der Freibeuterpraxis in der Karibik. Es war der Versuch, ohne auf die finanziellen Vorteile des Geschäfts zu verzichten, die Kaperei den damals üblichen Kriegsregeln anzupassen.

Einer der berühmtesten Korsaren Ludwigs XIV. war der Reedersohn René Duguay-Trouin, der mit 18 Jahren das Kommando über ein reedereieigenes Schiff mit 14 Kanonen und 96 Mann erhielt. Nach mehreren erfolgreichen Kaperfahrten gegen die britische Schiffahrt erhielt er vom König den Rang eines Fregattenkapitäns. Höhepunkte seiner Laufbahn als Kaper waren die Wegnahme einer großen, stark gesicherten britischen Versorgungsflotte und die Einnahme von Rio de Janeiro im September 1711. Die von den Portugiesen stark befestigte und durch Kriegsschiffe gesicherte Hauptstadt Brasiliens fiel nach mehrtägigen Kämpfen den Korsaren in die Hände. Sie kaufte sich durch ein Lösegeld im Werte von rund 10 Millionen Taler von der drohenden Plünderung frei.

Der Ruhm Duguay-Trouins als Korsar wird noch überstrahlt durch den des legendären Volkshelden Jean Bart, eines Fischers und Fischersohns aus Dünkirchen. Als Ludwig XIV. ihn 1697 zum Vizeadmiral ernannte, soll Bart nur geantwortet haben: »Da haben Sie einmal das Richtige getan, Sire!«

Jean Bart fuhr schon als Kind mit seinem Vater im offenen Boot auf Fischfang. Mit 16 Jahren diente er in der holländischen Kriegsflotte unter dem berühmten Admiral de Ruyter. Als es zum Krieg zwischen Frankreich und den Niederlanden kam, kehrte er nach Frankreich zurück. Hier erhielt er einen königlichen Kaperbrief, mit dem er zur Jagd auf holländische

DER JUNGE JEAN BART

Schiffe vor der Nordseeküste verpflichtet wurde. Bald dehnte er sein Operationsgebiet auf den gesamten Nord- und Ostseebereich aus. Zuerst mit einem Schiff, dann mit mehreren Schiffen schädigte er den niederländischen Seehandel so gründlich, daß er auf ein Viertel seines Umfangs schrumpfte. Die siegreichen Seegefechte mit holländischen und britischen Kriegsschiffen, aber auch die vielen reichen Prisen, die er in die französischen Kanalhäfen brachte, hatten Jean Bart rasch berühmt gemacht. Wahrhaft populär wurde er bei allen Franzosen, als es ihm 1694 gelang, für das hungernde Frankreich einen großen Schiffskonvoi mit Brotgetreide gegen alle britisch-holländischen Angriffe zu verteidigen und sicher in den Hafen von Dünkirchen zu bringen. Mit dieser Aktion hatte Bart erneut bewiesen, daß er mehr war als nur ein einfacher Korsar oder Korsarenführer. Trotz seiner Tüchtigkeit geriet Jean Bart eines Tages in die Gefangenschaft der Engländer. Noch bevor sie ihn in einem unterirdischen Verlies anketten konnten, entkam er ihnen und gelangte mit einem kleinen offenen Boot glücklich zur französischen Küste. Einer der vielen Söhne des

vom französischen König geadelten Jean Bart, der 1677 geborene Jean-Cornill, folgte seinem Vater als Vizeadmiral im Kommando der königlichen Flotte.

Auch Robert Surcouf, der 1773 geboren wurde und vor der Revolution mehrere Jahre auf französischen Kaperschiffen im Indischen Ozean gedient hatte, genoß als Kaperkapitän wegen seiner Tapferkeit und seiner ritterlichen Haltung hohes Ansehen. Am 7. Oktober 1800 gelang es Surcouf, mit seiner kleinen, umgebauten »Confiance« das große britische Kriegsschiff »Kent« zu nehmen. Da die »Confiance« äußerst niedrig in der See lag, wurde sie von den Breitseiten der »Kent« nicht ernsthaft beschädigt, ihr selbst aber gelang es durch ihre Wendigkeit, an die »Kent« heranzukommen und sie zu entern. In nur 20 Minuten brachte Surcouf mit 130 Mann das britische Kriegsschiff mit einer Besatzungsstärke von 400 Mann in seine Hand. Die Beute betrug über zwei Millionen englische Pfund.

Ein anderer großer Kaperkapitän war Jean Lafitte, der 1781 in St. Malo geboren wurde. Nach einem wechselvollen Leben als Kaper, aber auch als Pirat, stellte er sich im britisch-amerikanischen Krieg 1814 auf die Seite der USA. Die Engländer wollten ihn bei ihrem geplanten Angriff auf New Orleans als Verbündeten gewinnen. Sie boten ihm den militärischen Rang eines Kapitäns und das Kommando über eine Fregatte mit 44 Kanonen an, dazu ein Handgeld von 30 000 Dollar. Lafitte lehnte ab und wandte sich statt dessen an General Jackson, den späteren Präsidenten der USA, von dem er sich einen Kaperbrief gegen die Engländer ausstellen ließ. Nach mehreren erfolgreichen Gefechten mit den Engländern verliert sich die Spur von Jean Lafitte im Dunklen. Einige Quellen behaupten, daß er von den Engländern 1819 im Kampf getötet wurde, nach anderen Quellen soll er unter dem Namen John Lafflin 1852 in den USA verstorben sein.

Der Vorstoß der Flibustier in die Südsee

XVII.

Die Südsee, wie der Pazifik im 16. und 17. Jahrhundert genannt wurde, übte nach dem Erfolg Morgans vor Panama auf die Flibustier eine starke Anziehungskraft aus. Gewöhnlich zogen die Freibeuter den kürzeren, wenn auch äußerst schwierigen Landweg dem langen Seetörn um Kap Horn vor. Die meisten Unternehmen sind unbekannt geblieben, nur von einigen wenigen Expeditionen liegen Reisebeschreibungen oder Tagebücher vor.

Einen gemeinsamen Vorstoß an die amerikanische Westküste unternahmen 1680 französische und englische Flibustier, die sich, von Tortuga bzw. von Jamaika kommend, in der Bucht von Darien vereinigten.

Die Flibustier, die mit den Mosquito-Indianern verbündet waren, nahmen auf ihrem Vormarsch nach dem Westen das Fort Santa Maria, das von den Spaniern zum Schutz der Landenge errichtet worden war. Mit 35 Kanus der Indianer setzten sie unter unendlichen Schwierigkeiten ihren Marsch durch den Urwald fort und erreichten am 19. April halb verdurstet und total erschöpft die Bucht von Panama. Dort gelang es ihnen, mit ihren Kanus zwei kleinere spanische Segler zu nehmen. Mit diesen beiden Schiffen und der Kanuflottille steuerten die Flibustier Panama an, das sieben Kilometer westlich der Ruinen, die Morgan zehn Jahre früher zurückgelassen hatte, neu erbaut worden war. Der Angriff der Flibustier auf die vor Anker liegenden spanischen Kriegsschiffe schlug fehl. Zwar eroberten sie zwei kleinere Kriegsschiffe, doch von den anderen fünf Schiffen wurde der

Angriff abgewehrt. Auf Grund dieses Fehlschlages kam es zu Meinungsverschiedenheiten zwischen den Anführern über das weitere Vorgehen. Ein Teil der Freibeuter kehrte über die Landenge zurück in die Karibische See, ein zweiter Teil wandte sich nach Nordwesten, um die Stadt Granada am Nicaraguasee zu plündern. Die Zurückbleibenden wählten Richard Sawkins zu ihrem neuen Anführer, einen Mann, der beim Entern der spanischen Kriegsschiffe vor Panama große Tapferkeit bewiesen hatte. Doch griff Sawkins mit seiner Flotte Panama nicht zum zweiten Male an, sondern zog sich auf die Insel Taboga zurück. Von hier aus kaperte er mehrere spanische Schatzschiffe, die mit Kurs auf Panama segelten. Die Beute, die sich auf etwa 50 000 Achterstücke belief, wurde ihnen von spanischen Kaufleuten bereitwilligst abgekauft.

Bei einem Raubzug gegen Puebla Nueva leisteten die Spanier, die inzwischen von der Anwesenheit der Freibeuter an der amerikanischen Westküste Kenntnis erhalten hatten, unerwartet harten Widerstand, so daß sich die Flibustier, nachdem ihr Anführer Sawkins gefallen war, unter großen Verlusten und ohne Beute zurückziehen mußten.

Erneut brachen Zwistigkeiten unter ihnen aus, und wieder kehrte ein Teil von ihnen über die Landenge von Panama an die Ostküste zurück.

Diese Rückmärsche nach erfolgreichen Raubzügen hatten ihre eigenen Gesetze. Die Beute war verteilt, jeder Flibustier war im Besitz seines Anteils. Was er damit machte, war ausschließlich seine persönliche Angelegenheit. Er konnte sie beim Würfeln verlieren oder Silber gegen Gold und Perlen tauschen. Auf dem Hunderte von Kilometern langen Rückmarsch wechselten die erbeuteten Wertsachen wiederholt ihre Besitzer, und es kam häufig zu blutigen Auseinandersetzungen zwischen Verlierern und Gewinnern im Spiel. Erschöpfte und Kranke mußten ihr Gepäck, manchmal sogar sich selbst tragen lassen, wenn sie nicht im Urwald sterben wollten. Dafür wurde ein hohes Tragegeld von denen gefordert, die schon nichts mehr zu tragen hatten. Wenn es einem solchen Trupp nicht gelang, die Un-

terstützung der Indianer zu gewinnen, erreichten bestenfalls zehn Prozent der Männer das Ziel. Über einen solchen Schreckensmarsch durch den Urwald veröffentlichte ein Teilnehmer an einem Flibustierunternehmen über die Landenge Ende des 17. Jahrhunderts, der Hugenotte de Lussan, in Paris einen lebendigen Reisebericht.

Die an der Pazifikküste zurückgebliebenen Flibustier bemannten das einzige ihnen verbliebene Schiff, um damit südwärts zur chilenischen Küste zu segeln. Unter ihrem neu gewählten Kapitän Sharp machten sie einige gute Prisen, doch mit Raubüberfällen auf Städte hatten auch sie kein Glück. So scheiterte ein Angriff auf Arica. Da die Haupttriebfeder ihres Vorstoßes an die Westküste die Vorstellung war, hier auf reiche und militärisch kaum

gesicherte Transporte und Städte zu treffen, mußte jeder Fehlschlag eine Führungskrise auslösen. Sharp wurde abgesetzt und vorübergehend sogar in Ketten gelegt. Als neuer Kapitän wurde ein alter Bukanier namens John Watling gewählt. Doch der erhoffte Glückswechsel trat nicht ein. Zuerst flüchteten sie vor drei kleineren spanischen Schiffen. Als sie auf Watlings Rat erneut Arica angriffen, erlitten sie eine vernichtende Niederlage. Watling und mit ihm viele Flibustier fielen im Kampf. Bei der erneuten heißen Auseinandersetzung unter den Freibeutern kam es zu einem Kompromiß zwischen denen, die weiterhin an der Pazifikküste Beute machen, und jenen, die sofort nach der Karibischen See zurückkehren wollten. Man einigte sich darauf, noch sechs Monate im Pazifik zu bleiben und dann um Kap Horn herum das Jagdgebiet in den Atlantik zu verlegen. Mit knapper Mehrheit wurde Sharp erneut zum Kapitän gewählt. Während der nun folgenden Kreuzfahrt hatte Sharp viel Glück.

Am 19. Juli 1681 enterte er auf der Höhe von Kap Francisco die »Santa Rosario«. »Auf dieser Prise«, so schrieb Sharp später, »fand ich ein spanisches Manuskript von großem Wert. Es beschreibt alle Häfen, Ansteuerungen, Buchten, Sandbänke, Felsen und Untiefen der südamerikanischen Pazifikküste und gibt Anweisungen, wie man das Schiff in jeden Hafen bringen kann. Sie (die Offiziere der Prise) wollten es über Bord

werfen, als ich es mit Glück rettete. Die Spanier schrien auf, als ich das Buch an mich nahm«.

Kurze Zeit darauf, im August, beschlossen die Flibustier, in die Karibische See zurückzukehren. Sie umsegelten Kap Horn und liefen die südamerikanische Ostküste hoch. Wie sehr sich die Situation zu Ungunsten der Flibustier geändert hatte, zeigte sich beim Anlaufen der Insel Barbados. Der Gouverneur verweigerte ihnen die Einlaufgenehmigung. So segelten sie nach Nevis weiter, wo sich die Mannschaft auflöste. Sharp und einige seiner Offiziere fuhren mit dem nächsten Schiff als Passagiere nach England und übergaben das erbeutete spanische Kartenmaterial der Regierung. Schon im Oktober 1682 wurde dem englischen König ein kostbares Exemplar der englischen Erstausgabe dieses Kartenwerkes überreicht.

Eine andere Gruppe Flibustier unter Kapitän John Cox stieß auf dem Seeweg in die Südsee vor. Cox hatte viele tüchtige und bekannte Leute Westindiens für dieses Unternehmen geworben. Einer von ihnen war der später berühmt gewordene Weltumsegler William Dampier. Kaum waren die Flibustier auf See, machten sie die erste Prise. Da der gekaperte Segler schneller war und stärker bestückt als das eigene Schiff, stieg die Besatzung um. Mit dem neuen Schiff durchsegelte Cox im Januar 1684 die Magalhães-Straße und begann, immer auf nördlichen Kursen segelnd, von hier seine Kaperfahrt längs der Pazifikküste bis in Höhe von Panama. Während einer Schiffsüberholung auf den Cocos-Inseln starb Cox. Die Flibustier wählten Edward Davis zum neuen Kapitän. Da sich die im Golf

I, Abraham Samuel, King of Port Dolphin, Tollannare, Farrara, Fanguest, Fownzahira, Ins Madagascar, —

Being owner of the Ship Called prosper Daniel; —
Have sold her & her Sayles powder & gonns provisions
watter Cask Anchors & Cables fitting for the Sea unto
Isack Rolfs thomas wiles, Edmond Concklin, & Edward
Woodman for the pris of fourteen hundred pieces of eight
Shee Being a pris taken in the Latter part of the Latter
waars by the vertue of a Comission give by the gouvernor
Bellomont of New Yorck Condemned & made free & the
Said Ship being Retaken in this Road by Capt. Ewen Jones
Commander of the Tellows galley & given to me after the
Sd Jones & Compagnie hade takenoutt of her all their Wantes
& by a vertue of ther gift I have Sold the Sd Ship
prosper Daniel to the above nominated Given Under
my hand & Seal the thirty one day of October in port
Dolphin in Madagascar in the Year one thousand Six
hundred & Ninety nine —

A B^m Samuel R

Witnes
Edw. Hakking
Ralph [illegible]

WILLIAM DAMPIER

von Panama operierenden Flibustier Davis anschlossen und auch während der Fahrt einige Schiffe zu Cox gestoßen waren, verfügten die Freibeuter über eine Flotte mit etwa 1000 Mann Besatzung. Ihre Absicht war es, der spanischen Limaflotte, die das Silber von Peru nach Panama brachte, aufzulauern. Als jedoch die spanische Silberflotte in Sicht kam, mußten die Flibustier feststellen, daß sie durch Kriegsschiffe stark gesichert war. Statt mit einem raschen Angriff den Enterkampf und damit den Erfolg zu suchen, zögerte Davis und verpaßte die Gelegenheit. So wurden nur einige Kanonenschüsse gewechselt, und als die Flibustier in die ungünstige Leeposition gedrängt wurden, brachen sie den Kampf ab. Dampier berichtet über dieses Gefecht: »So endete dieses Tagewerk, und damit war alles zu Ende, was wir seit fünf oder sechs Monaten geplant hatten. Statt uns zu Herren der spanischen Flotte und des Schatzes zu machen, mußten wir froh sein, entkommen zu können. Auch das verdanken wir zum großen Teil ihrem (der Spanier) Mangel an Mut, ihre Vorteile auszunutzen«.

Davis war im Unterschied zu manch anderen Flibustierkapitänen kein guter Flottenführer. Die Flibustierflotte löste sich auf, und Davis kreuzte

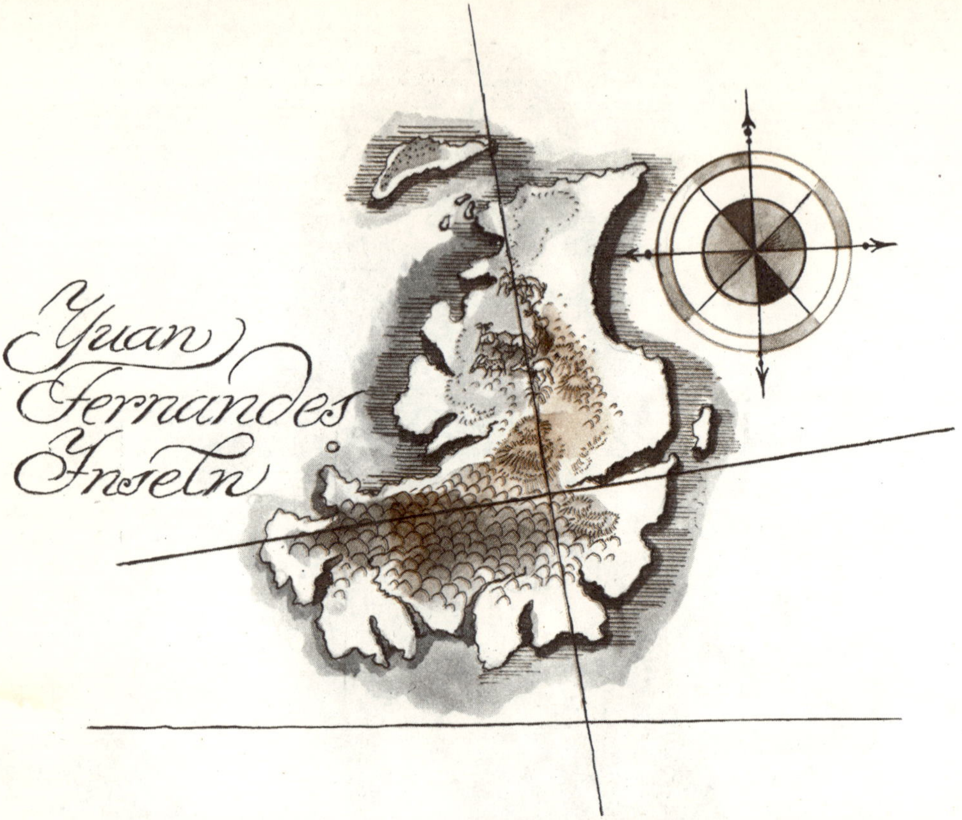

mit wechselndem Erfolg als Einzelfahrer vor der pazifischen Küste, bis er im Jahre 1688, Kap Horn umsegelnd, nach vierjähriger Abwesenheit wieder nach Westindien zurückkehrte. Er nahm den Pardon König Jakobs II. an, schiffte sich als Passagier nach England ein und genoß als Rentner die Früchte seiner Freibeutertätigkeit.

William Dampier, der sich nach den Mißerfolgen von Davis getrennt hatte, erkundete auf einer Weltumsegelung die Batan-Inseln und die bis dahin kaum bekannte australische Nordwestküste. Bei Beendigung seiner Reise 1691 hatte er für die gesamte Schiffahrt wichtige Erkenntnisse gesammelt, die er unter dem Titel »Neue Reise um die Welt« 1697 in London veröffentlichte.

Dampier stand auch in unmittelbarem Zusammenhang mit den Ereignissen, die eines der berühmtesten Bücher der Weltliteratur hervorbrachten: Daniel Defoe's »Das Leben und die erstaunlichen Abenteuer des Matrosen Robinson Crusoe aus York«.

Dampier war von der britischen Krone beauftragt worden, während des spanischen Erbfolgekrieges französische und spanische Schiffe zu kapern. Auf dem ihn begleitenden Schiff »Cinque Ports« kam es zu einem Streit des Schiffsmeisters Alexander Selkirk mit seinem Kapitän Stradling. Selkirk wurde daraufhin 1704 auf einer kleinen Insel der Juan-Fernandez-Gruppe ausgesetzt. Auf der gleichen Insel, Mas a Tierra, hatte Kapitän

Sharp im Jahre 1682 den Mosquitoindianer William ganz einfach vergessen. 1708 ging Dampier noch einmal mit Kapitän Rogers auf eine Kaperreise in den Pazifik. Wegen der hohen Anzahl von Skorbutkranken wollte Dampier die Juan-Fernandez-Inseln anlaufen. Als das Schiff sich der Inselgruppe näherte, wurde es von der Insel Mas a Tierra mit Feuerzeichen begrüßt. Beim Betreten der Insel fanden Dampier und Rogers einen in Ziegenfelle gekleideten Mann: Alexander Selkirk.

Kapitän Rogers schrieb über ihn in sein Tagebuch: »Er hatte seine Kleidung und sein Bettzeug bei sich, eine Steinschloßflinte, etwas Pulver, Kugeln und Tabak, ein Beil, ein Messer, einen Kessel, eine Bibel, einige Gebrauchsgegenstände und seine mathematischen Instrumente und Bücher --- Die Krebse sind dort so groß wie unsere Hummern und schmecken sehr gut. Manchmal kochte und manchmal briet er sie, genauso wie das Ziegenfleisch --- Er hat aufgeschrieben, daß er während seines Aufenthaltes 500 Ziegen tötete ---.« Das Tagebuch Selkirks veranlaßte Defoe zu seinem Abenteuerbuch, das 1719 zuerst in London erschien, seitdem in vielen Auflagen und Sprachen Generationen von Lesern in aller Welt fesselte und bis heute seinen Reiz nicht verloren hat.

Die Piraten Tew, Avery und Kidd im Indischen Ozean

XVIII.

Gegen Ende des 17. Jahrhunderts tauchten die ersten Piraten aus der Karibischen See im Indischen Ozean auf. Seit Jahrhunderten waren hier arabische, indische und auch chinesische Seeräuber tätig gewesen. Den Grundstein der europäischen Seeräuberei in diesem Gebiet legten – gewissermaßen als lachende Dritte im Streit Portugals und Hollands um Indien – englische Piraten. Nicht nur Drake, der Indien auf seiner Weltumsegelung von Osten nach Westen berührte, wurde von der englischen Königin begeistert empfangen. Elizabeth beglückwünschte jeden englischen Piraten, dem es gelang, in dieses Gebiet einzubrechen und portugiesische und holländische Schiffe aufzubringen. Im Jahre 1600 unterstützte sie die Gründung der Englisch-Ostindischen Handelskompanie, einer offiziellen Gesellschaft zur Organisation der Seeräuberei, von den zumeist adligen Aktionären liebevoll »Old Lady« genannt. Nach der bürgerlichen Revolution wurde das Monopol der »Old Lady« durch die Gründung der »Ostindischen Kompanie« gebrochen. Adel und Bourgeoisie einigten sich einige Zeit später und schlossen beide Gesellschaften zusammen. So transportierten neben portugiesischen und holländischen Seglern auch englische Schiffe den Reichtum Indiens in immer dichterer Folge über See nach Europa. Auf diese sogenannten Indienfahrer hatten es die aus der Karibik kommenden Seeräuber abgesehen. Auch die Schiffe des Großmoguls von Indien, die in der Regel die Pilgerhäfen Jeddah im Roten Meer und Mokka im Jemen anliefen, waren eine begehrte Beute. Die westindischen Piraten trafen im Indischen Ozean auf die Konkurrenz von zu Seeräubern gewordenen Deserteuren portugiesischer, holländischer, englischer und französischer Kriegs- und Handelsschiffe. Als Basis für die Unternehmen der Piraten dienten die Insel Madagaskar und einige kleinere Inseln.

Einer der berühmtesten Piratenkapitäne war Thomas Tew. Der aus dem puritanischen Neu-England-Staat Rhode Islands stammende Freibeuter galt bei vielen seiner amerikanischen Zeitgenossen als ein durchaus ehrenwerter Mann, der den armen Christen in Nordamerika das billig gab, was er dem sowieso viel zu reichen heidnischen Großmogul von Indien wegnahm. Tatsächlich war Tew auch in vielen Fällen mit ordentlichen Kaperbriefen ausgerüstet. So erteilte ihm der Gouverneur der Bermudas 1692 den Auftrag, mit zwei Schiffen die französischen Handelsniederlassungen in Goree an der Flußmündung des Gambia anzugreifen und zu plündern. Das Geld für die Expedition hatten mehrere Geschäftsleute von den Bermuda-Inseln aufgebracht.

Doch Tew dachte nicht daran, diesen gefährlichen Auftrag zum Vorteil des Gouverneurs und der Kaufleute auszuführen. Nachdem er das zweite Schiff durch Mastbruch verloren hatte, überredete er die Besatzung, auf eigene Rechnung im Indischen Ozean gute und vor allem gefahrlose Beute zu machen. Tew umsegelte mit der »Amity« das Kap der Guten Hoffnung, nahm auf Madagaskar Proviant und Wasser an Bord und legte sich in der Straße von Bab el Mandeb, dem Zugang zum Roten Meer, auf Warteposition. Hier kam es zu einem Gefecht mit einem Schiff des Großmoguls, das speziell gegen die Seeräuber neben der Schiffsmannschaft zusätzlich mit 300 Soldaten besetzt war. Mit nur einer Handvoll Leuten enterte Tew das Schiff ohne eigene Verluste. Dabei fiel ihm ein ungewöhnlich großer Gold- und Silberschatz in die Hände, aus dem jeder Mann einen Beuteanteil von 3000 Pfund erhielt. Tew selbst soll über 10 000 Pfund erhalten haben. Er war aber auch so klug, den Besitzern der »Amity« auf den Bermudas ihr vorgeschossenes Kapital zehnfach zurückzuzahlen.

Ein Teil der Piraten hatte die Heimfahrt gescheut und Tew gebeten, sie auf Madagaskar abzusetzen. Dort bildeten sie kleine Gemeinschaften, lebten mit eingeborenen Frauen und Kindern auf großen Besitzungen und hielten sich Sklaven. Traten Piraten mit ihnen in Verbindung, so versorgten sie die Schiffe mit Wasser und Proviant; später, als der Sklavenhandel begann, verkauften sie ihre eigenen Untertanen als Sklaven. Kapitän Charles Johnson, der selbst einige Zeit auf Madagaskar lebte, beschrieb das Leben dieser Kleinkönige in seiner »Geschichte der Piraterie des 18. Jahrhunderts«. Johnson behauptete in seinem Buch von den Königen, daß »kein einziger von ihnen lesen und schreiben konnte, und ihr Staatssekretär verstand nicht mehr als die anderen«.

Tew kehrte mit dem Rest der Besatzung nach Hause zurück, ohne daß ihm der Prozeß gemacht wurde. Er erwarb ein schönes Haus in der Nähe von New York und galt als Freund des Gouverneurs Benjamin Fletscher. Fletscher versah Tew auch mit offiziellen Kaperbriefen für seine zweite Reise an die afrikanische Küste. Das Flaggschiff Tews in einer Flotte von drei Schiffen war erneut die »Amity«. Tew segelte zuerst um das Kap der Guten Hoffnung nach Madagaskar zu seinen alten Freunden. Hier traf er mit John Avery zusammen.

Avery war auf dem Lande in der Nähe von Plymouth geboren worden. Er ging früh zur See und fuhr mehrere Jahre als Steuermann auf Kaperschiffen. So tat er auch Dienst als Schiffsmeister auf der »Duke«, einem Segler mit 30 Kanonen und 120 Mann Besatzung. Zu dieser Zeit führten Spanien und England gemeinsam gegen Frankreich Krieg. Mehrere englische Kaperkapitäne aus Bristol standen bei den Spaniern im Sold, um gegen die Franzosen in Westindien zu kämpfen. Einer davon war Kapitän Gipson von der »Duke«. Das Schiff lag mit einem anderen Segler schon monatelang untätig vor Coruna und wartete auf Order. Seit acht Monaten hatte die Besatzung keinen Sold mehr erhalten. Der Kapitän war ein Trinker und verbrachte die meiste Zeit an Land. Avery schürte die wachsende Unzufriedenheit der Besatzung. Eines Tages kam es zur Meuterei. Der Kapitän wurde mit seinem Anhang an Land gesetzt, und die Mannschaft wählte Avery zum neuen Kapitän. Es wurde eine Satzung nach dem Vorbild der Flibustierschiffe aufgestellt, und dann hievte Avery, von der Besatzung »Long Ben« genannt, den Anker und segelte in Richtung Madagaskar. Die »Duke«, inzwischen auf den Namen »Faney« umgetauft, brachte unterwegs zwei Prisen auf, und mit dieser kleinen Flotte traf Avery auf Madagaskar mit Tew zusammen. Beide wurden sich rasch einig. Sie segelten gemeinsam zum Südeingang des Roten Meeres, um einer Flotte von islamischen Mekka-Pilgern aus Indien aufzulauern. Im Schutze der Nacht durchbrach ein Teil der Pilgerflotte die Blockade der Piratenschiffe, so daß am nächsten Morgen nur noch zwei Schiffe in Sicht waren, die »Fateh Mahomed« und die »Gang-I-Sawai«. Tew nahm mit seiner »Amity« die Jagd auf und erreichte nach einiger Zeit die »Fateh Ma-

homed«. Als sich die Besatzung des Piratenschiffes gerade zum Entern fertig machte, feuerte das indische Schiff eine volle Breitseite gegen die »Amity«. Tew wurde tödlich verwundet, und seine Schiffe schieden aus dem Kampf aus. Doch bevor ihre Kanonen erneut feuerbereit waren, war Avery bei der »Fateh Mahomed« und zwang sie zur Übergabe. Dann segelte er auf die »Gang-I-Sawai« zu, die gut bestückt und mit 600 Soldaten besetzt war. Das Schiff gehörte der Familie des Großmoguls von Indien. Es kam zu einem mehrstündigen Kanonenduell, bis es Avery gelang, sein Schiff in Enterposition zu bringen. Als die Piraten das Schiff nach erbittertem Kampf erobert hatten, fanden sie märchenhafte Schätze, so daß der einfache Anteil für jeden der 180 Mann starken Piratenbesatzung auf 1000 Pfund kam.

Der Überfall verursachte in Indien und England eine große Aufregung. Der Großmogul drohte den Engländern mit Vergeltung an ihren Faktoreien in Indien, und die Ostindische Kompanie fürchtete um ihre Einkünfte. Tatsächlich wurden mehrere von Averys Leuten in England beim Verkauf der Wertsachen verhaftet und wegen Piraterie vor Gericht gestellt. Avery selbst gelang es, mit unbekanntem Wohnsitz unterzutauchen. Johnson weiß in seinem Buch zu berichten, daß Avery bei dem Versuch, Beutediamanten zu verkaufen, an Händler geriet, die ihn um den Gewinn betrogen. Der nicht auffindbare Avery wurde einer der bekanntesten Männer Englands. Über ihn wurde die Komödie »Der glückliche Seeräuber« geschrieben. Das Volk glaubte, daß er mit der Tochter des Großmoguls vermählt und ein steinreicher Maharadscha geworden sei.

Das offizielle England dagegen wurde durch die Erfolge Averys im Indischen Ozean in Alarmzustand versetzt. Die Drohungen des Großmoguls ließen die Aktionäre der Ostindischen Kompanie um ihre Profite bangen. Sie forderten die Regierung auf, Kriegsschiffe zu entsenden, um Avery und anderen Piraten im Indischen Ozean das Handwerk zu legen.

Die Regierung in London wußte natürlich, daß die Raubfahrten der Piraten im Indischen Ozean schon nicht mehr von der Karibischen See, sondern von der nordamerikanischen Küste ausgingen und hier auch, begünstigt durch viele Gouverneure, das geraubte Gut verkauft wurde. Der Freund Thomas Tews, Colonel Benjamin Fletscher, Gouverneur von New York und Massachusetts, forderte von jedem Piratenkapitän 700 Pfund für die Erlaubnis, seine Waren in einem Hafen des Gouvernements verkaufen zu können. Der Gouverneur Sir William Phips lud die Kaperkapitäne ein, von Pennsylvanien nach Boston zu kommen, um ihr Gut ungestört zu verkaufen.

Der Gouverneur der Bahamas, Nikolas Trott, hatte von Avery 7000 Pfund für die Landeerlaubnis nach seinem letzten Beutezug genommen. Der Gouverneur von Philadelphia verheiratete seine Tochter mit einem Piratenkapitän, und in New Jersey gab es in der ganzen Provinz kein Gericht, das in der Lage und willens gewesen wäre, einen Piraten zu verurteilen.

In dieser Situation rüstete die Regierung in London das Kaperschiff »Adventure Galley«, bestückt mit 34 Kanonen, unter Führung von Kapitän William Kidd aus. Das Schiff erhielt einen doppelten Auftrag, nämlich einmal Piraten aufzubringen und zum anderen französische Schiffe zu kapern. Entsprechend erhielt Kidd in London zwei verschiedene Kaperbriefe. Zur Ausrüstung des Schiffes waren 6000 Pfund erforderlich, die von einer Gruppe Adliger aufgebracht wurden. Die Beute sollte entsprechend zu 50 % an die Geldgeber gehen. 15 % sollte Kidd für sich und einen stillen Teilhaber in New York erhalten, 10 % waren traditionell für den König bestimmt, und die restlichen 25 % stellten die Anteile für die Besatzung dar.

De Par le Roy

Nous Jean Baptiste Martin Directeur General de la Royalle Compagnie de France du Commerce des Indes orientalles a tous ceux qui ces presentes lettres verront Salut. Savoir faisons que le nommé Vameldas Narendas, marchand de Baroche desirant envoyer son N.re nommé Rouparelle, du port de Cent cinquante tonneaux ou environ partant du port de Baroche pour aller a Malabare, Druvalle, et Bassora, Commandé par le Nacoda Abdel Regim, sur lequel est pillotte Ishac Cendel ou Bosseman Joguy et escrivain Daler Mamet, Nous aurait instamment prié de luy donner notre passeport, Ce que nous luy avons octroyé. A ces causes ordonnons a tous ceux qui sont sous notre autorité. Prions les Commandants des navires de Sa Majesté de layder, et secourir en tout ce quil aura besoin si leurs ordres ne sont contraires, et de faire saisir comme deserteurs les François qui seront dessus sans congé par escrit de messieurs les Directeurs Généraux de Bengalle ou de nous. Et Requerons tous nos amis, et alliez de n'apporter aucun empeschement qui puisse retarder son voyage, ains au contraire de luy donner tout ayde et secours promettant en cas pareil faire le semblable. En foy de quoy Nous avons signé ces presentes fait contresigner par le secretaire de ladite Compagnie, et a icelles apposé le sceau de ses armes. Fait au comptoir de Surate le

Martin

De Par le Roy

Nous François Martin Escuier Conseiller du Roy directeur General du Commerce pour la Royalle Compagnie de France dans le Royaume de Bengalle Coste de Coromandelle et autres lieux, a tous ceux qui ces presentes lettres verront, salut. Les nommés Coja Ovanessi, et Coja Jacob Armenien, Nacodas du navire Cara marchand, que le nommé Agapiri Kalander marchand Armenien a frété a Surate du nommé Caseri nannabaye Parsy leur navire du port de trois Cent Cinquante thonneaux ou environ, sur lequel est pilotte Rette lande ou Bosseman Guiannaton et escrivain Gasson, nous ayants remontré qu'ayants pris avant leur depart de Surate un passeport de la Compagnie quils nous ont representé, datte du premier Janvier mil six Cent nonante sept signé Martin et plus bas de Grangemont, quils aprehendoient d'estre inquietez dans le voyage quils doivent faire de ce port en celuy de Surate sous pretexte que ledit passeport estoit vieux et quil n'y, Ils nous prient instamment de leur en faire expedier un nouveau. A ces causes Recommendons et enjoignons a tous ceux qui sont sous l'autoritée de la Compagnie, Prions les Chefs d'Escadres et commandants des vaisseaux de Sa Majesté, requerons tous les amis et aliez de la Couronne de n'aporter aucun empeschement qui puisse retarder son voyage, ains luy donner toutes sortes d'ayde et d'assistance, promettant en cas pareil faire le semblable. En foy de quoy nous avons signé ces presentes fait contresigner par le secretaire de la Compagnie et a icelle aposer le sceau de ses armes au Comptoir General d'Ou... le quatorzieme Janvier mil six Cent nonante huit

Martin

Par mondit Sieur

Desprez

Als Kidd mit dem Schiff auslief, wurde er auf der Themse durch ein britisches Kriegsschiff gestoppt. Offiziere dieses Schiffes suchten sich aus den 150 Mann der Besatzung 70 der besten Männer aus, um sie zum Dienst an Bord ihres Kriegsschiffes zu pressen. So erreichte Kidd nur mit der Hälfte der Besatzung seinen ersten Bestimmungshafen New York und mußte hier aus Hafenspelunken und zugelaufenem Volk seine Besatzung komplettieren. Gouverneur Fletscher schrieb darüber nach London:

»Man glaubt hier allgemein, daß es nicht in Kidd's Macht stehen wird, eine solche Horde von Männern ohne Sold zu zügeln, wenn er das Ziel verfehlt, zu dem er ausgesandt ist.«

Am 6. September ging die »Adventure Galley« von New York aus in See. Ein Jahr suchte Kidd ohne jeden Erfolg Piraten oder Franzosen auf See zu finden. Dann waren die Vorräte an Bord erschöpft und die Mannschaft zur Meuterei entschlossen. Nun endlich handelte Kidd, wenn auch mehr als unglücklich. Er hielt ein kleines maurisches Schiff an und raubte ihm seine Ladung Pfeffer. Statt Piraten zu jagen, wurde er so selbst zum Piraten. Aber er blieb in seinen Handlungen unklar – halb Kaper, halb Pirat. Nachdem er mehrere Schiffe überfallen, aber auch fünf französische Prisen aufgebracht hatte, eroberte Kidd Anfang des Jahres 1698 mit seiner »Adventure Galley« einen 500 Tonnen großen Segler, die »Quetta Merchant«, ein Schiff mit 10 Kanonen. Kidd hatte Pech, denn das Schiff stand unter englischem Kommando, und der Überfall löste in London große Erregung aus. Wiederum waren die Interessen der Ostindischen Kompanie geschädigt worden, und das durch einen königlichen Kaper. Kidd wurde offiziell zum Piraten erklärt und von einem Pardon, den der englische König gerade für alle Piraten östlich des Kaps der Guten Hoffnung verkünden ließ, ausdrücklich ausgeschlossen. Auch Avery blieb der Pardon ausdrücklich versagt.

Mit der Besatzung hatte Kidd die erwarteten Schwierigkeiten. In einer Auseinandersetzung mit dem Schiffskanonier William Moore ließ der Kapitän sich hinreißen und schlug dem Mann mit einem Stück Eisen den Schädel ein. Nach dem Aufbringen einer Prise verteilte Kidd nach Piratenart die Beute unmittelbar unter die Mannschaft, mit dem Erfolg, daß ihm ständig Leute desertierten. Was Kidd auch tat und unternahm, immer tat er es nur halb, zaghaft, zwielichtig, inkonsequent. Es ist eine Ironie des Schicksals, daß ausgerechnet dieser Kidd bei seinen Zeitgenossen und später auch in der Überlieferung als das Piratenidol schlechthin galt: kühn, entschlossen, grausam und vor allem erfolgreich. Dichter schrieben Balladen über ihn, und die Leierkastenmänner besangen ihn als Seehelden. Auch über vergrabene Schätze von unermeßlichem Wert sollte Kidd verfügen. Nichts von alledem stimmt.

Selbst zum Abschluß seiner Kaper- und Piratenfahrt konnte Kidd nicht aus seiner Haut heraus. Obwohl er wußte, daß er ein steckbrieflich gesuchter Verbrecher geworden war, segelte er nach Long Island und ließ dem neuen Gouverneur von New York, Bellomont, die Mitteilung zugehen, er habe für die Londoner Geldgeber einen Betrag von 30 000 Pfund an Bord, und im übrigen seien die Berichte falsch, die ihn zum Piraten stempeln wollten. Bellomont schickte eine nichtssagende Antwort zurück mit der zweideutigen Formulierung, daß Kidd, wenn sein Fall so klar wäre, wie er behauptete, mit ruhigem Gewissen zu ihm kommen könne.

Nachdem Kidd zuerst noch eine Truhe voll Gold bei einem Leuchtturmwärter abgestellt hatte, ging er zu Bellomont. Der Gouverneur forderte, daß er in einem sofort zu schreibenden Bericht volle Rechenschaft über seine Fahrt ablege.

Schon zwei Tage später wurde Kidd verhaftet und ins Gefängnis geworfen, bald darauf in Ketten nach London übergeführt. Nach einjähriger Untersuchung fand im Mai 1701 die Gerichtsverhandlung statt. Kidd wurde der Piraterie und des Mordes an dem Kanonier Moore angeklagt und für schuldig befunden. Am 23. Mai 1701 wurde er gehängt.

Die Bahama-Piraten und der königliche Pardon

XIX.

Etwa ab 1703 zogen die Bahama-Inseln, so wie vorher Tortuga und Jamaika, Seeräuber an. In dem Gewirr Tausender von Inseln, die meisten unbewohnt und nur als kleine Felsklippen oder Riffe aus dem Wasser ragend, wurde die Insel New Providence zur Hauptbasis vor allem für englische Piraten. Die Insel war zweimal durch England in Besitz genommen worden. Kolumbus hatte die Bahama-Inseln 1492 entdeckt, aber für die Spanier blieben es »nutzlose Inseln«, von denen man die indianische Urbevölkerung als Sklaven nach Hispaniola verschleppte. Ab 1629 setzten sich Engländer auf den Inseln fest und begannen, Negersklaven als billige Arbeitskräfte einzuführen. Die Engländer wurden 1677 durch die Spanier von den Inseln vertrieben, und nach erneuter Inbesitznahme durch England überfielen während des spanischen Erbfolgekrieges 1703 Spanier und Franzosen die Bahamas, verbrannten Stadt und Hafen Nassau auf New Providence und nahmen mit den Pflanzern und Negersklaven auch den englischen Gouverneur als Gefangenen von der Insel mit. Nur wenige Bewohner, die sich während des Überfalls in den Wäldern versteckt gehalten hatten, blieben auf der Insel zurück.

Die Insel New Providence und ihr Hafen Nassau waren ideal für Seeräuber. Nachdem sich Handel und Schiffahrt stärker auf die nordamerikanische Küste verlagert hatten, lagen die nördlichen Bahama-Inseln als Operationsbasis geografisch günstiger als alle vorherigen Schlupfwinkel. Der Hafen Nassau bot einer ausreichend großen Anzahl von

Fahrzeugen sicheren Schutz. Das Einlaufen in den Hafen war für Schiffe unter 500 t über eine Untiefe hinweg möglich. Größere Schiffe mußten rechts und links an einer vorgelagerten Insel vorbei zwei enge Durchfahrten passieren. Durch ein Fort auf der vorgelagerten Insel konnten diese Durchfahrten leicht unter Kontrolle gehalten werden.

Die Bedeutung der Bahama-Inseln hatte man in England wohl begriffen, denn kaum zwei Jahre nach erneutem Verlust verabschiedete das englische Oberhaus im Jahre 1705 eine Adresse an den König, in der es u. a. hieß: »——— daß der Hafen der Insel Providence leicht gesichert werden könne, und daß es eine gefährliche Sache sei, die Inseln in Feindeshände zu lassen, weshalb die Herren des Oberhauses Ihre Majestät bäten, notwendige Schritte zu unternehmen, um sich der Inseln wieder zu bemächtigen.« Aber der englische König hatte zu diesem Zeitpunkt andere Sorgen. Außerdem waren Spanier und Franzosen wieder abgezogen, und möglicherweise war ihm die Besetzung der Bahama-Inseln durch englische Piraten nicht einmal unangenehm, denn er brauchte die Seeräuber als Kaper gegen Spanier und Franzosen im spanischen Erbfolgekrieg (1701–1713). Deshalb stellte er alle Maßnahmen gegen die Piraterie, die auch vordem nur inkonsequent durchgeführt worden waren, zurück und vergab großzügig an alle, die nur wollten – und es wollten alle Piraten – Kaperbriefe. Wie das in der Praxis aussah, wird aus einem Brief deutlich, den ein englischer Pflanzer auf Jamaika in jener Zeit an einen Freund nach England schrieb. Obwohl es den Kapern verboten war, innerhalb der Küstengewässer englischer Kolonien (vor Jamaika 5 sm) Prisen aufzubringen, hatte ein unter britischer Flagge segelnder Kaper mehrere Küstenfahrzeuge der Pflanzer mit Geld an Bord unmittelbar unter Land genommen.

BRISTOL, January 21, 1757.

ALL able SEAMEN, that are willing to enter on board the LYON PRIVATEER, Captain ROBERT HOW, Commander; for the Remainder of her CRUISE, let them repair to the Sign of the THREE CUPS on the BACK, where they will meet with proper Encouragement.—The LYON will sail the first fair Wind.——No Landsmen will be accepted.

BRISTOL, January 22, 1757.

FOR a Cruise, the HAWKE PRIVATEER, a Prime Sailor, originally built for that Purpose, and now re-built with the best of Accomodations, JAMES CONNER, Commander; Burthen 250 Tons, 20 Six Pounders upon one Deck, 20 Swivels, and 160 M… to sail in twenty Days, havi…
Ship's Company.—All Officers …
are disposed to enter on boar…
Sign of the PELICAN on the …
per Encouragement.

BRISTOL, January 5, 1757

FOR Cork and Jamaica, the SNOW TARTAR, STEPHEN WEBBE, Master, with a Letter of Marque, a Prime Sailor, mounting 14 Carriage Guns, and will carry 40 Men; is now ready to take in Goods. All Seamen or able-bodied Landsmen, that are disposed to enter on bord the said Snow, let them repair to Mr. Edward Field, at the Sign of the Waterford-Arms, opposite the Merchants-Hall, where they shall meet with great Encouragement.——For Freight or Passage on board the said Snow, apply to Mr. JOHN STEVENSON, in Princes-street, or the Captain on board.

In dem Brief hieß es dazu weiter: »Seit diesen Vorfällen hat der Kaper auch ein spanisches Schiff genommen, wie er sagt, mit einer guten Summe Geldes an Bord. Ob es ein spanisches oder ein englisches Schiff war, ist ungewiß, denn er hat weder etwas Spanisches noch etwas anderes vor das Prisengericht gebracht. Ob das Schiff innerhalb der fünf Seemeilen von der Küste war, ist demzufolge nie untersucht worden. Wenn das so weitergeht, können die Kaper jedem unserer eigenen Schiffe aus dem Hafen folgen und nehmen, was sie für gut halten --- Es ist jedermanns Meinung, daß dieses verfluchte Gewerbe so viele Piraten züchten wird, daß wir, wenn der Friede kommt, in größerer Gefahr vor ihnen sein werden, als jetzt vor dem Feinde ---.«

Der besorgte Pflanzer sollte Recht behalten. Als der Friede von Utrecht im Jahre 1713 den spanischen Erbfolgekrieg beendete, wurden aus den bis dahin im Auftrag von Königen handelnden Kapern wieder ganz gewöhnliche Seeräuber.

Ihre Anzahl hatte sich erschreckend vermehrt. Wenn Ende des 17. Jahrhunderts die Piraterie in der Karibischen See fast ausgerottet schien, erstand sie auf den Bahamas gleich einem Phönix aus der Asche. Im Juli 1716 schrieb der Gouverneur Spotswood von Virginia nach London: »Ein Nest von Piraten ist auf New Providence im Entstehen. Durch den Zuzug, den die Piraten von unordentlichen Leuten aus der Bucht von Campeche, aus Jamaika und anderen Gegenden erwarten und wahrscheinlich auch erhalten werden, könnten sie sich, wenn sie nicht rechtzeitig unterdrückt werden, für den britischen Handel als gefährlich erweisen.«

Um diese Zeit befanden sich bereits über 2000 Piraten in Nassau. Die Seeräuber bestückten die vor der Hafenfahrt liegende kleine Insel mit einigen Kanonen, so daß sie ausreichend gesichert ihre Schiffe im Hafen ausrüsten und überholen konnten. Unterstützt wurde der erneute Aufschwung der Piraterie durch die Folgen der vom englischen Parlament 1651 angenommenen Navigationsakte, die es praktisch nur englischen Schiffen erlaubte, den Verkehr mit den englischen Kolonien aufrechtzuerhalten. Diese Monopolstellung begünstigte eine Preisentwicklung, die die nordamerikanischen Siedler anreizen mußte, ihren Warenbedarf bei den Piraten zu decken.

Die Piraten wiederum waren klug genug, die gefragten Waren nicht auf den zwischen England und Nordamerika verkehrenden englischen Schiffen zu holen, sondern sie segelten an die afrikanische Küste, umsegelten selbst das Kap der Guten Hoffnung, um sich in den Besitz von holländischen und portugiesischen, manchmal auch von ostwärts gehenden englischen Schiffen zu setzen.

Die starke und weltweite Aktivität der Piraten hatte bei allen europäischen Regierungen Sorge und Unruhe hervorgerufen. Im Jahre 1716 versuchte die englische Regierung, durch eine Machtandrohung die Seeräuber einzuschüchtern. Sie gab bekannt: »Witheal, den 15. September 1716. Auf die Klagen, die Ihre Majestät von vielen Kaufleuten, Schiffern und anderen Personen, ebenso auch von den Gouverneuren der Inseln und Plantagen Ihrer Majestät in Westindien vernommen hat, daß sich die Seeräuber derart vermehrt haben, daß sie nicht allein die See bei Jamaika, sondern auch vor Nordamerika unsicher machen, und daß, sofern in der Sache nichts unternommen wird, der Handel Großbritanniens in Gefahr gerät vollends verlorenzugehen, haben Ihre Majestät, nach reiflicher Überlegung und auf Vorschlag Ihres Rates befohlen, ausreichende Macht einzusetzen, um diese Seeräuber zu vertreiben.« Es folgte die Darstellung der königlichen Macht in Form der namentlichen Aufzählung von 13 Kriegsschiffen mit der Anzahl ihrer Kanonen. Bei genauerem Hinsehen standen diese Schiffe, alles nur Schiffe des 5. und 6. Ranges, schon in westindischen Gewässern, außer dreien, die noch abgehen sollten. Dafür erhielten zwei Schiffe die Order, nach England zurückzukehren. So blieb diese Proklamation ein Stück Papier. Es veränderte sich nichts.

In London trat deshalb im Sommer 1717 der Kronrat erneut zusammen und schlug dem König vor, einmal für die Insel einen energischen, mit allen Vollmachten ausgestatteten Gouverneur zu ernennen und zweitens die Piraten durch einen Pardon des Königs freiwillig zur Aufgabe ihrer Tätigkeit zu bewegen. Der König stimmte zu, und es erging eine Proklamation, die Seeräuber wieder zum Gehorsam zu bringen.

»Nachdem wir Informationen erhalten haben, daß verschiedene Untertanen von Großbritannien seit dem 24. Juni des Jahres 1715 viele Seeräubereien und Plünderungen in den westindischen Gewässern und in der Gegend unserer Plantagen begangen haben, was den Kaufleuten Großbritanniens und anderen Handelsleuten in jenen Gegenden großen Schaden

verursacht hat und obwohl wir eine ausreichend starke Streitmacht für die Unterdrückung besagter Piraten bestimmt haben, erlassen Wir, um in der Sache mit größerem Nachdruck zu Ende zu kommen, diese Unsere königliche Proklamation: Wir versprechen und erklären hiermit, daß alle Piraten, die sich vor dem 5. September im Jahre unseres Herrn 1718 einem Unserer Staatssekretäre in Großbritannien oder Gouverneursstellvertreter auf unseren Pflanzungen in Übersee unterwerfen, Unseren gnädigen Pardon für alle Seeräubereien erhalten, die von ihnen bis zum nächstfolgenden 5. Januar begangen wurden. – Gegeben zu Hamptoncourt, den 5. September 1717, im vierten Jahr unserer Regierung. Georg Rex.«
Der Pardon war also für ein Jahr gültig. Darüber hinaus gewährte man eine Frist von vier Monaten für die Zeit der Überbringung der Proklamation des Königs nach Übersee. Die Piraten hatten demnach noch ausreichend Gelegenheit zu rauben und zu brandschatzen, und schon im voraus war ihnen der Pardon des Königs dafür sicher.

Zum neuen Gouverneur auf New Providence wurde Woodes Rogers ernannt, jener Mann, der mit Dampier eine Weltumsegelung als Kaperreise durchgeführt hatte, auf der er nicht nur spanische Schiffe wie das große spanische Schatzschiff »Nuestra Senora« gekapert, sondern auch Städte angegriffen und geplündert hatte. Über die Begleitumstände einer Plünderung nach Einnahme der Stadt Guayaguil berichtete Rogers selbst:

»Die Häuser weiter oben am Fluß waren voller Frauen ——— Einige ihrer größten Goldketten waren versteckt und um ihren Leib, ihre Beine und Schenkel gewunden. Da aber die Frauen in diesen heißen Ländern sehr dünn in Seide und feines Leinen gekleidet sind, fühlten unsere Männer die Ketten, indem sie die Damen von außen betasteten.«

Das Stillschweigen über seine Untaten und die Gunst des Hofes erkaufte sich Rogers durch hohe Bestechungssummen.

Schon bevor Rogers aus England absegelte, wurde die Proklamation nach den Bahamas gesandt. Da das Kurierschiff unterwegs von einem Bahama-Piraten aufgebracht wurde, kam es zu einer schnellen Information aller Piraten. Die Mehrheit von ihnen kam auf New Providence zu einer Beratung zusammen, auf der sie erregt über Annahme oder Ablehnung des Pardons diskutierten. Ein großer Teil von ihnen schlug vor, eine unabhängige Republik auszurufen und New Providence zu befestigen. Kapitän Johnson führt in seinem Buch mehrere Piratenkapitäne auf, die zu dieser Zeit auf der Insel waren und den Pardon ablehnten. Das waren: Benjamin Hornigold, Edward Teach, Johann Martel, Jakob Life, Christoph Winter, Nikolaus Brown, Paul Williams, Charles Bellamy, Oliver la Bouche, Major Venner, Edward England, J. Burges, Thom Cocklyn, R. Sample und Charles Vane.

Aber Kapitän Jennings, ein Anführer auf der Insel mit großem Einfluß, schlug die bedingungslose Annahme des Pardons vor. Es kam zu keiner Einigung, und die Versammlung ging ohne Ergebnis auseinander. Kapitän

Jennings und 150 Mann verließen schon am nächsten Tag New Providence. Sie segelten nach den Bermuda-Inseln und unterwarfen sich dem dortigen Gouverneur. Als Rogers im Mai 1718 sein Amt auf der Insel antrat, erhielt er als erstes ein Schreiben des Piratenführers Charles Vane. Dieser hatte offensichtlich vor, die Auslegungsmöglichkeiten des Pardons zu testen. Er schrieb: »Euer Exzellenz mögen bitte verstehen, daß wir bereit sind, Seiner Majestät allergnädigsten Pardon unter folgenden Bedingungen anzunehmen: Sie dulden, daß wir alle in unserem Besitz befindlichen Güter verkaufen, daß wir gleichermaßen mit all unserer Habe nach unserem Gutdünken verfahren, wie es der Gnadenakt Seiner Majestät sagt. Wenn Euer Exzellenz damit einverstanden sind, werden wir bereit sein, den Pardon des Königs anzunehmen; wenn allerdings nicht, werden wir uns verteidigen müssen.

Wir sind Eure demütigen Diener Charles Vane und Kompanie.

PS. Wir erwarten eine schnelle Antwort.«

Peter Deline, John King, Will:m Phillips, Jame: Hou

Phillip Bill, Will:m Maine, Will:m Mackintos

Will:m Williams

Ye and each of you are adjudged and

Sentenced to be carried back to the Place from

whence ye came, from thence to the Place of

Execution without the Gates of this Castle, and

there within the Flood Marks to be hanged by

the Neck 'till ye are Dead, Dead, Dead

And the Lord have Mercy on ye Souls.

Dated at Cape Corse Castle

this 5:th of April 1722

Mu Herdma

James Phipp

Henry Dodson

F. Boye

Edmund Hyd

Charles Fansha

Jn.o Barnsley

Statt einer Antwort blockierte Rogers die Hafeneinfahrt durch ein Kriegsschiff, die »Rose«. Vane ließ in der gleichen Nacht eine Prise als Brander unter vollen Segeln auf die »Rose« zulaufen. Um der Brandgefahr zu entgehen, kappte der Kapitän der »Rose« die Ankertaue und rettete sich auf die Reede. Vane und Kompanie aber segelten dicht hinter dem Brander her und gewannen das offene Meer. Sie wußten nun, was sie von dem neuen Gouverneur zu erwarten hatten.

Einige Piratenkapitäne, so u. a. Benjamin Hornigold, nahmen die Amnestie des Königs an. Sie waren so wie Rogers bemüht, ihre Vergangenheit durch besonders eifrigen Dienst im Auftrag des Königs gegen ihre ehemaligen Kameraden vergessen zu machen.

Andere Piratenführer, darunter Teach, Major Venner, la Bouche und England hatten bereits vor der Ankunft Rogers die Insel verlassen, da sie nicht gewillt waren, den Pardon anzunehmen. Die ersten Piraten, die Rogers einfing, wagte er nicht auf der Insel vor ein Gericht zu stellen, da er nicht sicher war, wie er nach London schrieb, »ob ein Aufstand der Piraten sie nicht aus den Händen ihrer Wächter befreit hätte ———«.

Als Rogers am 9. Dezember 1718 die erste Gerichtsverhandlung auf den Bahamas durchführen ließ, übrigens durch den ehemaligen Piratenkapitän Thomas Burgers als Richter, kam es tatsächlich vor der Hinrichtung zum Versuch der Gefangenenbefreiung. Die zum Tode Verurteilten hatten den Umstehenden zugerufen, daß sie niemals hätten glauben können, daß man zehn Männer wie die Hunde gebunden zum Hängen führen könne, und das in Gegenwart von 400 ihrer besten Freunde. Wahrscheinlich fühlten sich einige der zuschauenden Piraten, die selbst den Pardon des Königs angenommen hatten, in ihrer alten Piratenehre getroffen, denn nach dem Zuruf entstand eine starke Unruhe. Als jedoch ein Zuschauer versuchte, einen Wächter niederzuschlagen, wurde er durch Rogers sofort eigenhändig niedergeschossen.

Als Rogers 1732 auf New Providence starb, hatte er einen großen Anteil daran, daß die Insel und auch die nord- und mittelamerikanische Küste fast frei von Seeräubern war.

Die Geschichte des Schwarzbartes Teach

XX.

Ähnlich wie Kidd, gehört der Seeräuber Edward Teach, zumeist einfach Schwarzbart (englisch: Blackbeard) genannt, zu den bekanntesten und berüchtigsten Piratengestalten. Kapitän Johnson, der Leben und Sterben Teachs in seinem Buch ausführlich schildert, beschreibt die äußere Erscheinung des Piraten wie folgt:

»Sein Gesicht war von den Augen an hinter fettigen schwarzen Haaren versteckt, die auch noch seine Brust bedeckten. Die Kleidung war von vergossenen Getränken und von Blut befleckt und wurde dort, wo sie zerrissen war, mit Nadeln zusammengehalten. Sein Körper war ungewaschen und stank nach Schweiß und einer Mischung von Rum und Schießpulver, die sein gewöhnliches Getränk darstellte. Er war es gewöhnt, seinen Bart mit Bändern in kleine Zöpfe zu flechten, die er um die Ohren hängte. Im Kampf trug er eine Art Schärpe über beiden Schultern, in deren Schlaufen auf jeder Seite drei Pistolen steckten. Unter seinem Hut befestigte er vor dem Kampf zwei brennende Lunten, die an den Seiten seines Gesichts herunterhingen. Seine Augen blickten von Natur aus wild und grausam. Der ganze Aufzug machte ihn zu einer Gestalt, die so schrecklich aussah wie eine Furie aus der Hölle.«

Dieses Aussehen hatte Teach nicht nur den Namen Schwarzbart eingebracht, sondern auch seinen Ruf als einen der verwegensten und schrecklichsten Seeräuber überhaupt verbreitet. Er wurde 1680 in Bristol geboren und fuhr während des spanischen Erbfolgekrieges auf englischen Kaperschiffen. Obwohl ihm Mut und Tapferkeit im Enterkampf gegen französische Schiffe nachgerühmt wurden, erhielt er keine Beförderung. Vermutlich wurde Teach im Jahre 1716 Seeräuber. Sicher ist, daß der bekannte Piratenkapitän Hornigold ihm 1716 das Kommando über eine Schaluppe übertrug, die Teach selbst gekapert hatte. Von Anfang an behandelte Teach seine Mannschaft mit äußerster Brutalität. Er hielt sie wie sich selbst unter ständigem Alkoholeinfluß. Teach schrieb darüber in sein Tagebuch: »Heute ist der Rum ausgegangen. Unsere Gesellschaft war ein wenig nüchtern. Die Halunken schmiedeten ein Komplott. Sie redeten viel von Trennung. Ich habe darum scharfen Ausguck nach Prisen gehalten. Abends Prise geentert mit viel Alkohol an Bord. Alles wieder gut.«

Knappe zwei Jahre begleitete Teach mit seiner Schaluppe Hornigold, bis sie einen großen französischen Kauffahrer in der Höhe von Martinique enterten. Teach erhielt mit Zustimmung Hornigolds das Kommando über ein Schiff, das, mit 40 Kanonen bestückt, auf den Namen »Revenge of Queen Anne« getauft wurde. Danach – es war im Jahre 1718 – trennte sich Teach von Hornigold und betrieb das Geschäft auf eigene Rechnung. Hornigold segelte nach New Providence zurück und unterwarf sich nach der Ankunft Gouverneur Rogers' gemäß der königlichen Proklamation dem Pardon. Teach kaperte als erstes ein großes englisches Handelsschiff. Die Piraten raubten das Schiff vollständig aus, setzten die Mannschaft an Land und verbrannten den Segler. Einige Tage später griff er das mit 30 Kanonen bestückte englische Kriegsschiff »Scarborough« an, das nach mehrstündigem Kanonenduell nach Barbados flüchtete. Teach stieß anschließend zur südamerikanischen Küste vor. Auf dem Weg traf er eine mit 10 Kanonen bestückte Schaluppe, die der ehemalige Major Stede Bonnet als Piratenkapitän führte. Nachdem die Schaluppe Teach einige Zeit begleitet hatte, nahm dieser den Major zu sich an Bord mit der Begründung, »daß es für ihn (Bonnet), der die Schwierigkeiten und die Aufgaben eines solchen Handwerks nicht kenne, besser sei, auf die Führung seiner Schaluppe zu verzichten, um nach Belieben und entsprechend seinen Neigungen an Bord des größeren Schiffes ein ruhiges Leben zu genießen«.

Als Kapitän der Schaluppe, die den Namen »Revenge« trug, setzte Teach mit Zustimmung der alten Besatzung Kapitän Richards ein. Bald darauf kaperten sie in der Bucht von Honduras die Bark »Aventure«. Teach nahm die Besatzung, die sich kampflos ergeben hatte, an Bord seines Schiffes und gab Leute von sich, mit Steuermann Hands als Kapitän, auf die Prise. So besaß Teach bereits ein kleines Geschwader von drei Schiffen, mit dem er in westindischen Gewässern kreuzte und zahlreiche Schiffe mit guter Beute kaperte. Die geraubten Waren setzten die Piraten in Nord-Carolina ab, wo das Interesse der Bewohner an billigen Piratenwaren und das Verständnis des Gouverneurs für die Piraten ausreichend groß waren. Dann leistete sich Teach einen frechen Piratenakt. Nachdem er eine Zeitlang in unmittelbarer

Sichtweite der Küste seine Räubereien betrieben hatte, lief er in den Hafen Charleston ein und besetzte die dort liegenden acht Schiffe. Eine besonders wertvolle Prise mit Baumwolle, für London bestimmt und mit mehreren wohlhabenden Passagieren an Bord, darunter den Ratsherrn von Charleston, Samuel Wrager, hatten die Piraten noch vor ihrem Einlaufen vor der Küste gekapert. Schwarzbart setzte für die Passagiere die Höhe der Lösegelder fest, und da ihm die Medikamente an Bord ausgegangen waren, schickte er Kapitän Richards mit drei Piraten und einem gefangenen Bürger zum Magistrat und verlangte neben den Lösegeldern für die Freilassung der Gefangenen und Freigabe der Schiffe die Auffüllung seiner Medikamente. Die Forderung war ultimativ gestellt. Sollte sie nicht erfüllt werden, wollte er den Gefangenen die Köpfe abschlagen und dem Gouverneur zuschicken lassen. Der Stadtrat berief eine Sitzung ein und erfüllte die Forderungen des Seeräubers. Teach gab Gefangene und Schiffe frei. Zuvor hatte er neben anderen wertvollen Waren allein Gold und Silber in einem Wert von 1500 Pfund Sterling auf sein Schiff bringen lassen. Nach diesem erfolgreichen Raubzug beschloß Teach, sich mit einigen seiner engsten Vertrauten von der Mannschaft zu trennen und sie dabei um ihren Beuteanteil zu betrügen. Er setzte sein Schiff – angeblich zur Reparatur – bei der Insel Topsail auf Grund und ließ auch die beiden Schaluppen auflaufen. Dann segelte er unter einem Vorwand mit 40 Mann in einer mitgeführten Barkasse davon. Unterwegs gelang es ihm, noch 17 Mann auf einer öden Insel auszusetzen, wo sie wahrscheinlich umgekommen wären, hätte sie Major Bonnet nicht zwei Tage später aus ihrer Lage befreit.

Mit dem Rest seiner Leute unterwarf sich Teach vor dem Gouverneur von Nord-Carolina dem Pardon des Königs. In Wahrheit dachte der Schwarzbart überhaupt nicht daran, sein Piratendasein aufzugeben. Er arrangierte sich mit dem Gouverneur von Nord-Carolina, Charles Eden, der ihm als erstes ein Schiff, das Teach als Seeräuber genommen hatte, nun als rechtmäßige spanische Prise zuerkannte. Mit diesem Schiff ging Teach im Juni 1718 wieder in See und kreuzte vor den Bermuda-Inseln. Dort kaperte er einen französischen Segler mit einer vollen Ladung Zucker und Kakao. Kein Mann der Besatzung überlebte. Teach brachte die Prise nach Nord-Carolina und beeidete, das Schiff ohne Mannschaft auf dem Meere gefunden zu haben. Der Gouverneur von Nord-Carolina ließ in einer Ratssitzung feststellen, daß es sich bei dem französischen Frachter offensichtlich um ein Wrack gehandelt habe, das dem Finder rechtmäßig zustehe. Um jede Nachuntersuchung auszuschließen, gestattete er Teach, das angeblich seeuntüchtige Schiff zu verbrennen.

Der Schwarzbart fühlte sich in Nord-Carolina absolut sicher. Er war berüchtigt wegen seiner Orgien und Saufgelage, die er an Land veranstaltete. Nach der Bermuda-Episode ging er mit einem Schiff den Ocracoke aufwärts und betätigte sich als Flußpirat und Landräuber. Für den Verzicht auf Plünderung und Brandschatzung der Pflanzungen durch seine Piraten erhob er Abgaben. Kapitän Johnson behauptet, daß Teach während dieser Zeit ein sechzehnjähriges Mädchen heiratete. Er schreibt: »Ich weiß aus zuverlässiger Quelle, daß dies die 14. Frau des Teach war. Von den anderen waren zwölf noch am Leben. In dem Verhalten zu seiner neuen Frau war etwas Besonderes. Solange er mit seiner Schaluppe vor Anker lag, besuchte er seine Frau auf der Plantage, wo sie wohnte. Hatte er mit ihr geschlafen, nötigte er sie, sich in seiner Gegenwart auch noch den mitgebrachten 5 oder 6 Saufkumpanen hinzugeben.« Da der zuständige Gouverneur von Nord-Carolina alle Taten und Untaten seines Freundes Teach deckte, wandten sich die geschädigten Schiffer, Kaufleute und Pflanzer an den Gouverneur von Virginia, mit der Forderung, den Seeräuber und seine Gesellen zu fangen oder zu verjagen. Der vom Gouverneur einberufene Rat beschloß eine Proklamation, die zur Ergreifung und Vernichtung von Piraten ermutigen sollte. Darin hieß es u. a.:

»Personen, denen es gelingt, in der Zeit vom 14. November 1718 bis zum 14. November 1719 zwischen 33 Grad und 39 Grad nördlicher Breite und bis zu 100 Seemeilen von der Küste entfernt oder innerhalb der Provinzen Virginia oder Nord-Carolina Piraten zu ergreifen, sollen folgende Belohnung erhalten:

Für Edward Teach, gewöhnlich Kapitän Teach oder Schwarzbart genannt, 100 Pfund; für jeden Piratenkapitän eines Schiffes, einer Schaluppe oder eines sonstigen Fahrzeuges 40 Pfund; für jeden Leutnant, Schiffs- und Quartiermeister oder Zimmermann 20 Pfund; für jeden Unteroffizier 15 Pfund und für jeden Bootsknecht 10 Pfund«.

In der vom Gouverneur A. Spotswood unterzeichneten Proklamation fehlte nicht der Satz, daß »es eine gerechte und rühmliche Sache ist, Leute auszurotten, die als Piraten Feinde der gesamten Menschheit sind«. Gleichzeitig mit der Veröffentlichung der Proklamation hatte der Gouverneur Hilfe von der englischen Marinestation am James River angefordert. Dem Oberleutnant des dort liegenden Kriegsschiffes »Die Perle«, Robert Maynard, wurden zwei Schaluppen unterstellt mit dem Befehl, den Schwarzbart zu fangen. Kapitän Johnson beschreibt den letzten Akt aus dem Leben Schwarzbarts wie folgt:

»Maynard lief am 17. November 1718 von Ricquetan im James River aus und entdeckte am 21. abends in der Bucht von Ocracoke die Seeräuber vor Anker liegend. Maynard hatte alle Fahrzeuge, die ihm begegneten oder die ihn überholen wollten, festgehalten, damit Schwarzbart nicht vorzeitig von seinem Kommen erfuhr. Doch Teach war bereits durch seinen Freund Eden gewarnt worden. Der Sekretär des Gouverneurs, Knigge, hatte Teach

schriftlich über das geplante Unternehmen informiert. Offensichtlich hielt Teach die Lage aber nicht für besonders ernst, denn an Bord waren nur 25 Mann, denen er befohlen hatte, bei Insichtkommen der beiden Schaluppen das Schiff gefechtsklar zu machen. Er selbst fuhr zu einem vorbereiteten Saufgelage an Land. Maynard kam auf Grund der vielen Untiefen und Schwierigkeiten des Fahrwassers während der Nacht nicht an das Piratenschiff heran und blieb vor Anker liegen. Am frühen Morgen des 22. November näherten sich die beiden Schaluppen hinter einem ständig die Wassertiefe lotenden Beiboot bis auf Kanonenschußweite dem Piratenschiff. Teach, der inzwischen mit seiner kompletten Mannschaft an Bord war, ließ Anker hieven, um besser manövrieren zu können, und eröffnete das Feuer. Die erste Breitseite des Piraten traf das kleinere Marineschiff, dessen Kommandant mit mehreren Besatzungsmitgliedern tödlich getroffen wurde. Dann segelte Teach auf das größere Schiff zu, auf dem sich Oberleutnant Maynard befand. Dabei geriet sein Schiff auf eine Untiefe. Durch das Überbordwerfen von Ballast und das Entleeren von Wasserfässern kam Teach bald wieder frei. In dem Gefecht verlor Maynard durch gezieltes Gewehr- und Pistolenfeuer der Piraten 20 Mann an Toten und Verwundeten. Schließlich trieben beide Schiffe dicht beieinander auf das Ufer zu. Hier hatte das Piratenschiff als erstes Grundberührung, während die Schaluppe Maynards Bord an Bord zu liegen kam. Die Piraten warfen sofort mehrere von den neu erfundenen Handgranaten, mit Pulver, Blei- und Eisenstücken gefüllte Flaschen mit brennender Zündschnur auf das Deck der Schaluppe. Im Rauch der letzten explodierenden Flasche enterten Teach und 14 seiner Leute das Schiff des Gegners. Es kam zu einem erbitterten Handgemenge. Oberleutnant Maynard und Kapitän Teach beschossen sich aus Pistolen, wobei Teach verwundet wurde. Dann schlugen sie sich mit Säbeln. Als der Säbel des Marineleutnants zerbrach und Teach schon zum tödlichen Schlag ausholte, wurde er selbst von einem Marinesoldaten am Hals schwer verwundet. Aber Schwarzbart kämpfte weiter. Erst nach einem Pistolenschuß Maynards, der Teach tödlich traf, brach der Pirat zusammen. Man zählte 25 Wunden an ihm, darunter fünf von Pistolenschüssen. Maynard ließ Teach den Kopf abhauen und an der Rah aufhängen.«

Nach dem Tod ihres Kapitäns ergaben sich die übrigen Piraten. Von den 15 Gefangenen wurden 13 gehängt. Ein gefangener Seeräuber, Samuel Odell, wurde begnadigt, da er erst am Vortage des Gefechts gewaltsam in die Mannschaft gepreßt worden war. Der Zweite, der dem Strick entging, war Israel Hands, der mit einem verletzten Knie in der Nacht vor dem Kampf an Land gebracht worden war. Ebenfalls zum Tode verurteilt, wurde seine Hinrichtung hinausgeschoben. Da während der Haftzeit der Pardon für Seeräuber durch den König verlängert wurde, entließ man Hands aus dem Gefängnis und schaffte ihn nach England. Der als Bettler in London lebende Hands wurde von dem englischen Schriftsteller Robert Louis Stevenson in seinem berühmten Roman »Die Schatzinsel« zu einer Hauptfigur und damit unsterblich gemacht.

Merkwürdige Männer und Frauen als Piraten

XXI.

Eine merkwürdige Erscheinung als Piratenkapitän war ohne Zweifel Major Stede Bonnet, der eine Zeitlang an Bord des Piratenschiffes von Teach als Kumpan des Schwarzbartes lebte. Fast ein Jahr dauerte diese seltsame Partnerschaft, bis Bonnet nach der Strandung bei der Insel Topsail wieder sein eigenes Schiff bestieg.

Bonnet, dessen Herkunft unbekannt ist, hatte sich in den Kriegen zwischen Frankreich und England auf den europäischen Kriegsschauplätzen bis zum Major hinaufgedient. Nachdem er seinen Abschied genommen hatte, ging er nach Westindien, um als Pflanzer auf Barbados zu siedeln. Er war reich und gebildet und genoß auf der Insel einen guten Ruf. Die Gründe, warum Bonnet – wahrscheinlich im Jahre 1717 – seine Pflanzungen verließ und zum Piraten wurde, sind nicht bekannt. Einige Zeitgenossen schildern ihn als einen aufgeweckten Freigeist, andere bezeichnen ihn als geistesgestört und noch wieder andere behaupten, die Zanksucht seiner Frau habe ihn zum Seeräuber werden lassen. Sicher ist, daß er weder vom Piratengeschäft noch von der See etwas verstand. Sein Schiff, eine Schaluppe, rüstete er auf eigene Kosten mit 10 Kanonen und 70 Mann Besatzung aus. Er nannte das Fahrzeug »Revenge«, ohne daß dieser Name als Hinweis für Beweggründe Bonnets genommen werden könnte, da es bei fast allen Piraten jener Zeit zum guten Ton gehörte, ihrem Schiff den Namen »Rache« bzw. »Rache für irgendwen oder für irgendwas« zu geben. Zuerst ließ sich die Piraterie für den ehemaligen Major gut an. In den nordamerikanischen Gewässern vor Virginia brachte er sieben Prisen auf. Im Unterschied zu anderen Piraten nahm er nur ausgesuchte Waren von den genommenen Schiffen, schonte Mannschaft und Passagiere und ließ, bis auf Ausnahmen, das Schiff nach erfolgter Plünderung seinen Kurs fortsetzen. Bonnet bekam allerdings bald Schwierigkeiten mit der eigenen Besatzung. Er mißachtete Gebräuche und Gepflogenheiten an Bord eines Piratenschiffes und glaubte, sie durch Rekrutendrill ersetzen zu können. Da er in Navigation und Schiffsführung völlig ungebildet war, nahm er Rat bald von dem einen, dann von dem anderen an, so daß an Bord viel Verwirrung herrschte. Wahrscheinlich waren das auch die Gründe, die Bonnet bewogen, das Kommando über das eigene Schiff vorübergehend aufzugeben und als Beobachter bei Teach zu fahren.

Als Bonnet sich 1718 wieder selbständig machte, taufte er sein Schiff auf den Namen »Royal James« um und nannte sich selbst Kapitän Thomas. Er segelte nach Nord-Carolina und nahm vor dem Gouverneur den Pardon des Königs an. Zugleich erbat und erhielt er vom Gouverneur einen Kaperbrief auf spanische Schiffe. Aber Bonnet hielt sich nicht in den Grenzen des Kaperbriefes, sondern brachte bald wieder Schiffe aller Flaggen, darunter auch englische, auf. Nur verhielt er sich dabei wiederum ausgesprochen merkwürdig. Er nahm zum Beispiel einem Schiff den ganzen Proviant weg, ließ alle übrigen Waren an Bord und entschädigte den Kapitän mit Reis und altem Tauwerk. Bei anderen Prisen holte er abwechselnd Rum, Pfeffer, Salz, Fleisch oder Tabak von Bord. Aber dann raubte er auch wieder Schiffe voll aus. Da die »Royal James« nach längerer Fahrt undicht geworden war und eine Säuberung von den am Schiffsboden angewachsenen Muscheln nötig hatte, ließ Bonnet sie in der Mündung des Cape-Fear-River auflaufen. Als die Anwesenheit des Piraten in Charleston bekannt wurde, entsandte der Gouverneur unter dem Kommando von Oberst Rhet zwei mit je acht Kanonen bestückte Schaluppen gegen Bonnet. Am 26. September 1718 wurde Bonnet, als er nach kurzem Gefecht die weiße Fahne zeigte, mit seiner Mannschaft gefangengenommen und nach Charleston gebracht. Kurz vor der Gerichtsverhandlung gelang es dem im Haus des Kerkermeisters gesondert bewachten Bonnet durch Bestechung eines Wächters »mit vielen Silberstücken« zu entfliehen, aber er wurde durch Oberst Rhet wieder eingefangen.

Das Admiralsgericht in Charleston verurteilte Bonnet und 26 der 30 Mitangeklagten wegen Piraterie zum Tode. Da Bonnet sich in der Gerichtsverhandlung ebenso zwielichtig wie als Pirat verhalten hatte, gab der Vorsitzende des Gerichts, Trott, eine ausführliche Urteilsbegründung. Er sagte u. a.: »Major Stede Bonnet, Ihr seid von den Geschworenen der Piraterie für schuldig befunden worden. Wenn Ihr auch nur wegen zweier Verbrechen angeklagt wurdet, so wißt Ihr doch selbst, daß wenigstens 13 Schiffe von Euch genommen und zum Teil ausgeraubt wurden, seit Ihr Euch in Nord-Carolina aufhaltet. Es wäre deshalb möglich gewesen,

Euch elf und mehr Verbrechen nachzuweisen, die Ihr nach der Annahme des königlichen Pardons begangen habt, wo Ihr verspracht, eine solch schändliche Lebensart zu verlassen.« »—— und wieviel unschuldig Blut habt Ihr vergossen von Leuten, die Eurer gesetzlosen Gewalt Widerstand entgegensetzten? Wir wissen es nicht, doch wir wissen, daß Ihr allein 18 Menschen umgebracht und viele verwundet habt, als man Euch wegen Eurer Räubereien gefangennehmen wollte.« Nach vielen Bibelsprüchen – Trott muß bibelfest gewesen sein –, die bei Bonnet Schuldgefühl und Reue hervorrufen sollten, schloß der Richter: »Da ich so als Christ meine Schuldigkeit getan habe, will ich nun meinem Amt als Richter Genüge tun. Das Urteil, das die Gesetze für Euch und Eure Verbrechen vorsehen und dieses Gericht ausspricht, lautet: Daß Ihr, Stede Bonnet, von hier wieder an den Ort zurückkehrt, von dem Ihr gekommen seid, und daß Ihr von dort zum Richtplatz geführt werden sollt, um am Halse aufgehängt zu werden, bis der Tod eintritt. Möge Gott in seinem unendlichen Erbarmen Eurer Seele gnädig sein.«

Am 10. Dezember wurde Bonnet gehängt. 26 seiner Leute hatten bereits vor ihm dasselbe Schicksal erlitten. Keiner von ihnen besaß mehr als ein

MARE ZANGUEBARIÆ
MADAGASCAR
Lusitanis S Laurentii Insula
Gall. Isle Dauphin
ÆTHIOPICUS
Sive
Tropicus Capric
NUS MERIDIONALIS
Zanzibar I.
Penda als Pemba I.
Baixos de Pedro dos Banhes
Baixos de Patram
Ilhas do Amirante
I. Galega
Vasque I.
I. de Natal
Mensia I.
I. de Cosmoledo
Aliadorae I.
Cosmoledo
C. Delgado
Gasidsa I.
Angowan I.
C. S. Sebastian
C. Natal
I. de Diego Soarez
I. do Nunno
Baye de Vohemaro o Boamaro
C. de Cocos
Baye d Antongil
I. de Nazaret
Os Baixos de Nazaret
Nossi Hibrahim als I d S Marie
Punt de Ronloulou
I. Maurice
I. de Bourbon als Mascaregne
I. de Diego
Mananghara R.
Manatengha R.
Fort Dauphin
Baye de S Augustin
Port S Iacques
Syrtes Indicæ
Baixos de India
Cabo dos Corientes
Quiloa
Mozambique
Monbazza
Melinde
Oxiæ Reg.
Gorae Reg.
Barrama
Orgabra
Magadoxo
I. dos Romeiros dos Caslilhanos

paar Pfund. Ganz offensichtlich hatte es sich nicht gelohnt, unter Major Bonnet Seeräuber gewesen zu sein.

Ein Pirat mit primitiven Idealvorstellungen von Freiheit, Gleichheit und Brüderlichkeit, beinahe 100 Jahre vor der Französischen Revolution, war der hochgebildete Franzose Misson. Misson diente als Offizier in der französischen Marine an Bord der »Victoire« unter dem Kommando des mit ihm verwandten Grafen Claude de Forbin, einem der erfolgreichsten französischen Korsaren im Mittelmeer. Bei einem Aufenthalt in Neapel erhielt der junge Misson die Erlaubnis, Rom zu besuchen. Dort wurde er mit dem Dominikanermönch Caraccioli bekannt, der seinen Erkenntnissen nach Atheist war, das Privateigentum ablehnte und für die Proklamation und Durchsetzung allgemeingültiger Menschenrechte eintrat. Beide schlossen Freundschaft miteinander. Caraccioli trat im Interesse dieser Freundschaft aus dem Kloster aus und nahm Dienst auf dem französischen Kriegsschiff. Während der langen Kreuzfahrten des Schiffes in Westindien beschäftigten sich beide ausführlich mit ihren fortschrittlichen Ideen und begeisterten auch einen Teil der Besatzung für ihre Ansichten. In einem verlustreichen Gefecht der »Victoire« mit dem britischen Kriegsschiff »Winchelsea« fiel der Kommandant der »Victoire«. Die beiden Freunde hielten jetzt den Zeitpunkt für ihr längst geplantes Vorhaben für gekommen.

Misson und Caraccioli, die sich beide im Gefecht durch besondere Tapferkeit ausgezeichnet hatten, traten vor die Besatzung und hielten zündende Reden. Mit dem Hinweis auf Mohammed, der mit einigen Kameltreibern das osmanische Reich gegründet, und Darius, der mit wenigen Gefährten Persien erobert hatte, schlug Caraccioli Misson als neuen Kapitän der »Victoire« vor, um unter seiner Führung eine schwimmende Republik zu bilden. Die Mannschaft stimmte begeistert zu, und den Offizieren, die nicht mitmachen wollten, versprach man, sie im nächsten Hafen an Land zu setzen. Als erstes wurde beraten, unter welcher Flagge man segeln wollte. Einige aus der Mannschaft schlugen die schwarze Flagge vor, aber Misson wies darauf hin, daß sie keine Piraten, sondern Männer seien, die den Menschen die ihnen von Gott und Natur gegebene Freiheit erkämpfen wollten. Schließlich wählte man als Symbol eine weiße Flagge mit den in Gold gestickten lateinischen Worten: Für Gott und Freiheit. Die erste Prise erleichterten sie nur um ihren gesamten Rumvorrat. Sie rührten weder Ware noch persönliche Sachen an, und da sie für Kapitän und Besatzung auch noch Rum an Bord zurückließen, brachten diese zum Abschied drei kräftige »Cheers« auf die Piratensonderlinge aus.

Dann hielten sie einen holländischen Sklavenfahrer mit Negersklaven und Goldstaub von der Guineaküste an Bord an. Auf Weisung Missons, der in einer Rede die Sklaverei als menschenunwürdig verurteilte, wurden die Neger befreit. Sie erhielten die Kleidung der im Kampf Gefallenen und wurden als gleichberechtigte Mitmenschen in die Besatzung aufgenommen. Die »Victoire« ging bei ihrer Kreuzfahrt über den Atlantik keinem Kampf aus dem Weg. Sie schlug sich mit Kriegsschiffen und überlegenen Gegnern und blieb dabei durch die todesverachtende Tapferkeit ihrer Mannschaft immer siegreich. Bald aber begriff Misson, daß man von guten Taten und Kampf allein nicht leben konnte. So gewöhnten er und die Besatzung sich an den Gedanken, Seeraub begehen zu müssen, um vom Geraubten leben zu können. Dazu prägte er Losungen wie »Tod den Tyrannen«, »Schluß mit Unterdrückung und Armut«, »Rechte und Freiheiten des Volkes« und ähnliche mehr. Es war auch kein üblicher Seeraub, den Misson und seine Leute trieben, sondern mehr eine Art von Mundraub, denn sie lehnten jede persönliche Bereicherung ab und nahmen sich von den Prisen nur das, was sie für Schiff und Besatzung brauchten. Im Jahre 1690 landeten sie auf der Komoren-Insel Anjouan. In dem Krieg, den Anjouan gerade mit der Nachbarinsel Moheli führte, unterstützte Misson die Königin von Anjouan. Er führte mit der Besatzung der »Victoire« verschiedene siegreiche Gefechte gegen den Sultan von Moheli und zwang ihn zum Frieden. Danach heiratete Misson die Schwester der Insel-Königin, und Caraccioli nahm deren Nichte zur Frau. Viele der Seeleute heirateten ebenfalls Töchter der Insel. Misson und Caraccioli wollten aber mehr, als nur Piraterie vom häuslichen Herd der Anjouan-Insel aus zu betreiben. Sie segelten nach Madagaskar und gründeten auf der Nordspitze der Insel, dort, wo heute Stadt und Hafen Diego Suarez liegen, ihre eigene Republik, der sie den Namen »Liberta« und eine Verfassung gaben mit utopisch-sozialen Zielsetzungen. Misson wurde für die Dauer von 3 Jahren zum Präsidenten und Caraccioli zum Staatssekretär gewählt. Als Tew auf der Insel landete, gewann man ihn zum Angehörigen der Republik und wählte ihn zum Flottenchef. In Liberta gab es nur Gemeineigentum. Man baute gemeinsam die Wohnhäuser, ein Regierungsgebäude, Docks und Festungsanlagen. Die einzelnen Wohngebiete durften nicht durch Hecken oder Zäune getrennt werden. Lebensmittel wurden als Naturalien verteilt, und Geld gab es nur in der Gemeinschaftskasse.

Die Republik hat wohl nur einige Jahre existiert. Genaue Daten sind nicht vorhanden. Sicher ist nur, daß die Siedlung eines Tages von Eingeborenen aus dem Inneren der Insel angegriffen und zerstört wurde. Die meisten Libertianer, darunter auch Caraccioli, kamen ums Leben. Misson und 45 Mann konnten in zwei kleinen Segelbooten auf See hinaus flüchten, doch in Höhe von Kap Infantes wurden beide Boote durch einen Wirbelsturm vernichtet. Misson und die anderen Insassen der Boote ertranken.

Die Geschichte der Piraterie weiß auch über zwei Frauen als besonders verwegene Piraten zu berichten, die der Zufall außerdem noch an Bord ein und desselben Piratenschiffes zusammenführte: Anne Bonny und Mary Read. Ihre Lebensgeschichte ist, bis auf wenige Lücken, glaubhaft belegt. Anne Bonny wurde um 1690 in der Nähe von Cork in Irland als uneheliches Kind eines angesehenen Anwalts geboren. Nach dem Tode seiner Frau heiratete der Anwalt seine ehemalige Magd, die Mutter Annes, und wanderte nach Amerika aus. Nach kurzer Advokatenzeit erwarb er in Süd-Carolina eine Plantage, auf der er ein reicher und einflußreicher Mann wurde. Obwohl viele reiche junge Männer um Anne warben, verliebte sie sich in einen einfachen Seemann, James Bonny, und heiratete ihn gegen den Willen des Vaters. Das junge Paar ging nach Westindien zur Insel New Providence, da James Bonny hoffte, dort eine gute Beschäftigung zu finden. Er fand sie als Pirat.

Auf New Providence lernte Anne den Piratenkapitän Jack Rackam, genannt »Caliko-Jack«, kennen. Rackam überredete Anne, ihn in Männerkleidern auf seiner nächsten Kreuzfahrt durch westindische Gewässer zu begleiten. Anne soll schon bei dieser ersten Fahrt Gefallen am Piratenleben gefunden haben, doch da sie schwanger wurde, setzte Rackam sie in Kuba an Land. Nachdem sie, unter der Obhut von Freunden Rackams,

auf der Insel ein Kind zur Welt gebracht hatte, kehrte Anne wieder zu ihrem Geliebten an Bord zurück. Sie kreuzten vor der nordamerikanischen Küste, berührten die Bermuda-Inseln und segelten endlich nach New Providence, wo Rackam sich dem Pardon des Königs unterwarf. Da beiden an Land sehr schnell das Geld ausgegangen war, ließen sie sich an Bord eines von Gouverneur Rogers zur Kaperfahrt gegen die spanische Schiffahrt ausgerüsteten Kaperschiffes anheuern.

Kaum war das Schiff auf See, stachelte Rackam die Mannschaft zur Meuterei auf und übernahm selbst das Kommando über das Schiff, das er unter dem Namen »Dragon« in der Zeit verschärfter Piratenverfolgung mit großem Erfolg führte. An Bord der »Dragon« befand sich, als Mann verkleidet, auch Mary Read. Als Anne eines Tages Gefallen an diesem hübschen Seemann und tapferen Piraten fand, war Mary gezwungen, ihr wahres Geschlecht zu offenbaren. Die beiden Frauen wurden gute Freundinnen.

Mary Read war, wahrscheinlich 1677, in England geboren worden. Ihre Mutter, Frau eines verschollenen Seemanns, mit einem einjährigen Sohn, war in eine schwierige Lage geraten, als sie erneut schwanger wurde. Sie siedelte deshalb vorübergehend zu einer Freundin aufs Land über. Da ihr Sohn starb, zog sie die neugeborene Tochter Mary als Knaben auf und gab sie, bei ihrer Rückkehr nach London vier Jahre später, als ihren Sohn Mac aus. Bereits mit 14 Jahren musterte Mary als Schiffsjunge auf einem Kriegsschiff an, dann diente sie als Kadett in einem britischen Infanterieregiment in Flandern, danach wechselte sie zur Kavallerie und heiratete einen flämischen Dragoner. Nach ihrem Abschied aus der Armee eröffnete das Ehepaar eine Gaststätte in Breda, die von den Offizieren der Garnison viel besucht wurde. Als nach dem Frieden von Rijswijk (1697) die Garnison aus Breda abzog und Marys Mann kurz darauf starb, gab Mary die Gastwirtschaft auf, legte wieder Männerkleider an und ließ sich auf einem holländischen Segler, der nach Westindien bestimmt war, anheuern. Unterwegs wurde das Schiff von englischen Piraten aufgebracht, und da Mary in den Schiffspapieren als Engländer eingetragen war, hielt man sie – natürlich als vermeintlichen Mann – zur Verstärkung der Besatzung zurück. Durch ihre Tapferkeit wurde sie bald ein angesehener Pirat. Als die Schiffsbesatzung von der Proklamation des Königs hörte, segelte sie nach New Providence und bat bei Gouverneur Rogers um den Pardon. Aber ebenso wie vielen anderen Piraten wurde Mary der Broterwerb auf der Insel schwer, und als Rogers Kaperschiffe gegen Spanien ausrüstete, heuerte sie sofort an. Sie gehörte zu den ersten, die sich der Meuterei Rackams gegen den Kapitän anschlossen und für die Piraterie stimmten.

So kam es, daß auf der »Dragon« zwei Frauen existierten, und, als sich Mary in den holländischen Steuermann eines gekaperten Schiffes verliebte, auch zwei miteinander lebende Paare. Trotzdem soll es viel Streit in der

Mannschaft um die beiden Frauen, deren Geschlecht natürlich nicht geheimzuhalten war, gegeben haben. Marys Geliebter wurde von einem Kameraden nach einem vom Zaun gebrochenen Streit zum Duell herausgefordert. Doch kaum hatte Mary von dem Duell erfahren, beleidigte sie den Herausforderer bewußt so heftig, daß er gezwungen war, sich zuerst mit ihr zu schlagen. Mary tötete den Widersacher in einem Säbelduell, wodurch das für zwei Stunden später angesetzte Duell ihres Liebhabers überflüssig wurde.

Nach zahlreichen Erfolgen krönte Rackam seine Piratenlaufbahn mit der Eroberung eines großen spanischen Kriegsschiffes. Es sollte sein letzter Streich gewesen sein. Bei der tagelang anhaltenden Siegesfeier in Höhe der Insel Green Key wurden die Piraten von einem englischen Kriegsschiff überrascht. Rackam und seine Mannschaft fielen, total betrunken, den Marinesoldaten fast kampflos in die Hände.

Als letzte sollen die beiden Frauen gekämpft haben, sie sollen selbst auf ihre eigenen zurückweichenden Kameraden geschossen haben. Doch zum Schluß wurden auch sie überwältigt. Bereits 14 Tage später, am 16. November 1720, fand die Gerichtsverhandlung in St. Jago de la Vega auf Jamaika statt. Rackam und mit ihm fast alle Mitglieder seiner Mannschaft wurden zum Tode verurteilt. Selbst neun Schildkrötenfischer, die tags zuvor zum Mitfeiern an Bord des Rackamschiffes gekommen waren und bei Insichtkommen des Kriegsschiffes nicht mehr hatten an Land zurückkehren können, ereilte dasselbe Schicksal. Nur wenige Gefangene, die beweisen konnten, daß man sie an Bord zu leben gezwungen hatte, wurden freigesprochen. Darunter befand sich der Geliebte Marys. Auch Mary wäre vielleicht freigesprochen worden, da sie mit ihrer Behauptung, das Seeräuberleben zu hassen, bei ihren Richtern Glauben gefunden hatte. Doch dann bekannte sie sich zu einem Ausspruch, den sie in einer Unterredung mit Rackam getan hatte. Auf seine Frage, was sie eigentlich am Piratenleben finde, da sie doch nicht nur in ständiger Lebensgefahr schwebe, sondern ihr auch bei Gefangennahme ein schimpflicher Tod drohe, hatte Mary geantwortet: »Ich fürchte mich nicht vor Tod oder Galgen. Wenn es für Piraterie nicht das Hängen als Strafe gäbe, würden alle feigen Schurken dieser Welt, die jetzt an Land Witwen und Waisen betrügen, ebenfalls Seeräuber werden und ungestraft rauben, so daß es schon bald kein ehrliches Auskommen mehr in diesem Handwerk gäbe.« Als der Richter vor der Hinrichtung die Verurteilten fragte, ob es einen Grund für die Nichtvollstreckung des Urteils gäbe, erklärten Anne und Mary, werdende Mütter zu sein. Ein Arzt bestätigte die Angaben, und die Hinrichtung mußte ausgesetzt werden.

Mary Read starb bald darauf im Gefängnis an hohem Fieber, noch bevor das Kind geboren wurde. Das Kind von Anne ist wahrscheinlich geboren worden. Bereits 1721 war sie nicht mehr im Gefängnis. Vermutlich ist es ihrem Vater gelungen, Anne aus dem Gefängnis freizubekommen.

THE
TRYALS
OF
Captain John Rackam,
AND OTHER
PIRATES, *Viz.*

Geroge Fetherston,
Richard Corner,
John Davies,
John Howell,
Tho. Bourn, *alias* Brown,
Noah Harwood,
James Dobbins,
Patrick Carty,
Thomas Earl,
John Fenwick, *al* Fenis

Who were all Condemn'd for PIRACY, *at the* Town *of* St. Jago de la Vega, *in the Island of* JAMAICA, *on* Wednesday *and* Thursday *the Sixteenth and Seventeenth Days of* November 1720.

AS ALSO, THE

TRYALS *of* Mary Read *and* Anne Bonny, *alias* Bonn, *on Monday the 28th Day of the said Month of* November, *at* St. *Jago de la Vega aforesaid.* 1720

And of several Others, who were also condemn'd for PIRACY.

ALSO,

A True Copy of the Act of Parliament made for the more effectual suppression of Piracy.

Jamaica: Printed by *Robert Baldwin*, in the Year 1721.

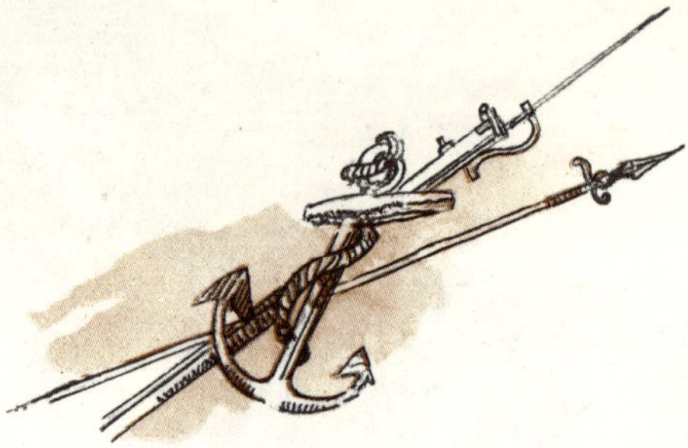

Schiffe, Taktik und Statut berühmter englischer Seeräuber

XXII.

Einer der erfolgreichsten und intelligentesten englischen Seeräuber war der Piratenkapitän Bartholomeus Roberts. In den nur drei Jahren seiner Tätigkeit, von 1719 bis 1722, kaperte er mehrere hundert Schiffe, die er fast alle ohne großes Blutvergießen in seine Hand brachte. Roberts trank keinen Alkohol und rauchte nicht, aber er liebte phantastisch aufgemachte Kleidung. In seinem letzten Kampf trug er einen mit goldenen Blumen bestickten Rock aus karmesinrotem Damast, eine rote Feder am Hut und um den Hals eine goldene Kette mit einem Kreuz aus Brillanten.

Roberts wurde in der englischen Provinz Pembrock geboren. Über seine Herkunft, Kindheit und Jugend ist wenig bekannt. Er war schon längere Zeit zur See gefahren, darunter auch auf Kriegs- und Kaperschiffen, bevor er sich dem Piratenkapitän Davis anschloß. Sechs Wochen später fiel Davis in einem Gefecht. Roberts hatte in dieser Zeit schon solch ein Ansehen an Bord erlangt, daß die Mannschaft ihn zum Kapitän wählte. Die Piraten kreuzten gerade vor der brasilianischen Küste, jedoch entdeckten sie neun Wochen lang kein einziges Segel. Als sie daraufhin zur Karibik segelten, stießen sie in der Bucht de Todos os Santos auf 42 portugiesische Handelssegler, die auf zwei Kriegsschiffe warteten, um im Konvoi über den Atlantik nach Lissabon zu segeln. Roberts hielt auf den ihm am nächsten liegenden Ankerlieger zu und drohte eine volle Breitseite gegen ihn abzufeuern, wenn der Kapitän nicht unverzüglich zu ihm an Bord käme. Der portugiesische Kapitän ließ sich tatsächlich einschüchtern und an Bord des Piratenschiffes rudern. Hier verlangte Roberts, ihm das Schiff mit der wertvollsten Ladung zu zeigen. Es war ein Schiff mit 40 Kanonen und 150 Mann Besatzung. Immer noch mit dem portugiesischen Kapitän an Bord segelte Roberts auf das ihm bezeichnete Schiff zu. Diesmal ließ er den Kapitän der ausgesuchten Prise unter einem Vorwand durch seinen Gefangenen zu sich bitten. Doch der Kapitän schöpfte Verdacht und gab Befehl, das Schiff gefechtsklar zu machen. Roberts schoß daraufhin dem Portugiesen auf kürzeste Entfernung die volle Breitseite aufs Deck und in die Takelage. Bevor sich die Besatzung von dem Schreck erholt hatte, hakte sich das Piratenschiff an seinem Opfer fest, und die Piraten stürmten das Schiff. Der Überfall alarmierte die auf Reede liegenden portugiesischen Schiffe. Sie holten ihre Anker ein, um zu Hilfe zu kommen. Doch schneller hatte Roberts die Ankerseile der Prise kappen und alle Segel setzen lassen. Er entkam mit seiner Prise, bevor ihn ein feindliches Schiff erreichte. Die Beute war äußerst wertvoll. Neben vielem Gold fand er Schmucksachen und Edelsteine an Bord, darunter ein aus Diamanten gefertigtes Kreuz, das für den König von Portugal bestimmt war.

Nach diesem ersten großen Erfolg traf Roberts wenige Tage später ein harter Schlag. Als er an der Spitze eines Prisenkommandos von 40 Mann sein Schiff mit einer Barkasse zur Suche nach einer Brigantine verlassen hatte, überredete sein Stellvertreter Kennedy die Mannschaft, die an Bord befindliche Beute sofort zu teilen und sich anschließend so schnell wie möglich davonzumachen. Der Plan wurde durchgeführt, doch wurden die meisten Piraten kurze Zeit später gefangen und gehangen. Auch Kennedy ereilte das gleiche Schicksal, wenn auch erst später in England, als er sich einer Hure anvertraut hatte, die ihn verriet.

Royall Fortune April

Gentlemen,

This comes expressly from

that had you come off as you ought to a done and

with one and my Company I should not harmed th

your harbour Further it is not your Gunns y

me or hindred our coming onshore but the wind

expectation that hindred it The Royall Rover y

burnt and barbarously used some of our men but w

as good as her and for revenge you may assure y

hereafter not to expect any thing from our hand

to a pirate as further Gentlemen that poor fellow y

prison at Sandy point is entirely ignorant and

gave him and so pray make conscience for once t

use that man as an honest man and not as a

otherwise you may expect not to have quarters to a

To Lieutenant General Mathew -

1720
tell you know
now as ships
here and
what belongs
have on
hear any
Island yours
Roberts

Roberts blieb nicht lange ohne Schiff. Fast kampflos fielen ihm zwei Schaluppen zu, deren Besatzungen zu ihm übergingen, weil sie lieber unter der schwarzen Piratenflagge segeln als langweiligen Dienst auf einem Wachschiff tun wollten. Als der Gouverneur von Barbados von diesem Handstreich Kenntnis erhielt, sandte er zwei Schiffe – das eine mit 20 Kanonen und 50 Mann, das andere mit 10 Kanonen und 40 Mann Besatzung – gegen Roberts. Nachdem beide Seiten ihre Kanonen gegeneinander abgefeuert hatten und Roberts die Überlegenheit des Gegners erkannte, drehte er mit seinen Schiffen ab. Da der Gegner sich nicht abschütteln ließ, befahl Roberts, alle Kanonen, Munition und sonstiges schwere Gut über Bord zu werfen. Dadurch gewannen die Piratenschiffe eine höhere Geschwindigkeit und entkamen.

Auch der Gouverneur von Martinique schickte zwei Kriegsschiffe gegen Roberts, als die Piraten in der Nähe der Insel ankerten, um an einem Schiff eine Reparatur durchzuführen. Aber Roberts wußte um die taktischen Vorteile von Überraschung und Schnelligkeit. Bevor die Kriegsschiffe seinen Ankerplatz erreicht hatten, war die Reparatur beendet, und die Piraten waren abgesegelt. Roberts spielte dem Gouverneur von Martinique einen üblen Streich. Unter falscher Flagge erschien er mit seinem Schiff auf Reede und setzte Signal, daß er Konterbande an Bord habe. In Erwartung eines günstigen Handels kamen viele Kaufleute von der Insel auf den Piratensegler. Roberts ließ die Kaufleute, sobald sie an Bord waren, festnehmen und ausrauben. Dann verbrannte er die Boote der Handelsmänner, bis auf eines, mit dem er sie mit untertänigstem Gruß an den Gouverneur wieder an Land zurückschickte. Eine Zeitlang betrieb Roberts mit den beiden Schaluppen äußerst erfolgreich Seeraub in westindischen Gewässern, bis er sich entschloß, das Revier zu wechseln und Kurs auf die westafrikanische Küste zu nehmen. Unterwegs traf er auf ein vorzügliches französisches Schiff mit 40 Kanonen und einem ängstlichen Kapitän. Er tauschte seine beiden Schaluppen gegen den gut bewaffneten französischen Schnellsegler aus und setzte seine Reise fort. Sein neues Schiff taufte er auf den Namen »Kings Happy«. In der Mündung des Senegal traf er auf zwei kleinere französische Kriegsschiffe, die hier zum Schutz des Gummihandels stationiert waren. Die Offiziere hielten den Piratensegler für einen Kauffahrteifahrer und forderten ihn zum Stoppen auf. Roberts kam dem Befehl nach, doch als die beiden Schiffe dicht heran waren, setzte er die schwarze Flagge und zeigte seine Kanonen. Beide Kriegsschiffe ergaben sich kampflos. Das größere Schiff besaß 16 Kanonen und 75 Mann Besatzung, das kleinere 10 Kanonen und 65 Mann. Roberts nahm beide Schiffe als Begleitschiffe der »Kings Happy« in Dienst und machte mit dieser kleinen Flotte noch reichlichere Beute.

Roberts wußte um die Existenz von zwei starken Kriegsschiffen vor der westafrikanischen Küste. Nur hatten ihm die Matrosen der genommenen kleinen Kriegsschiffe versichert, daß die beiden Schiffe mit einem Sonderauftrag nordwärts gesegelt seien. Das war auch richtig. Aber an Bord der Schiffe war eine Seuche ausgebrochen, und darum lagen sie in einer geschützten Bucht vor Anker. Als die Kommandanten hier von den Raubzügen und Überfällen Roberts' hörten, beschlossen sie, ein Schiff, die »Swallow«, auf Kosten des anderen voll zu bemannen und die Piratenschiffe aufzubringen. Kapitän Ogle, der Kommandant der »Swallow«, lief fast zwei Monate lang die Küste ab, bis er am 5. Februar 1722 bei Kap Lopez die drei Piratenschiffe vor Anker liegend entdeckte. Durch ein scheinbares Fluchtmanöver der »Swallow« getäuscht, schickte Roberts dem ablaufenden Kriegsschiff sein größtes Begleitfahrzeug hinterher. Als beide Schiffe am nächsten Tag außer Sicht und Hörweite Roberts' waren, drehte Kapitän Ogle mit der »Swallow« auf Gegenkurs und griff die völlig überraschten Seeräuber an, die sich nach tapferer Gegenwehr der Übermacht ergaben. Vier Tage später, am 9. Februar, stand Kapitän Ogle wieder bei Kap Lopez. Die Seeräuber hatten am Vortag eine gute Prise erbeutet, und da auch genug Alkohol an Bord war, konnte Roberts das übliche Saufgelage der Piraten nicht verhindern. In ihrem Zustand bemerkten sie die mit der »Swallow« heransegelnde Gefahr viel zu spät. Da Roberts wußte, daß er mit seinen betrunkenen Leuten keinen Enterkampf bestehen konnte, versuchte er, die Tiefe der Bucht zu erreichen, um sich an Land zu retten. Aber die »Swallow« verlegte der »Kings Happy« den Weg, so daß dem bisher so erfolgreichen Piratenkapitän nur noch die Alternative blieb, die er selbst seiner Mannschaft als letzten Ausweg vor einem schimpflichen Tod genannt hatte: »Wenn wir überwunden oder überrumpelt werden sollten, wollen wir Feuer ins Pulver stecken und dann lustig und in guter Gesellschaft zur Hölle fahren.« Aber selbst das war Roberts nicht mehr möglich. Eine Kugel, die seinen Hals durchschlug, setzte seinem Leben mit 40 Jahren ein Ende. Seine Leute warfen ihren

Kapitän wunschgemäß in voller Uniform über Bord. Dann ergab sich die Besatzung, 157 Weiße und 45 Schwarze, auf Gnade oder Ungnade Kapitän Ogle. Auch das zweite Begleitschiff hißte die weiße Flagge. Es hatte eine Tonne Goldsand an Bord.

Ein anderer Seeräuber, Edward England, diente als Untersteuermann auf einem Kauffahrteifahrer, der nach Jamaika bestimmt war, als der Segler durch den Piratenkapitän Winter aufgebracht wurde. England wurde in die Piratenmannschaft aufgenommen und übernahm nach einiger Zeit selbst das Kommando über einen Piratensegler. Die Basis der Piraten war Nassau auf New Providence, bis Rogers Gouverneur der Insel wurde. Noch vor der Ankunft Rogers' segelte England an die afrikanische Westküste und machte dort mehrere gute Prisen. Dem Piratenkapitän England wurde nachgerühmt, daß er sich gegenüber Gefangenen menschlich verhalten und Grausamkeiten verabscheut habe. Bei einer seiner ersten Prisen, der »Cadogan«, kam es dennoch zu einem bestialischen Mord an dem gefangengenommenen Kapitän. Dieser Kapitän hatte wegen Streitereien an Bord einen Teil seiner Mannschaft zum Dienst auf ein Kriegsschiff pressen lassen. Einige dieser Leute, die von dem Kriegsschiff desertiert waren, befanden sich unter der Mannschaft Englands. Sie bemächtigten sich ihres ehemaligen Kapitäns, banden ihn an der Ankerwinde fest und peitschten ihn grausam aus. Dann bewarfen sie ihn mit Flaschen und Glasscherben, bis er tot war.

Von den gemachten Prisen hatte sich England drei Schiffe, ein größeres und stärker bestücktes Schiff sowie zwei kleinere Schnellsegler, ausgewählt und mit seinen Leuten bemannt, um in einem Geschwader noch erfolgreicher jagen zu können. Nach längeren Kreuzfahrten vor der afrikanischen Küste ging England für kurze Zeit wieder in die Karibische See und segelte von dort zur brasilianischen Küste weiter. Er war einer der erfolgreichsten Seeräuber dieses Gebietes und erbeutete viele wertvolle Prisen, bis ihn ein portugiesisches Kriegsschiffsgeschwader aufspürte. Im Gefecht mit den Kriegsschiffen verlor er seine beiden Begleitschiffe, während er selbst entkommen konnte. Nachdem sein Schiff wieder ausgebessert war, taufte er es auf den Namen »Victoria« um, überquerte den Ozean, berührte kurz Madagaskar und hielt vor der Westküste Indiens in Höhe von Goa und Bombay Ausschau nach Prisen. Die Piraten nahmen viele indische Schiffe, aber alle nur mit geringer Beute. Endlich enterten sie einen europäischen Großsegler, einen reich beladenen Holländer, den sie unter der schwarzen Flagge als zweites Schiff in Dienst nahmen. Mit den beiden Schiffen segelten die Piraten nach Madagaskar, um Wasser und Proviant zu ergänzen. Beim Auslaufen sichteten sie zwei englische und ein indisches Schiff. Beim Zeigen der Piratenflagge flüchtete der Inder und auch ein Engländer, während das zweite englische Schiff, die »Cassandra«, von den beiden Piratenschiffen zum Kampf gestellt werden konnte. Mackra, der Kapitän dieses Schiffes, hat über das Ereignis mit Datum vom

16. November 1720 einen ausführlichen Bericht an die Ostindische Kompanie verfaßt. Danach soll das Kanonenduell, bei dem der englische Ostindienfahrer 12 Tote und 20 Verletzte zu beklagen hatte, über drei Stunden gedauert haben. Über die Verluste der Piraten gibt der Bericht keine Zahlen. Bevor es England gelang, die »Cassandra« zu entern, ging Kapitän Mackra mit den Überlebenden in die Boote und rettete sich an Land. Ein wenig unverständlich und auch undurchsichtig mutet der Umstand an, daß die Piraten mit Mackra oder Mackra mit den Piraten nach dem Kampf Verbindung aufnahmen. Gegen das ehrenwörtliche Versprechen auf freies Geleit ging Mackra zu England an Bord und verhandelte über das Schicksal seines Schiffes. Zwar behielten die Piraten die »Cassandra« als Prise, doch England übergab Mackra als Ersatz das stark beschädigte zweite Piratenschiff, den ehemaligen Holländer »Fontaine«.

Dazu erhielt Mackra noch 129 Ballen Tuch aus der Ladung der »Cassandra« zurück. Dieses wohlwollende Verhalten Englands Mackra gegenüber war völlig unüblich und empörte seine Leute. Sie rührten zwar Mackra nicht an, obwohl einige von ihnen dazu nicht übel Lust zeigten, aber sie beriefen eine Versammlung ein, auf der sie England als Kapitän absetzten. Mit drei seiner Vertrauten wurde er auf der Insel Mauritius ausgesetzt. Kurze Zeit danach kam England auf Madagaskar an. Über sein weiteres Schicksal ist nichts bekannt geworden.

Als Charles Vane gewaltsam aus dem Hafen der Insel New Providence ausbrach, war sein Fahrzeug mit Piraten überbesetzt. Vane suchte deshalb aus seinen ersten Prisen zwei geeignete Fahrzeuge als Beischiffe für sich aus und bemannte sie mit den überzähligen Piraten. Im Unterschied zu den meisten Seeräubern, die sich nach der Ankunft Rogers' abwartend verhielten, kreuzte Vane frech und unbekümmert vor der nordamerikanischen Ostküste und machte reiche Beute. Er nahm von den vielen Prisen nur noch die wertvollsten Waren und ließ die Schiffe dann weitersegeln. Als ihm ein Segler mit 90 Negersklaven von der Guineaküste in die Hände fiel, befreite er die Neger und gab sie an Bord des Begleitschiffes, das von Kapitän Yeats kommandiert wurde. Das Verhältnis zwischen Vane und Yeats war nicht besonders gut. Yeats spielte mit der Annahme des königlichen Pardons und sah dafür mit den befreiten Negern an Bord eine günstige Gelegenheit. Er wurde mit seiner Mannschaft in dieser Angelegenheit einig. Nur wenige Tage, nachdem Vane ihnen die Neger übergeben hatte, setzten sie heimlich Segel und entfernten sich vom Geschwader. Doch Vane, der die Absicht Yeats erraten hatte, folgte ihnen und kam auch bis auf Kanonenschußweite an die Ausreißer heran. Aber es war zu spät. Yeats hatte die Ansteuerung von Charleston erreicht und befand sich in Sicherheit. Er feuerte seine letzte Breitseite als Salut auf Vane ab und unterwarf sich in Charleston dem königlichen Pardon.

Vane kreuzte noch mehrere Tage vor dem Hafen, in der Hoffnung, Yeats zu fassen. Doch Yeats kam nicht, dafür aber drei nach England bestimmte Schiffe, die Opfer der auf der Lauer liegenden Piraten wurden. Der Gouverneur entsandte daraufhin Oberst Rhet, der mit zwei Schaluppen segelfertig im Hafen lag, statt, wie vorgesehen, gegen Bonnet, zuerst gegen Vane. Vane segelte nordwärts, Rhet ständig hinter sich herziehend, bis der Oberst der Verfolgung müde wurde und umkehrte.

Vane hatte gerade eine Brigantine genommen, die er zum neuen Beischiff ausrüstete und bemannte, als ein starkes französisches Kriegsschiff die Piraten überraschte. Nach einem kurzen Schußwechsel drehten die Piraten ab. Da das Kriegsschiff ihnen folgte, gab es einen heftigen Meinungsstreit über das weitere Vorgehen. Vane wollte einem Kampf ausweichen, ein Teil der Besatzung dagegen wollte auf den Franzosen zusegeln, um ihn zu entern. Sprecher dieser Gruppe war der Quartiermeister des Schiffes, Jack Rackam. Nach dem Statut der Piraten besaß aber der Kommandant eines

Schiffes oder Geschwaders im Kampf oder in Augenblicken unmittelbarer Gefahr absolute Befehlsgewalt. Deshalb folgten die Piraten den Weisungen ihres Kapitäns, setzten alle Segel und liefen dem französischen Kriegsschiff davon. Am nächsten Tag aber kam es zu einer Beratung, auf der Kapitän Vane Feigheit vorgeworfen und er mit Stimmenmehrheit als Kapitän abgesetzt wurde. Vane und 15 Mann der Besatzung, die für ihn gestimmt hatten, erhielten die Erlaubnis, die sie begleitende Prise zu übernehmen. Zu ihrem neuen Anführer wählten die Piraten Rackam, dessen weiteres Schicksal schon beschrieben wurde.

Vane segelte mit seinem neuen Schiff nach Honduras, setzte den Segler dort instand und rüstete ihn als Kaperschiff aus. Dann wählte er aus den ersten Prisen ein gutes Schiff aus und machte es zu seinem Begleitschiff. Mit diesen beiden Schiffen setzte Vane seine Piraterie vor der mittel- und nordamerikanischen Küste erfolgreich fort, bis er eines Tages in ein schweres Unwetter geriet. Während das Begleitschiff mit großem Segelschaden manövrierunfähig abtrieb, kämpfte Vane mit seiner Besatzung anfangs erfolgreich gegen Sturm und Seegang. In der Nacht trieb der Segler aber auf ein Riff, wo er wrackgeschlagen wurde. Die meisten Besatzungsmitglieder ertranken, nur wenige, darunter Vane, konnten sich an die Küste einer kleinen Insel retten. Als nach einiger Zeit ein Schiff bei der Insel ankerte, um sich mit frischem Trinkwasser zu versorgen, nahm der Kapitän Vane und seine Gesellen als Schiffbrüchige auf, ohne zu wissen, wen er gerettet hatte. Erst während der Reise, bei dem Zufallsbesuch eines befreundeten Kapitäns, wurde Vane erkannt. Dieser Kapitän, mit Namen Holford, nahm den Seeräuber mit auf sein Schiff, ließ ihn in Eisen legen und übergab ihn auf Jamaika den zuständigen Behörden. Diese machten Vane den Prozeß und um einen Kopf kürzer.

Der Besatzung des Begleitschiffes war kein besseres Schicksal beschieden. Die Männer wurden aus dem leckgeschlagenen Schiff von einem Kriegsschiff aufgenommen, als Piraten erkannt und ebenfalls hingerichtet.

Über die Art der benutzten Piratenfahrzeuge wird in den meisten Quellen nur wenig gesagt. Auch Johnson geht nicht über eine knappe Bezeichnung der Schiffe mit Angabe der Besatzungsstärke und Anzahl der mitgeführten Kanonen hinaus. Erst der schwedische Vizeadmiral Chapman gab in seiner 1768 herausgegebenen »Architectura Navalis Mercatoria« eine detaillierte Beschreibung von Kaperfahrzeugen des 17. und der ersten Hälfte des 18. Jahrhunderts. Interessant sind die deutlich gemachten Unterschiede zwischen etwa gleichgroßen Kaperfahrzeugen und Kriegsschiffen. Chapmann nennt u. a. folgende Daten:

	Kriegsfregatte	Kaperfahrzeug
Länge über Steven	164 Fuß	160 Fuß
Breite auf Spant	$42\frac{1}{2}$ Fuß	$40\frac{5}{6}$ Fuß
Konstruktionstiefgang	22 Fuß 8 Zoll	18 Fuß 6 Zoll
Tragfähigkeit	532 schwere Lasten	396 schwere Lasten
Deplacement	78 090 Kubikfuß	46 488 Kubikfuß

Auffallend ist bei der Gegenüberstellung, daß bei fast gleicher Länge und Breite der Tiefgang, die Tragfähigkeit und das Deplacement, also der Körperraum, des Kapers erheblich geringer sind als bei der Fregatte. Da Länge und Breite eines Segelschiffes entscheidend sind für die Proportionierung der Takelage, also für die Segelführung, der Kaper aber leichter und mit entschieden kleinerem Schiffskörper nicht so tief im Wasser lag, mußte er bei gleicher Segelfläche immer schneller sein als das Kriegsschiff. Dafür besaß die Kriegsfregatte zwei Kanonenreihen in der Breitseite, der Kaper dagegen nur eine. Auch die Besatzung des Kapers war durch die reduzierte

Kanonenzahl geringer, was sich wieder auf den mitzuführenden Proviant und das Wasser auswirkte.

Für das im Beispiel genannte Kaperfahrzeug gibt Chapman 40 Kanonen an, davon 28 zu 28 Pfund in der Breitseite auf dem Kanonendeck und je sechs zu 6 Pfund auf Back und Schanze. Bei 400 Mann Besatzung reichte der Proviant für fünf Monate und das Wasser für $2^1/_2$ Monate.
Die erfolgreichen Piraten besaßen als Hauptschiff gewöhnlich ein ähnliches Fahrzeug, wobei die untere Grenze bei 200 bis 300 Tonnen, 20 bis 30 Kanonen und 200 bis 300 Mann Besatzung lag. Die Piratenschiffe hatten fast immer Riemen an Bord, um besser manövrieren und bei Windstille an den Gegner herankommen zu können. Das in der Feuerkraft überlegene, aber langsamere Kriegsschiff fürchtete der Pirat nicht sehr, denn die Schußfolge einer Breitseite betrug über eine halbe Stunde, und die Treffergenauigkeit auf ein in größerer Entfernung frei manövrierendes Schiff war sehr gering. Die Piraten verließen sich bei ihren Schiffsüberfällen fast ausschließlich auf den Enterkampf. Die Geschütze wurden nur eingesetzt, um den Gegner zu entnerven oder auf nahe Entfernung seine Takelage zu zerstören. Auf keinen Fall sollte das Schiff in Brand gesetzt oder vernichtet werden, denn dann wären die Räuber ohne Beute geblieben. Während es sich bei den vorgenannten Fahrzeugen grundsätzlich um rahgetakelte Segler mit 2, 3 oder 4 Masten handelte, nutzten die meisten Piraten vor der nordamerikanischen Küste kleinere, meist schonergetakelte Schiffe. Johnson bezeichnet sie in seinem Buch als »sloops«. Chapmann führt in seiner »Architectura« drei Beispiele für diese Piratensegler auf:

	Kaperfahrzeug I	Kaperfahrzeug II	Kaperfahrzeug III
Länge über Steven:	96 Fuß	72 Fuß	64 Fuß
Breite auf Spant:	$23^3/_4$ Fuß	19 Fuß	21 Fuß
Max. Tiefgang:	11 Fuß	8 Fuß	9 Fuß
Tragfähigkeit:	66 Lasten	27 Lasten	30 Lasten
Deplacement:	7400 Kubikfuß	3088 Kubikfuß	3272 Kubikfuß
Geschütze:	32 Drehbassen (3 Pfund)	10 Drehbassen (3 Pfund)	8 Drehbassen (3 Pfund)
Riemenpaare:	10	8	7
Proviant:	2 Monate	2 Monate	2 Monate
Wasser:	1 Monat	1 Monat	1 Monat
Besatzung:	100 Mann	50 Mann	50 Mann

Über die Taktik der Seeräuber mit Segelschiffen gibt es eine Beschreibung des englischen Piraten Henry Mainwarning, der einen Pardon des englischen Königs annahm und der Regierung Vorschläge für die Bekämpfung des Piratentums unterbreitete. In seinem Bericht hieß es u. a.:

»Kurz vor dem Morgengrauen reffen die Piraten alle Segel und warten vor dem Wind, um die Schiffe um sich herum auszumachen. Dann bestimmen sie ihren Kurs so, daß sie den Schiffen, von denen sie bemerkt werden, wie auf ihrem Kurs mitlaufende Handelsschiffe erscheinen. Wenn es sich um mehrere Piratenschiffe handelt, werden die Schiffe noch vor dem Hellwerden auf etwa eine Seemeile auseinandergezogen. Sind keine Schiffe zu entdecken, segeln die Piraten dicht beim Wind und verhalten sich wie normale Segler. Wenn Kauffahrteifahrer hinter den Piratenschiffen bemerkt werden, setzen die Piraten so viele Segel wie möglich, bringen aber gleichzeitig Treibanker aus, um ihre eigene Fahrt zu mindern. Der Kauffahrteifahrer soll glauben, daß das vor ihm segelnde Schiff Angst habe, eingeholt zu werden.

Die Mastkörbe sind dauernd besetzt. Die Piratenschiffe vereinbaren Signale, wann sie mit der Verfolgung beginnen, wann sie aufgeben, wo sie sich treffen und woran sie sich aus der Ferne erkennen.

Während der Verfolgung eines Schiffes halten sie sich an keine festen Regeln. Sie versuchen nur, so schnell wie möglich Bord-an-Bord mit dem Verfolgten zu kommen. Sie wählen gewöhnlich solche Flaggen, wie sie zu dem Schiffstyp und für das befahrene Seegebiet passen.«

Hatten die Piraten eine Beute gesichtet, so versuchten sie, die Luvseite zu gewinnen, um die bessere Manövrierposition zu haben. Am liebsten liefen die Piraten von achtern mit überlegener Geschwindigkeit in direktem Kurs auf das Beuteschiff zu. Selbst das angegriffene, größere Schiff befand sich dabei im Nachteil, weil fast alle seine Geschütze in der Decksaufstellung nur »Breitseiten« abfeuern, also nicht achteraus gerichtet werden konnten. Drehte das Schiff aber bei, um eine Breitseite zu feuern, verlor es durch dieses Manöver kostbare Zeit. Darum wurde ein solches Manöver nur im letzten Augenblick durchgeführt, wenn ein Entkommen schon unmöglich schien. Während der Zeit der Annäherung bereiteten sich beide Schiffe auf das bevorstehende Gefecht vor. Es wurde Pulver aus der Pulverkammer herbeigeschafft, Kugeln bereitgelegt, Decken zur Brandbekämpfung in Wasserwannen getaucht, Segel mit Wasser überschüttet, damit sie nicht so leicht brennen konnten. Das Deck wurde mit Sand bestreut, um trotz Blut und Wasser einen festen Stand zu haben, und schließlich erhielten die Männer einen Schluck oder auch mehr Alkohol, um ihren Mut anzustacheln. Hatte der Pirat seine Beute erreicht, versuchte er, sein Schiff mit dem Bug am Heck des Opfers zu befestigen. Dabei war es eine der ersten Maßnahmen, durch grobe Holzkeile das Ruder des angegriffenen Schiffes festzusetzen, so daß es manövrierunfähig wurde. Gleichzeitig wurden Handgranaten, Feuertöpfe und Stinkbomben auf das Deck des Gegners geworfen. Danach enterten die Piraten mit Stutzsäbeln, sogenannten Hiebern mit gekrümmter, starker Klinge, und Pistolen bewaffnet das Heckbord des Gegners, oder sie schlugen die Fenster der achteren Aufbauten ein, um in das Schiff einzudringen.

Hatte das angegriffene Handelsschiff Bewaffnete mit, wurden diese auf das Achterkastell konzentriert. Die Besatzung versammelte sich bei den Masten, bereit, notwendige Segelmanöver durchzuführen. In den Mastkörben saßen auf beiden Seiten Scharfschützen mit der Aufgabe, die feindlichen Anführer zu erledigen. Bei einem Angriff eines Piraten auf einen Kauffahrteifahrer blieb in der Regel der Pirat in dem entscheidenden Handgemenge nach dem Entern des Seglers Sieger, es sei denn, er war in eine Falle gelaufen. Die Piratenschiffe setzten gewöhnlich eine schwarze oder eine rote Flagge – vielfach mit einem Totenkopf darauf – wenn sie zum Angriff übergingen oder den Gegner zur Übergabe aufforderten. Die Handhabung war in den verschiedenen Gebieten unterschiedlich. Im englischen Sprachgebrauch war diese Flagge als »Jolly Roger« bekannt

und gefürchtet. Der Name soll aus dem arabischen »Ali Rajah« (König der See) abgeleitet worden sein.

Auch auf den Piratenschiffen, die zu keiner Genossenschaft gehörten, herrschte im allgemeinen eine strenge Disziplin. Bartholomeus Roberts ließ, nicht anders als die Flibustierkapitäne, vor dem Auslaufen die Einhaltung folgenden Statuts beschwören:

1. Jeder Mann hat in allen wichtigen Angelegenheiten ein Mitspracherecht; er hat gleiches Anrecht auf Frischproviant und alkoholische Getränke, sobald sie erbeutet werden; er kann sie nach Belieben verwenden, es sei denn, der Nutzen aller erfordert, über eine Einschränkung abzustimmen.
2. Jeder Mann soll in einer vorher festgelegten Reihenfolge an Bord des gekaperten Schiffes gerufen werden, damit er über seinen Beuteanteil hinaus sich eine neue Kleidung nehmen kann.
3. Niemand darf an Bord Karten spielen oder würfeln um Geld.
4. Die Lichter und Kerzen müssen um acht Uhr abends gelöscht sein. Wer nach dieser Stunde noch weitertrinken will, muß das an Oberdeck tun.
5. Die Kanonen, Pistolen und Säbel müssen von jedermann sauber und gebrauchsfähig gehalten werden.

6. Es darf keine Frau und kein Junge an Bord leben. Wenn ein Mann eine Frau unter Verkleidung an Bord schmuggelt, wird er mit dem Tode bestraft.
7. Das eigenmächtige Verlassen des Schiffes oder der Gefechtsstation wird mit dem Tode oder dem Aussetzen auf einer einsamen Insel bestraft.
8. Schlägereien und Raufereien sind an Bord verboten. Streitigkeiten sollen am Ufer mit der Pistole oder dem Säbel ausgetragen werden.
9. Niemand darf die Bordgemeinschaft verlassen, bevor nicht jeder einen Anteil von 1000 Pfund erworben hat.
10. Derjenige, der im Verlaufe eines Gefechts ein Glied verliert oder verstümmelt wird, erhält 800 Dollar aus der Gemeinschaftskasse. Bei leichten Verletzungen werden kleinere Summen gezahlt.
11. Der Kapitän und der Steuermann erhalten von der Beute zwei Anteile.
12. Die Musiker können am Sonntag ruhen, an den anderen sechs Tagen sollen sie zur Unterhaltung aufspielen.

Wer gegen diese Artikel verstieß, besonders wer die Bordgemeinschaft um einen Dollar oder mehr, um Silber, Gold oder Edelsteine betrog, wurde zur Strafe auf einer einsamen Insel oder an unbewohntem fremdem Strand ausgesetzt.

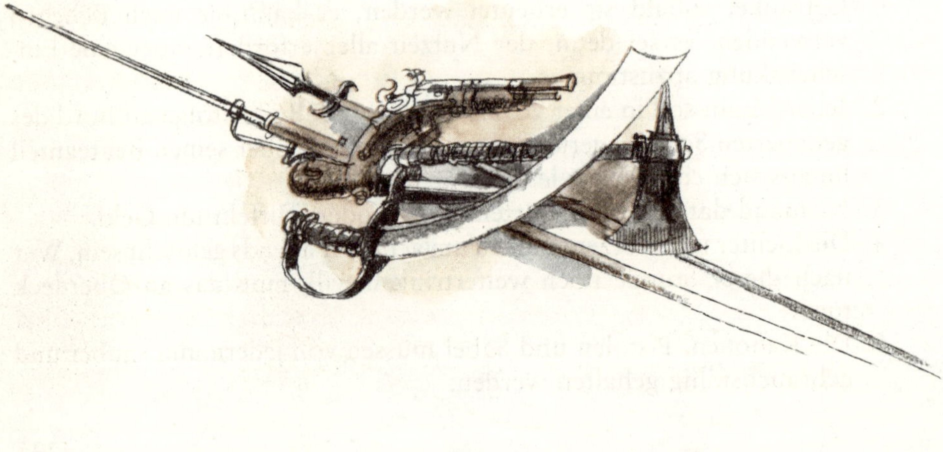

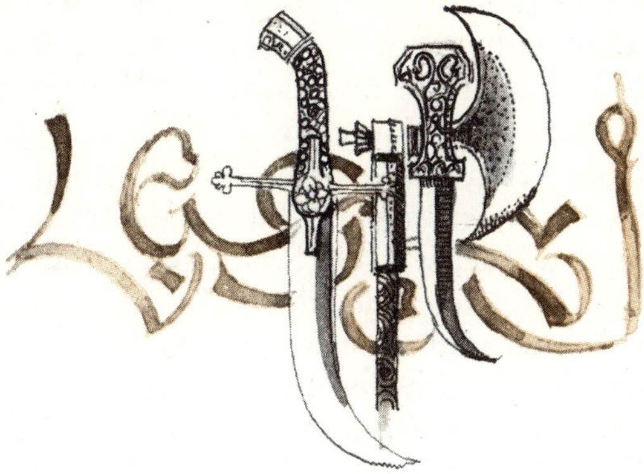

Arudsch und Chaireddin Barbarossa

XXIII.

Seit den Kreuzzügen herrschte zwischen den Anhängern der beiden großen Religionen Islam und Christentum ein fanatischer Haß. Seine Handlungen religiös verbrämend, mordete und plünderte man den anderen und versklavte sich gegenseitig zu Ehren des jeweils allein seligmachenden Glaubens, obwohl es in Wirklichkeit um handfeste politische und ökonomische Interessen ging.

Im Jahre 1453 eroberten die Türken Konstantinopel und breiteten ihre Herrschaft über das Südufer des Mittelmeeres aus. 1492 wurden die Mauren aus Spanien nach Nordafrika vertrieben und stärkten dort den türkischen Machtbereich. Bei den Arabern trat neben die religiöse Unduldsamkeit das Verlangen nach Rache für den auf der Iberischen Halbinsel verlorengegangenen Bodenbesitz. Da die steinige nordafrikanische Küste nur wenigen Bauern und Händlern ein karges Brot bot, versuchten sich viele der aus Spanien vertriebenen Araber als Piraten. Zur gleichen Zeit begannen die spanischen Hidalgos unter dem Vorwand, den »gottgefälligen Krieg« gegen die Muslims fortzusetzen, über See nach Nordafrika vorzustoßen. Im ersten Jahrzehnt des 16. Jahrhunderts eroberten sie mehrere Städte an der nordafrikanischen Küste und den vorgelagerten Inseln, die durch Forts und Garnisonen gesichert wurden.

Es hatte auch vorher bereits Seeräuber im Mittelmeer gegeben: Phönizier, Griechen, Römer und Araber. Aber mit dem Vorstoß der Spanier und der Türken an das Südufer des Mittelmeeres galt nur noch die einfache

Frage: Koran oder Bibel, Christ oder Muslim. Die Piraterie war Bestandteil großer und permanent anhaltender Kriege geworden, deren Parteien verschiedenen Religionen anhingen und diese zur Verbrämung ihrer Ziele ausnutzten. Ein Vorteil der Mauren war, daß sie Sprache, Handelsgewohnheiten und Seeverbindungen ihres Gegners genau kannten. Bei den Mauren oder Barbaresken, wie später in Europa die arabische Bevölkerung Nordafrikas genannt wurde, war die Seeräuberei straff organisiert. Die örtlichen Machthaber erhielten generell zehn Prozent von dem Verkaufserlös der geraubten Waren und ebenso von den Lösegeldern für die gefangenen Christen. Dafür fanden die Piraten sichere Zuflucht in den Häfen. Auch durften sie ihre Beutewaren und Christensklaven auf den Märkten frei verkaufen. Für die Angehörigen eines Piratenschiffes oder einer Flotte galten ähnliche Gesetze der Disziplin und der Beuteverteilung wie bei ihren christlichen Zunftgenossen. Jeder Kapitän, arabisch Reis genannt, rüstete sein Schiff auf eigene Kosten aus. Christensklaven bedienten Segel und Riemen. Janitscharen waren als Sklavenaufseher an Bord, zugleich waren sie die Sturmtruppe, die das feindliche Schiff enterte. Sobald die Schiffe ihren Stützpunkt verlassen hatten, holten sie die eigene Flagge nieder und ersetzten sie zur Tarnung durch die Flagge eines europäischen Mittelmeerstaates. Eröffnet wurde das Gefecht mit Wurfgeschossen oder Kanonenschüssen, um den Gegner zum Stoppen aufzufordern. Brandgeschosse, wie sie in den Seegefechten jener Zeit vielfach angewandt wurden, kamen nicht zum Einsatz, da man die Beute unversehrt in die Hand bekommen wollte. Die am häufigsten benutzten Piratensegler waren Dhau und Schebecke, die seit dem 15. Jahrhundert auf Vorder- und Achterkastell Pulvergeschütze führten.

Im Jahre 1504 gelang es arabischen Seeräubern, zwei große Kriegsgaleeren des Papstes Julius II., die mit wertvoller Ladung von Genua nach Civitavecchia unterwegs waren, zu nehmen. Die beiden Galeeren ruderten außer Sichtweite voneinander und hatten keine Sicherheitsmaßnahmen getroffen. In Höhe der Insel Elba kam ein Schnellsegler auf, der direkt auf das vorausfahrende Schiff des Papstes zuhielt. Erst als der Segler fast längsseits der Galeere lag und die bis dahin unter Deck versteckten Araber sich zum Entern anschickten, wurde auf der päpstlichen Galeere die Gefahr erkannt. Es war zu spät. Nach kurzem Kampf wurde die Besatzung der Galeere überwältigt und den Überlebenden die Kleidungsstücke abgenommen. Die Piraten zogen die Uniformen der päpstlichen Matrosen an und verminderten die Geschwindigkeit der Galeere, um das zweite Schiff zu empfangen. Das eigene Schiff wurde wie eine Prise in Schlepp genommen. Die Kriegslist glückte vollkommen. Als die zweite Galeere nahe genug heran war, wurde auch sie geentert. Der Papst hatte zwei Kriegsschiffe weniger.

Der maurische Piratenführer, der diesen verwegenen Streich durchführte, hieß Horuk (Arudsch), wegen seines roten Bartes auch Barbarossa genannt. Er war der Sohn eines christlichen Töpfers, der vom Balkan auf die Insel Lesbos eingewandert war. Nach der Eroberung der Insel durch die Türken war Jakob Reis mit seiner Familie zum Islam übergetreten. Der Töpfer besaß ein seetüchtiges Boot, mit dem er seine Töpferwaren zu den Märkten schaffte. Als seine vier Söhne herangewachsen waren, sollen Vater und Söhne auch gelegentlich etwas Seeraub betrieben haben. Nach dem Tode des Vaters setzten die Söhne Horuk, Elias, Ishak und Azor das Geschäft fort.

Auf einer der Piratenfahrten wurde Arudsch von einer Johanniter-Galeere gefangengenommen und Elias getötet. Wahrscheinlich hat Ishak das väterliche Geschäft allein weitergeführt, denn seit dieser Zeit begann der steile Aufstieg Azors zum berühmtesten Seeräuber seiner Zeit, der vom türkischen Sultan den Ehrentitel »Chaireddin«, d. h. Beschützer der Gläubigen, erhielt. Auch Chaireddin wurde, wie sein Bruder Arudsch, wegen des roten Bartes Barbarossa genannt. Anfangs griff Azor als Einzelgänger christliche Schiffe an, um das hohe Lösegeld für seinen Bruder aufzubringen. Aber bald sammelten sich mehr und mehr Piraten um den jungen und äußerst erfolgreichen Piratenkapitän. Trotzdem dauerte es Jahre, bis Azor seinen Bruder von der Ruderbank einer Ordensgaleere der Johanniter freikaufen konnte.

Nach seiner Rückkehr trat Arudsch an die Spitze einer Seeräuberorganisation von beträchtlichem Ausmaß, die sich an verschiedene Auftraggeber gegen hohe Belohnung verdingte. Ihren ersten großen Erfolg erreichten die Brüder, als es ihnen gelang, eine stark bestückte spanische Galeere auf ihrem Weg zur nordafrikanischen Küste aufzubringen. Es

handelte sich um ein Regierungsschiff, auf dem sich ein Gouverneur und Hunderte von Soldaten befanden. Neben Gold und Wertsachen hatte das Schiff Passagiere aus vornehmen Familien an Bord, die ein hohes Lösegeld versprachen. Da Arudsch im Enterkampf einen Arm verloren hatte, fiel es Azor zu, Gefangene und Beute im Triumphzug durch Tunis zu führen.

Neben der Seeräubergenossenschaft von Arudsch und Chaireddin entstanden zahllose weitere Piratengruppen an der nordafrikanischen Küste, die mit der Jagd auf christliche Kauffahrteifahrer, besonders auf solche unter spanischer Flagge, einen lohnenden Broterwerb fanden. Aber Spanien blieb nicht untätig. Zwei Jahre lang, 1509 und 1510, blockierte eine starke spanische Flotte die Häfen von Oran, Bougie und Algier. Daraufhin schloß Algerien Frieden mit Spanien, und das Seeräubertum ging für einige Jahre zurück. Bereits 1516 riefen die Algerier erneut zum Kampf gegen die Spanier auf. Sie baten den Emir Selim-el-Teuni, ihr Herrscher zu werden. Selim wiederum bat Arudsch um Hilfe. Während Chaireddin mit der Flotte Algier von der See aus blockierte, marschierte Arudsch mit 5000 Mann in die Stadt ein. Nachdem er seinen Auftraggeber Selim im Bade hatte erwürgen lassen, machte er sich zum Herrscher von Algier. Arudsch versuchte, seine Herrschaft auf Tunis auszudehnen. Doch die Algerier waren seiner Herrschaft schnell müde geworden und intrigierten mit den Spaniern, um den Piratenführer loszuwerden. Karl V. schickte dem spanischen Statthalter von Oran 10 000 Soldaten, mit denen es gelang, Arudsch und seine Truppen bei Tlemsen einzuschließen. Als Arudsch versuchte, den Ring zu durchbrechen, wurde er am Fluß Huerda mit 1500 Mann im Kampf getötet. Die Legende will wissen, daß er zur Ablenkung der Verfolger Gold und Silber hinter sich streute, wie die Geschichte beweist, vergeblich. Die Spanier jubelten zu früh über den Tod des älteren Barbarossa, denn in seinem Bruder Chaireddin entstand ihnen ein noch viel gefährlicherer Feind.

Als der Kaiser seinen Sieg vollständig machen wollte und eine Flotte gegen Algier entsandte – es war der erste von insgesamt fünfzehn vergeblichen Versuchen, die Stadt zu erobern –, schlug Chaireddin diese Flotte vernichtend. Die Kaiserlichen verloren über 20 Schiffe und 4000 Mann. Sofort nach seinem Einlaufen in Algier erklärte Chaireddin die Stadt zum Besitztum des Osmanischen Reiches und gelobte dem türkischen Sultan Selim I. die Treue. Der Sultan bestätigte ihm die Statthalterschaft über Algier, ernannte ihn in aller Form zum Beylerbey (Bei aller Beis) und stellte ihm 2000 Kanoniere und 4000 Janitscharen zum Kampf gegen die Spanier zur Verfügung. Um diese ansehnliche Macht verstärkt, eroberte Chaireddin die algerischen Hafenstädte Bona, Collos und Cherchel. Seine Militär- und Piratenabteilungen stießen auch in das Landesinnere vor. Sie eroberten die Stadt Constantia und weite Gebiete, die sie tributpflichtig machten.

Trotz seiner großen Erfolge blieb Chaireddin in seiner Lebensführung einfach und bescheiden, doch vergaß er nie, sich durch großzügige Geschenke der Gnade des Sultans zu versichern. In der 1841 erschienenen französischen Marinegeschichte wird Chaireddin wie folgt beschrieben:

»––– Seine Augenbrauen waren buschig, sein Bart dicht und die Nase grob. Die Unterlippe war breit, hervortretend und verächtlich. Er war von

CHAIREDDIN BARBAROSSA

mittlerer Gestalt, besaß aber eine herkulische Kraft, so daß er mit nur einer Hand und ausgestrecktem Arm ein zweijähriges Schaf so lange halten konnte, bis es getötet war – – –. Der wahrhaft außerordentliche Einfluß, den er auf Unterführer und Mannschaften seiner Flotte ausübte, rührte nach Meinung seiner Lobredner sowohl vom Ruhm seiner Tapferkeit und seines Geschicks als auch daher, daß selbst seine waghalsigsten Unternehmungen unwandelbar von Glück begleitet waren. Klug und tapfer im Angriff, vorausblickend und kühn in der Verteidigung, unermüdlich in der Arbeit, unempfindlich gegenüber Rückschlägen, all diese lobenswerten Eigenschaften wurden durch die Anwandlungen einer unbarmherzigen und kalten Grausamkeit verdunkelt – – –.«

Als die Spanier im Jahre 1526 erneut den Versuch unternahmen, Algier zurückzuerobern, bekamen sie die gewachsene Stärke des Rotbartes zu spüren. Trotz starker Feuerunterstützung durch die Algier vorgelagerte spanische Inselfestung Penon gelang es den wendigen Seglern Chaireddins, auf der navigatorisch schwierigen, von Sandbänken durchzogenen Reede die hochbordigen Fahrzeuge der Spanier zu entern. Als Barbarossa das spanische Führerschiff eroberte und der spanische Flottenbefehlshaber in Gefangenschaft geriet, war die Schlacht entschieden. Chaireddin lief anschließend aber nicht in Algier ein, da der Bei, Ibn Ghazi, mit den Spaniern konspiriert hatte, sondern segelte nach Tunis. Etwa drei Jahre lang unternahm Barbarossa von hier aus seine Piratenfahrten über See, bis er im Jahre 1529 mit einer starken Truppenmacht vor Algier erschien und sich endgültig in der Stadt festsetzte. Da Chaireddin die Bedeutung von Penon durch eigene Erfahrung kennengelernt hatte, griff er kurze Zeit später die Inselfestung an und zwang die 500 Mann starke Garnison zur Kapitulation. Nach der Eroberung ließ er die Festung abtragen und die Steine durch Christensklaven zu einer Mole, die von der Insel bis zum Festland reichte, ins Meer schütten.

Chaireddin stand jetzt auf der Höhe seiner Macht. Sein Ruhm war so groß, daß sich jeder Reis an der nordafrikanischen Küste, sofern er nur über ein seegängiges Fahrzeug verfügte, dem siegreichen Piratenadmiral anschloß. Die Reis waren eine besondere Kooperation, die über umfangreiche Mittel und großen Einfluß verfügten. Die Besatzungen ihrer Piratenfahrzeuge bestanden zu einem großen Teil aus Europäern, die als Seeleute in Gefangenschaft geraten oder aus ihren Heimatländern ausgewandert waren und sich zum Islam bekannt hatten.

Siebzehn Jahre lang behauptete Chaireddin Barbarossa eine staatlich organisierte Seeräuberherrschaft über das westliche Mittelmeer, ohne von irgendeiner Seite ernsthaft bedroht zu werden. Als die Türken mit dem Vormarsch auf Wien begannen, ernannte Kaiser Karl V. den Genuesen Andrea Doria zum Admiral der kaiserlichen Flotte im Mittelmeer. Der Sultan ließ Chaireddin nach Konstantinopel kommen und ernannte ihn zum Großadmiral der türkischen Flotte mit den Worten: »Alle meine Schiffe sollen deinem Befehl unterstehen und die Küsten meines Reiches dir anvertraut sein.« Obwohl Chaireddin durch den türkischen Sultan, einen der damals mächtigsten Herrscher der Erde, damit offiziell zum Oberbefehlshaber der osmanischen Flotte ernannt worden war, schildert ihn die übliche Geschichtsschreibung auch in seiner weiteren Tätigkeit als »Abenteurer und Anführer von Piratenbanden«, während sein Gegner Andrea Doria als »der am 30. 11. 1468 in Genua geborene, aus altem Adelsgeschlecht stammende Admiral im Dienste Karls V.« und »einer der größten Staatsmänner und Helden seines Jahrhunderts« bezeichnet wird. Wie fragwürdig diese Darstellung ist, wird schon daran deutlich, daß Chaireddin sechzig Jahre lang seinem Sultan die Treue hielt, Doria dagegen für jeden kämpfte, der ihn bezahlen konnte. Doria diente nicht nur dem Kaiser, sondern auch dem Papst gegen den Kaiser, er diente Genua gegen Frankreich, aber auch Frankreich gegen seine Vaterstadt Genua, und er kämpfte für Frankreich gegen Spanien und ebenso für den Kaiser gegen Franz I. von Frankreich.

Die Gefechte und Schlachten zwischen Doria und Chaireddin brachten keiner Seite einen endgültigen Sieg. Nachdem Doria im östlichen Mittelmeer eine Reihe von Erfolgen erzielt hatte, segelte Barbarossa mit einer starken Flotte an die italienische Küste und verbreitete Angst und Schrekken. Er schlug Doria in der Straße von Messina und verfolgte ihn bis zum Golf von Venedig. Bei einem erneuten Vorstoß an die italienische Küste plünderte er 1534 Reggio und Genua. Tausende von gefangenen Christen kamen auf die Ruderbänke oder wurden als Sklaven auf den Märkten in Algier und Tunis zum Verkauf angeboten. Stolz meldete Chaireddin dem Sultan: »Was ich dem Doria gemäß Deinen Befehlen angetan habe, ist nur ein kleiner Vorgeschmack dessen, was ich ihm noch antun werde. Dieses Gefecht war nur der Mond meiner Sonne.«

Kaiser Karl V. rüstete nach diesen Überfällen zu einem Gegenschlag. Auf der unter dem Oberbefehl von Doria stehenden Flotte schiffte er in Barcelona deutsche, spanische und italienische Landungstruppen ein, mit denen er Tunis eroberte. Am 21. Juli 1535 zog Karl V. als Triumphator in die Stadt ein und gab sie seinen Soldaten zur Plünderung frei. Chaireddin, der die Verteidigung der Stadt geleitet hatte, konnte entkommen und führte seine Raubzüge von Algier aus fort. Am 25. September 1538 kam es zwischen einer verbündeten spanisch-venezianischen Flotte unter Andrea Doria und einer aus algerischen Piraten und türkischen Schiffen gemischten Flotte unter Chaireddin vor der westgriechischen Küste zu der Seeschlacht von Preventa. Doria wurde geschlagen, und Venedig war zu einem ungünstigen Frieden mit dem Sultan gezwungen. Mit diesem Sieg beherrschte Barbarossa das Mittelmeer. Allerdings war Karl V., König von Spanien und Kaiser des Heiligen Römischen Reiches Deutscher Nation, in dessen Herrschaftsbereich die Sonne nie unterging, nicht bereit, diesen Tatbestand zur Kenntnis zu nehmen. Er ließ starke Truppenverbände für die Eroberung Algeriens bereitstellen und ging am 19. Oktober 1541 mit einer Flotte von 500 Schiffen unter Befehl von Doria und einer starken Landungstruppe in See. Da Chaireddin sich in Konstantinopel aufhielt, führte sein Stellvertreter in Algier, Hassan, das Kommando. Nach einer durch das Wetter bedingten schwierigen Anlandung der Truppen blieb der Angriff der spanischen Infanterie schon am Uferstreifen stecken. Die Kaiserlichen verloren 10000 Mann an Toten, und Gefangene gab es so viele, daß ein Christensklave auf dem Markt »kaum eine Zwiebel wert war«.

Im Jahre 1543 schloß der französische König, Franz I., ein Bündnis mit Sultan Soliman I. gegen Karl V. Gemeinsam mit einem französischen Flottengeschwader belagerte Chaireddin mit seiner maurisch-türkischen Flotte Nizza. Bei der Eroberung und Plünderung der Stadt machte er über 5000 Gefangene, die er in Marseille öffentlich als Sklaven verkaufen ließ. Als 1544 Frieden geschlossen wurde, der französische König aber seine Schulden für die geleistete Hilfe nicht bezahlen konnte, blieb Chaireddin einfach an der französischen Küste und plünderte Hafenstädte und Provinzen. Dabei ließ er Jagd auf die Einwohner machen, um sie als Sklaven nach Algier zu schicken. Barbarossa blieb so lange, bis Franz I. seine Schulden bis auf den letzten Franc an Soliman bezahlt hatte.

Im Sommer 1546 starb Chaireddin Barbarossa, Großadmiral des türkischen Reiches und verehrter Seeheld, eine Ausnahmeerscheinung als Flottenführer und Pirat.

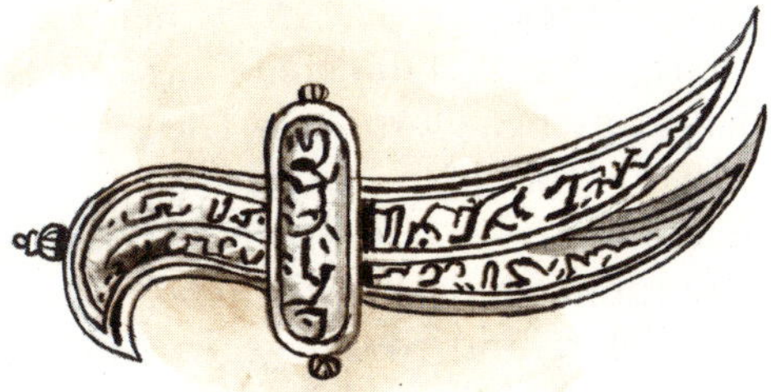

Allmächtige Piraten der Barbareskenstaaten

XXIV.

Nach dem Tode von Chaireddin Barbarossa wurde sein Schüler und Unterführer Dragut vom Sultan zum Admiral und Befehlshaber der türkischen Flotte im westlichen Mittelmeer ernannt. Dragut war, ähnlich wie Chaireddin, drei Jahre als Rudersklave auf einer Christengaleere angeschmiedet gewesen, bis er gegen ein hohes Lösegeld freigegeben wurde. Im Kampf gegen Doria, dessen Gefangener er gewesen war, gewann er mehrere nordafrikanische Stützpunkte zurück und eroberte Tripolis für den Sultan, der ihn zum Bei der Stadt ernannte. Dragut unternahm mehrere Raubzüge an die spanische und italienische Küste und führte 1565 eine maurisch-türkische Flotte mit einem Landungskorps von über 10 000 Mann zum Sturm auf die Insel Malta, dem Sitz des Johanniterordens. Bei der Erstürmung eines Forts wurde Dragut tödlich verwundet.

Nachfolger des Muslim Dragut wurde ein zum Islam übergetretener europäischer Christ, der bei seinem Glaubenswechsel den Namen Eudj-Ali oder Uluj-Ali angenommen hatte. Dieser in Europa unter dem Namen Ochtiali bekannt gewordene Piratenadmiral wurde vom Sultan zum Statthalter von Algier ernannt. Ochtiali bewies seine Dankbarkeit durch die Rückeroberung von Tunis für den Sultan und mit einem erbarmungslos geführten Kampf gegen alle Christenschiffe im westlichen Mittelmeer, ganz gleich, ob es sich um Kriegsgaleeren, Piratenfahrzeuge oder Kauffahrteifahrer handelte. Ochtiali wurde trotzdem nicht zum Oberbefehlshaber der türkischen Flotte ernannt, sondern blieb mit seinem

Piratengeschwader Unterführer, als es 1571 bei Lepanto zum Entscheidungskampf zwischen einer verbündeten Flotte des Papstes, Spaniens sowie Venedigs und der türkischen Flotte kam. Die verbündete Flotte stand unter dem Oberbefehl von Don Juan d'Austria, einem illegitimen Sohn Karls V. Die türkische Flotte kommandierte der Günstling des Sultans Ali Pascha. Die Schlacht wurde nach den taktischen Grundsätzen jener Zeit im Kampf Schiff gegen Schiff und Mann gegen Mann entschieden. Im Siegesbericht Don Juans an den Kaiser hieß es über den entscheidenden Teil der Schlacht u. a.: »Nach einer Stunde war zwischen den beiden Admiralsschiffen noch keine Entscheidung gefallen. Zweimal drangen unsere Soldaten bis zum Hauptmast des türkischen Schiffes vor, aber jedesmal wurden sie durch die zahlreiche Verstärkung, die die Muselmänner erhielten, wieder auf das eigene Vorschiff zurückgeworfen. Unser Schiff hielt sich beide Male nur durch die ungeheure Tapferkeit des Feld-

marschalls Lope de Figuera. Nach anderthalb Stunden verlieh Gott unserem Schiff den Sieg, nachdem der Bassa (Ali Pascha) mit mehr als 500 Türken erschlagen und seine Flaggen und Standarten erobert worden waren und statt ihrer unsere Flagge mit dem Kreuz am Hauptmast gesetzt wurde.«

Wenn auch Don Juan d'Austria eindeutiger Gesamtsieger der blutigen Schlacht blieb, so gab es auf der türkischen Seite doch einen Teilsieger: Ochtiali mit seiner Barbareskenflotte. Er eroberte viele christliche Schiffe, darunter das Admiralsschiff der Malteser, dessen Stander er nach Konstantinopel brachte. Jetzt ernannte ihn der Sultan zum Oberbefehlshaber über die aus der Schlacht entkommenen türkischen Schiffe.

Nach der Schlacht von Lepanto entglitt, bedingt durch den beginnenden Niedergang des Osmanischen Reiches, die nordafrikanische Küste mehr und mehr der türkischen Kontrolle. Die Barbareskenstaaten, wie seit dem

16. Jahrhundert in Europa die überwiegend von Berbern bewohnten Staaten Nordafrikas Marokko, Algerien, Tunesien und Tripolitanien bezeichnet wurden, kümmerten sich nur wenig um den Sultan und entwickelten ihre Hafenstädte und Küstenorte zu Basen einer staatlich organisierten Seeräuberei, die sie mit einem einträglichen Sklavenhandel verbanden. Sie bedrohten nicht nur die Schiffahrt im Mittelmeer, sondern segelten auch über Gibraltar hinaus und jagten spanische Silberschiffe ebenso wie holländische und englische Indienfahrer.

Zwischen 1609 und 1616 wurden allein 466 britische Schiffe von algerischen Seeräubern aufgebracht. Die Barbaresken plünderten die Azoren, die Kanarischen Inseln und fielen in Dänemark und Island ein. Ihre Piratenschiffe ankerten selbst in den Mündungen von Themse und Elbe. Dieses kaum begreifbare Auftreten islamischer Piraten vor den Küsten europäischer Staaten wurde möglich durch eine undurchsichtige, intrigante Politik vieler europäischer Regierungen. Man war eifersüchtig auf den Handel des Anderen, schloß Geheimabkommen mit den Piraten und verzehrte sich in den lang andauernden Kriegen gegeneinander. Den maurischen Piraten zahlte man stillschweigend Tribute, damit sie bei ihrer Seeräuberei den Handelsgegner schädigen und die Schiffe der eigenen Nation verschonen sollten. Nur wenn die Piraten sich daran nicht hielten und es dem nationalen Handel an den Lebensnerv ging, leitete der betroffene Staat isolierte Aktionen gegen die Barbaresken ein.

So erschien 1655, nach einigen vorher geführten kleineren Schlägen, ein englisches Geschwader vor Tunis und versenkte alle im Hafen und auf Reede liegenden Schiffe. Danach segelte das Geschwader nach Algier weiter und holte dort gefangengehaltene Briten aus den Gefängnissen. 1661 führte der bekannte holländische Admiral de Ruyter eine Strafexpedition gegen die Barbaresken durch und befreite dabei christliche Sklaven. 1683 feuerte ein französisches Flottengeschwader 6000 Kugeln auf Algier und legte die Stadt in Trümmer. Vier Jahre später bombardierten die Franzosen erneut Algier. Über dieses Ereignis berichtete die zeitgenössische »Chronica der merkwürdigsten Geschichten des Jahres 1687« unter der Überschrift »Bombardierung Algiers«:

»Weil die See-Räuber von Algiers dem König von Frankreich so gar geringen Respekt zutrugen, daß sie dessen Land und Leuten vielmehr allerhand Trübsal zufügeten, als ward der Marschall d'Estree mit einer großen Esquadre und 18 000 Bomben dahin gesandt, die Stadt nochmahlen zu Bombardieren, welcher auch am 18. Junius würkelich davor anlangete. Die Barbaren hatten alle ihre Schiffe nach Tetuan gesandt, hingegen war die Moulie und das Ufer mit mehr als 100 schweren Canonen bepflanzet, sie wollten von keinem Accord hören, inmassen die Stadt voll Militz und auff dem Lande auch über 20 000 Soldaten lagen, den Frantzosen eine Descende zu verwehren. Weiber und Kinder waren ins Land eine halbe Meile in die Garten geführet. Das Canoniren ging hefftig an, aber der General in Algiers, Mesamorto lud den Frantzösischen Consul und andere Frantzosen mehr in Feuer-Mörser, und schoß sie den Feinden entgegen, daß man die Stücke von solchen elenden Menschen in der See treiben sah. Der Marschall d'Estree ließ darauff sechs fürnehme Türcken umbringen, und auff Brettern nach dem Hafen stoßen, aber er richtete damit weniger als nichts auß. Die Räuber gabe die Gebäue zum beste, davon zwar verschiedene übern hauffen geworffen, doch erreichten die Frantzosen ihren Zweck bey weitem nicht, allermassen dann sie auch nicht lange hernach wieder davon abgeseegelt sind«.

Die militärischen Strafexpeditionen gegen die Hauptpiratennester an der nordafrikanischen Küste blieben die Ausnahme, die Regel waren Tribute, mit denen die europäischen Regierungen sich das Wohlwollen der Piraten-Beis erkauften. Dazu wurden offizielle Staatsverträge abgeschlossen, in denen die Art und Höhe der Tributzahlungen festgelegt wurden. Die Tribute bestanden meist aus Schiffen, Waffen und maritimen Ausrüstungen. Dadurch wurden die Piraten in die Lage versetzt, ihre Räubereien noch großzügiger anzulegen. Für sie war es eine taktische Frage, die bestehenden Verträge zu brechen, um in neuen Verhandlungen höhere Tribute festsetzen zu können. Dieses würdelose Spiel machten ausnahmslos alle maritim interessierten Staaten Europas mit: England, Frankreich, Holland, Schweden, Österreich, Spanien, Portugal und in späteren Jahren selbst die USA. Auch der deutsche Kaiser nahm Verhandlungen mit den Beis auf, aber die Küstenstaaten und die Hansestädte verhandelten lieber direkt mit den Piraten. Blieb der Tribut aus, wurden nicht nur die Schiffe dieser Länder wieder als Prisen genommen, auch der Konsul des jeweiligen Staates wurde in Ketten gelegt und zur Zwangsarbeit deportiert. Die Arroganz der Beis ging so weit, daß die Vertreter der tributpflichtigen Länder, auch Englands und Frankreichs, beim Eintritt in die Empfangshalle unter einem hölzernen Geländer durchkriechen mußten, um so gezwungen zu sein, sich vor dem Bei zu verneigen. Diese eigenartige Form einer erzwungenen Ehrerbietung hatte man den Chinesen abgeguckt. Dort allerdings soll bei einer solchen Zeremonie der dänische Gesandte den Einfall gehabt haben, das Geländer rückwärts zu durchkriechen.

Noch 1799 mußten die neu gegründeten Vereinigten Staaten von Amerika 50 000 Dollar, 28 Kanonen, 10 000 Kanonenkugeln mit dem notwendigen Pulver sowie Schiffe und Schiffsausrüstungen als Tribut entrichten. In scheinbarem Erstaunen fragte der USA-Konsul in Tunis im Jahre 1800 bei seiner Regierung an: » — — — Ist es denn wirklich zu glauben, daß sieben Könige in Europa, zwei Republiken und ein Kontinent diesem hochgestellten Wilden tributpflichtig sind, dessen ganze Flotte nicht zwei Linienschiffen gleichkommt?«

Eine fast unvorstellbare Demütigung mußte die Regierung der USA im gleichen Jahr durch den Bei von Algier einstecken. Als das amerikanische Kriegsschiff »George Washington« die jährliche Tributleistung an den Bei

Türckische See-Räuber.

Es wurden die Räuber von Algiers so sehr kühn/ daß sie mit vielen Raub-Schiffen ausliessen/ und die gantze West- und Spanische See unsicher machten / wie dann unter andern der Niederländische Schiffer von Schermerhorn am 26 dieses zu Amsterdam ankommen/ und berichtet / daß er mit seinem Buyß-Schiff/ Schermerhorn genannt/ so nach Saphia gewolt/ den 17 dito dahin abgesegelt / als er aber den folgendẽ Tag auff die Höhe von Bevesier kom̃en/ sey ihm ein Algierisch Raub-Schiff begegnet/ welches ohngefehr 40 Stück-Geschütz mit einer Holländischẽ Flagge und dergleichen Flügel geführet/ welches starck auff ihn loß gesegelt / und als er nahe zu ihm kommen/ ihm an den Bord geleget/ er habe sich aber gewendet/ und sey 2 mahl unter des Türcken Boeghsprit durchgesegelt/ das letzte mahl aber/ sey ein Türcke auß dem Raub-Schiffe/ in das Want der Buyse übergesprungen/ weil er vermeinet/ daß bereits etliche von seinen Leuthen darinnen weren/ und also zu Entern getrachtet / weil er sich aber allein in Bord befunden/ hat er sich nach dem Mars reteriret/ und den Marsevall / das Schoothorn von dem Schover-Seegel / und den Halß von dem Besan gantz in stücken gehauen/ indem sind 2 Männer aus der Buyse/ die sich mit Schwimmen zu salviren getrachtet/ in die See gesprungen/ die entweder von den Türcken auffgefischet oder ertruncken sind/ also daß sie nur noch selb 4 nebenst dem Ubergesprungenen Türcken darinnen geblieben/ welcher mit dem blossen Säbel und einen Enterbeil in der Hand nach der Kajute zu lieff/ und ein grosses Wesen machte/ in Meynung das Volck darinnen zu halten/ umb des Schiffs sich derstalt zu bemächtigen / sie haben aber eine Lucke geöffnet/ sind heraus kommen / und haben den Türcken gefangen genommen / worauff der Schiffer mit seiner Buys und ferner mit seiner Schlupen fortgangen/ und den gefangenen Türcken/ der unterwegens viel Gewalts und Wesens gemacht/ mit genommen ; Die Räuber aber haben ihn mit ihren Schlupen und Volck sehr starck nachgesetzet/ und ihnen ehe sie noch zu Lande kommen/ den Paß abzuschneiden und ihren Mitt-Bruder zu erlösen getrachtet / also daß der Schiffer nebenst den anderen dreyen den Türcken zu entgehen und sich zu retten / den mit genommenen Türcken am Lande zurück lassen müssen/ welcher von seinen Leuthen (so sambt der Buyse hernach durchgangen) wieder erlöset/ und mit genommen worden. Der Schiffer hat des Türcken Säbel und Enterbeil mit gebracht / und vielen zu Amsterdam gezeiget.

LA NAVE·TVRCESCHA·
NAVE·D

überbrachte, verlangte dieser, daß das amerikanische Kriegsschiff unter türkischer Flagge den fälligen Jahreszins nach Konstantinopel überbringen solle. Der Kommandant der »George Washington« führte diese Weisung mit Billigung seiner Regierung tatsächlich aus. Der Vorfall empörte die Amerikaner derart, daß der Kongreß den sofortigen Bau einer geeigneten Kriegsflotte zur Bestrafung der nordafrikanischen Seeräuber beschloß. Als die Nachricht davon nach Nordafrika drang, erklärte sich der Bei von Algier bereit, keine amerikanischen Schiffe mehr anzugreifen, sofern er eine vollständig ausgerüstete und bewaffnete Fregatte zum Geschenk erhalte. Der Bei von Tunis verlangte für den Verzicht auf Seeraub an amerikanischen Schiffen 40 Kanonen und 10 000 Gewehre. Ähnliche Forderungen stellte auch der Sultan von Marokko. Der Herrscher von Tripolis dagegen erklärte den USA im Mai 1801 den Krieg und ließ die amerikanische Flagge vor dem USA-Konsulat niederholen und den Flaggenmast umhauen.

Die USA schickten nun ihre Kriegsschiffe, mit denen sie zwei Jahre lang die Küste unter strenger Kontrolle hielten und die Beis zur Kapitulation zwangen. Aber kaum waren die amerikanischen Kriegsschiffe aus dem Mittelmeer verschwunden, fing die Piraterie gegen amerikanische Schiffe wieder an.

Die Überfälle auf Schiffe unter europäischen Flaggen waren nie völlig eingestellt worden, so daß sich der Wiener Kongreß auch mit dem Seeraub vor der nordafrikanischen Küste befaßte. Eine vereinte englisch-holländische Flotte bombardierte 24 Stunden lang die Stadt und den Hafen von Algier und zwang den Bei zum öffentlichen Verzicht auf Piraterie und Sklavenfang. Vor den stärkeren Seemächten zeigten die Beis dann auch tatsächlich einigen Respekt, aber umso frecher raubten sie die Schiffe der übrigen Staaten aus. Die französische Regierung nahm 1830 die Piraterie zum Vorwand, Algier und später auch Tunis zu besetzen und die Länder als Kolonien dem französischen Staat anzuschließen. Tripolis fiel 1912 nach dem italienisch-türkischen Krieg an Italien, und Marokko wurde im gleichen Jahr zwischen Spanien und Frankreich aufgeteilt.

Von den deutschen Küstenstaaten waren Hannover, Preußen, Bremen, Lübeck und Hamburg tributpflichtig. Der Historiker Ernst Baasch sammelte Ende des 19. Jahrhunderts die in Hamburg noch vorhandenen Dokumente über die vom Hamburger Senat mit dem Bei von Algier geführten Verhandlungen. Danach wurde der Hamburger Kaufmann Jakob Goverts, der lange Zeit in Marseille gelebt hatte, als Unterhändler ausgewählt. Die Kontakte zur algerischen Regierung besorgte der französische Konsul in Algier, der dafür bereits die Summe von 3000 Talern erhielt. Verschiedene Mitglieder der algerischen Regierung erhielten Summen von 3000 bis 4000 Talern. Goverts, der im Jahre 1749 nach Algier gereist war, hatte nach seiner ihm gegebenen Direktive das Recht, bis zu 30 000 Talern an Bestechungsgeldern zu zahlen. Er brauchte fast zwei Jahre, bis er einen für Hamburg annehmbaren Vertragsentwurf ausgehandelt hatte.

Der Bei von Algier verlangte im Vertrag als Tribut Waffen, Munition und Schiffsausrüstungen. Als darüber Bedenken aufkamen, stellte der Hamburger Senat fest: »Der Stadt kann eine solche Lieferung nicht im mindesten verargt werden, weil sie darin Holland, Schweden und Dänemark zu Vorgängern hat.«

Der Vertrag wurde am 28. Februar 1751 unterschrieben und bereits am 5. April durch Hamburg ratifiziert. Die einmalig und jährlich zu zahlenden Tribute waren in einem geheimen Artikel enthalten, während der offene Text Zugeständnisse an die Hamburger enthielt. Der geheime Artikel, der erhalten geblieben ist, führt im ersten Teil die »Geschenke« an den Bei auf:

50 eiserne Kanonen von 12–18 Pfund mit Lafetten
4 gegossene Mörser von 100–150 Pfund mit Lafetten
4000 Bomben von 100 und 150 Pfund
1000 Quintal Pulver
8000 Kanonenkugeln von 12–18 Pfund
50 Schiffsmasten, 45–50 Fuß lang und entsprechend dick
10 Kabeltaue von je 125 Faden Länge
30 Stück kleinere Taue von derselben Länge
500 Quintal kleines Tauwerk
je 1000 Eichenplanken und Tannenplanken
außerdem Juwelen, Bijouterien und anderes.

Die jährlichen Lieferungen betrugen:

300 Quintal Pulver
300 Quintal Blei
500 Quintal leichtes Tauwerk
100 Balken
100 Stück Segeltuch
10 Masten
10 Kabeltaue
25 Stück kleineres Tauwerk
3000 Kanonenkugeln von 3–8 Pfund.

Für den Bei und seinen Hofstaat hatten die Hamburger in Paris Diamantringe, goldene Tabatieren, goldene Repetieruhren und holländische Leinwand einkaufen lassen. Die beiden Schiffe, die das alles zusammen mit dem Tribut nach Algier beförderten, waren die »Kleeblatt« und die »Europa«.

Auch mit dem Sultan von Marokko verhandelte der Hamburger Senat, so daß die marokkanischen Piraten eine Zeitlang auf Hamburger Prisen verzichteten. Es klingt fast ein wenig nach Schadenfreude in der Hamburger Chronik, wenn sie feststellt, daß Bremen und Lübeck aus dem Vertrag ausgeschlossen blieben, ohwohl die drei Städte einen gemeinsamen Vertrag mit Marokko angestrebt hatten.

NOVA
la Mancha
Ciudad Real
Calatrava
Almagro
MURC
ITIÆ
CORDOUA
Andujar
Ubeda
Jaen
Lorca
REG
GRANATÆ
GRANADA
Alhama
Antequera
Loia
Baça
Guadix
Almeria
Muxacra
Vera
REGNUM
Almunecar
Salobrena
Adra
Malaga
Marbella
Ecija
Osuna
Promontorium Charidemum hodie Cabo de Gates
MARE IBERICUM Vulgo
HISPANICUM
RANEUM
MA
Germ.
DIE MEER=ENGE oder
die STRASSE bey Gibraltar
Alboran I.
Cabo de tres Furcas
DIE BARBARI SCHE CU
Penon de la Gomera
Alcudia
Melilla
Iaffarina
PARS
ZZÆ REGNUM
MERIDIES

Gandia
Denia
REGNUM
Castel de Gadaleft
Bonisa
Altea
Villa Ioyosa
Alcoy
Xixona
Elda
Alicante
Elche
Golfo de Alicante
Punta del Imperador
C. de S. Martin
Isla de S. Pola
Origuela
R. Segura
Guardamar
S. Gines
Punta de Pinacto
Isla Grossa
Cabo de Palos
Prom. Saturn
YVICA I
Yvica
Bolerai
S. Nileria
Tacomaga
PITYUSÆ INSULÆ
Formentera I
ARI
TER
MALORCA
I. Cabrera
REGNORUM
HISPANIÆ
et
PORTUGALLIÆ
Tabula Generalis
jam nuper edita, nunc denuo revisa, aucta
ad Usum Scholarum
novissime
accommodata
à IOH. BAPT. HOMANNO
Noribergæ.
Cum Privilegio Sac: Cæs: Majestatis
Marsalquibir
Oran
Arser
C. Cabont
Mazagant
BARBARIA
MARCHIONAT
Tigismacho
ORANENSIS
Tefesra
Tenesa
Monsiniela
17
18
19
20

Beim Angriff islamischer Piraten auf einen christlichen Kauffahrteifahrer wurde das Schiff gewöhnlich mit Übermacht geentert. In dem sich entwickelnden Handgemenge gab es für die Angegriffenen nur die Alternative: entweder im Kampf zu sterben oder sich rechtzeitig zu ergeben. Wenn das letztere auch Gefangenschaft und Sklaverei bedeutete, zogen es viele Seeleute doch dem Tode vor. Um diese Seeleute aus der Sklaverei freizukaufen, wurde im Jahre 1622 in Hamburg die »Casse der Stück von Achten« gegründet. Den Namen erhielt die »Casse« von der kastilischen Münzsorte »Peso de à ocho«, d. h. ein Peso zu acht Realen, in der das Lösegeld für die Gefangenen zu entrichten war. In der Präambel der Gründungsurkunde hieß es: »Seit mehreren Jahren, Gott seis geklagt, sind die türkischen und maurischen Seeräuber so mächtig geworden, daß sie nicht nur in der Straße von Gibraltar und im Mittelmeer, sondern auch in der Spanischen See viele unserer Bürger überfallen und gefangengenommen und anschließend nach Barbarien in eine unmenschliche Sklaverei verkauft haben. Leider muß befürchtet werden, daß sie davon nicht ablassen, sondern ihr Treiben auch in Zukunft mit Gewalt fortsetzen werden.«

Im Laufe der Zeit hatten sich feststehende Beträge von Lösegeldern herausgebildet. Für einen Kapitän waren zu zahlen 7000 bis 8000 Goldmark, für den Steuermann 3000 bis 4000 Goldmark, die niederen Chargen und Matrosen wurden mit einem Gegenwert von 2400 Goldmark freigekauft. Der schon erwähnte Historiker E. Baasch fand u. a. auch die Abrechnung für die Auslösung des in Sklaverei gefallenen Steuermanns Claus Petersen. Danach zahlte die »Casse« an den Bei von Algier 1200 Piaster Lösegeld und 120 Piaster Zoll, für den Caffetan des Bei 15 Piaster, für das Abnehmen der Ketten 17 Piaster, für den Oberschreiber 8 Piaster, für den Türschließer 7 Piaster usw. usf. »Summa summarum 1438 Piaster oder 3123 Goldmark.«

Auch die weißen Vermittler wurden bei diesem Loskaufgeschäft reich. Alle Gefangenen der Barbaresken wurden zunächst in unterirdische Kerker, sogenannte Bagnos, gebracht. Hier wurden sie auf die Möglichkeit der Freilassung gegen Lösegeld überprüft. Gefangene, bei denen man diese Möglichkeit nicht sah, führte man auf die Sklavenmärkte, sofern sie nicht unmittelbar als Sklaven an die Ruderbank einer Galeere geschmiedet wurden.

Wenn die hamburgische Admiralität auch über die Lösegelder verfügte, so bedeutete das doch nicht, daß die Stadt Hamburg die Sklavenkasse auffüllte. Anfangs überließ man diese Aufgabe weitgehend der Kirche. Berühmt geworden sind die Bittfiguren der Sklavenkasse. Das waren 20

bis 25 cm hohe, bunt bemalte, handgeschnitzte Holzfiguren, die in Sklavenketten geschlagene betende Seeleute darstellten. Einmal im Vierteljahr wurden diese Bittfiguren, im Volksmund »Stück von Achten« genannt, neben einem Almosenbecken in den Kirchen der Stadt aufgestellt, um die Sklavenkollekte zu unterstützen.

Für die Reihenfolge des Loskaufs galt der Grundsatz, daß der, der am längsten in der Gefangenschaft war, auch als nächster gelöst werden sollte. Doch sollten keine Feiglinge losgekauft werden. Es war zu erkunden, wie sich jeder bei der Verteidigung gegen den Feind verhalten hatte. Vom Loskauf auszuschließen waren jene, die »nachweislich sich nicht haben wehren, noch dem Schiffe wirklich beistehen und fechten wollen«.

In den übrigen europäischen Staaten hat es ähnliche Institutionen wie die Sklavenkasse gegeben. So wurde in England auf alle eingeführten Waren ein fester Zuschlag erhoben, um mit diesem Geld englische Seeleute aus der Sklaverei freikaufen zu können. Für die Frauen der Gefangenen wurde gesammelt. Diesem Zweck diente ein Beschluß des Unterhauses, die Zuspätkommenden im Gottesdienst mit einem Sühnegeld zu belegen. Von den in England gesammelten Beträgen zum Loskauf gefangener Seeleute wurde allerdings ein großer Teil gar nicht für diesen Zweck verwendet, sondern, wie Untersuchungen aufdeckten, der »Royal Navy« d.h. der Kriegsmarine zugeführt. Für fast alle beteiligten europäischen Regierungen bleibt festzustellen, daß eine schlechte Politik mit dem Tod und der Sklaverei Hunderttausender von Seeleuten bezahlt wurde. Die Opfer aber empfahl man der allgemeinen Barmherzigkeit.

Menschenraub an der afrikanischen Küste

XXV.

Die ökonomischen Wurzeln für die Entwicklung des Sklavenhandels mit Beginn des 16. Jahrhunderts lagen in dem riesigen Bedarf an billigen Arbeitskräften für die neuentdeckten Länder Amerikas. Die Europäer und Amerikaner waren nicht die ersten und nicht die einzigen, die Sklaven aus Afrika holten. Bereits die ägyptischen Flotten, die nach Punt fuhren, raubten Neger aus den Dörfern am Südende des Roten Meeres. Seit dem 8. Jahrhundert gründeten die Araber Niederlassungen an der ostafrikanischen Küste, von denen aus sie Sklaven nach Ägypten, Persien und Indien verschifften. Eine Linie, auf der Sklaven von Sansibar nach dem Sultanat von Oman gehandelt wurden, bestand noch im 19. Jahrhundert.

Den Auftakt zu dem über vier Jahrhunderte dauernden Menschenhandel an der westafrikanischen Küste gaben die Portugiesen, denn als Kolumbus Indianer-Sklaven statt des erhofften Goldes an seine »Allerchristlichsten Majestäten« nach Spanien sandte, folgte er dem Beispiel des Kapitäns Tristan Nunez, der 1443 von einer Expedition an die westafrikanische Küste seinem Auftraggeber, Prinz Heinrich von Portugal, 14 junge Afrikaner als Geschenk mitbrachte. Als Folge dieses Ereignisses kam es wenig später – mit beträchtlicher Gewinnbeteiligung des Prinzen – zur Gründung einer Gesellschaft zur Förderung der Sklaveneinfuhr mit dem frommen Wunsch Seiner Hoheit, »dieser erstrebenswerte Handel möge mit soviel Humanität betrieben werden, wie mit dem Erfolg vereinbar«. Rund 1000 schwarze Sklaven wurden jährlich auf dem Markt von Lissabon

gehandelt, um auf den Ländereien um Lissabon eingesetzt zu werden. Nach der Entdeckung Brasiliens durch die Portugiesen wandte sich der portugiesische König Alfonso V. an den Papst mit der Bitte, die Negereinfuhr nach dem neuen Land zu sanktionieren. Der Papst stimmte zu, und statt 1000 wurden nun jährlich 12 000 Neger auf dem Lissaboner Markt verkauft. Auch nach den spanischen Kolonien gingen Negertransporte ab. Da die Kirche um das Seelenheil der erst teilweise zum Christentum bekehrten Indianer fürchtete, wurde der Sklavenhandel durch ein Edikt im Jahre 1501 zwar gestattet, aber mit der Einschränkung, daß nur Neger nach Amerika gebracht werden durften, die in einem christlichen Haus geboren waren. Diese Einschränkung wurde kurze Zeit danach mit der Formulierung aufgehoben, »daß getaufte Mohren bei der Bekehrung der heidnischen Indios mitwirken könnten«.

Für die Sklaveneinfuhr in die spanischen Kolonien vergab der König selbst die Lizenzen. Nach den Portugiesen, die anfangs die »schwarze Ware« geliefert hatten, erwarben 1516 die Niederländer das Privileg. Ein Jahr später erhielt der Großmeister des spanischen Königshauses für acht Jahre einen Teil des Monopols. Danach ging der »Asiente de negros«, d. h. der Vertrag über den Negerhandel, für 25 000 Dukaten in die Hände genuesischer Kaufleute über mit dem Recht, jährlich 4000 Neger nach den westindischen Inseln zu bringen. Auch das berühmte Haus der Welser in Augsburg erwarb Anteile an diesem Handel.

England stand bei diesem Riesengeschäft nicht lange abseits. Kapitän Thomas Windham war der erste britische Seemann, der zur Guineaküste vorstieß. Als er 1533 heimkehrte, hatte er zwar noch keine Negersklaven an Bord, aber doch soviel Gold und Elfenbein, daß seine Reise bald Nachahmer in England fand. Schon ein Jahr später brachte Kapitän John Lock neben Palmöl und Elfenbein die ersten fünf Negersklaven nach England. Den entscheidenden Einbruch in das spanische und portugiesische Sklavenhandelsmonopol vollzog einige Jahre später Hawkins. Im Jahre 1588, nachdem die britische Flotte die spanische Armada vernichtend geschlagen hatte, vergab Königin Elizabeth an eine Gruppe von Kaufleuten das Monopol für den Handel zwischen den englischen Besitzungen in Afrika und Westindien, einschließlich des Sklavenhandels. Dazu wurde die »African Company of Merchant Adventurers« gebildet.

Als die Restauration Charles II. auf den Thron brachte, kam es zur Gründung einer neuen exklusiven Handelsgesellschaft, der »Company of Royal Adventurers of England for carrying on a Trade to Africa«. An der Spitze der Aktionäre stand der Herzog von York, der Bruder des Königs. Das Unternehmen lieferte jährlich 3000 Negersklaven an englische Pflanzer. Dem Herzog von York gelang es auch, mit dem spanischen Königshaus handelseinig zu werden. Die neue, aus spanischen und englischen Adligen bestehende königliche Gesellschaft »Royal Asiento Company« verkaufte in den folgenden 20 Jahren rund 160 000 Sklaven nach Westindien. Das blühende Geschäft wurde nur für ein paar Jahre unterbrochen, als der holländische Admiral de Ruyter 1664 der Gesellschaft ihre afrikanischen Forts wegnahm und viele ihrer Schiffe kaperte und versenkte.

1672 wurde die Gesellschaft neu gegründet, und wieder floß das Gold in die Taschen der Könige und des privilegierten Adels. Die Manufakturen arbeiteten auf Hochtouren, um den Bedarf an billigen Tauschwaren abdecken zu können.

Das aufkommende Bürgertum in England erzwang 1689 die Aufhebung der Monopolstellung der »Royal Asiento Company«, um sich selbst am lohnenden Geschäft zu beteiligen. Als England 1702 in den spanischen Erbfolgekrieg eingriff, vergab die spanische Krone den Sklavenhandel nach den spanischen Kolonien in Amerika an die französische Guinea-Kompanie. Nach Friedensschluß im Jahre 1713 erlangte die englische Regierung einen neuen Vertrag von der spanischen Krone, der die Einfuhr von 4800 Negersklaven jährlich nach den spanischen Besitzungen für 30 Jahre ausschließlich britischen Schiffen übertrug. Seine Unterschrift unter den Vertrag ließ sich der König von Spanien mit 200 000 Kronen bezahlen, einem Barvorschuß auf den Kopfzoll, der pro Neger $33^1/_2$ Krone betrug. Damit war die Vorherrschaft der Engländer im Sklavenhandel erneut gesichert.

In einer offiziellen englischen Statistik wurde für 1768 die Zahl der von Afrika nach Westindien und Südamerika verschifften Sklaven mit rund

AGADES REG
CANO REG
CASSENÆ REGN.
TOMBUT REG.
Lacus Guarde
Niger
MANDINGÆ
Mandinga REGN.
GAGO REG.
REGNUM GUBER
ZEGZEG REG
Zanfara
Zanfara Desertum
Chanara
Zegzeg
Guber
Tombi
Caceres Bonaes
Gago
Acanes Major
Acanes Pequeños
Xablanda
Dauma
Benin
Curamo
Ardra
S.Laurenco
Gold Cust
Adaws
Quaqua Cust
DAOWS
Modi Monon
GUINEÆ
BENINI REGN
ARE GUINEÆ
QUINOCTIALIS
Cabo Formoso
I de Fernando Poo
I de Prince
I de S Thome
I de Rolas
I. de San Matheo
I.d. Annobon
CEANUS
ÆTHIOPICUS
MARE CONGI
MA
Ins. Nova incerta fidei
S. Helenæ
Sta Helena
SARGASS
.de Asension
Majumba
Loango
Zaire
C. de Pado
Loanda
S.Paulo
Benguela
C. Negro
Monticulus Petrarum

100 000 angegeben. Von dieser Zahl transportierten englische Schiffe 60 000; 23 000 Sklaven wurden von Schiffen unter französischer Flagge gefahren, den Rest teilten sich portugiesische, holländische und dänische Schiffe sowie einige Gelegenheitsflaggen.

Gegen Ende des 18. Jahrhunderts stiegen die Amerikaner in das Geschäft ein, während die Franzosen nach der Revolution fast völlig ausgeschieden waren. Bei einer gleichbleibenden Anzahl von 100 000 verschleppten Afrikanern entfielen auf britische Schiffe 55 000, auf portugiesische Schiffe 25 000, auf amerikanische Schiffe 15 000 und auf alle übrigen Flaggen 5000.

Liverpool, das neben London und Bristol die Genehmigung zum Ausklarieren von Sklavenschiffen hatte, fertigte in der 2. Hälfte des 18. Jahrhunderts jährlich mehr als 100 Sklavenfahrer ab. Allein von Januar 1806 bis zum Verbot des Sklavenhandels in England am 30. April 1807 waren es 185 Schiffe, die nach ihren Papieren 49 213 Sklaven laden durften. Sicher nahmen sie vor der afrikanischen Küste mehr an Bord. Der britische Kaufmann sah, genauso wie die Sklavenhändler anderer Nationen, nichts Unehrenhaftes in diesem Handel mit Menschen. Nicht nur, daß vorher Könige und Adlige dieses Geschäft betrieben hatten, sondern auch die Kirche hatte ihren Segen dazu gegeben. Thomas von Aquino, ein Kirchenrechtslehrer des 13. Jahrhunderts, der später heiliggesprochen wurde, vertrat die Ansicht: »Sklaverei ist eine Folge der Erbsünde, sie ist notwendig und ebenso gerecht wie das Privateigentum«. Lange galten Neger und Indianer in den Augen der Kirche nur als Tiere, bis Papst Paul III. in seiner Bulle von 1537 die Einwohner Amerikas zu richtigen Menschen erklärte, »die der Teilnahme am katholischen Glauben und der Sakramente fähig seien«.

Die Gesamtzahl der afrikanischen Menschen, die geraubt, gefangen, gehandelt und nach Übersee verschleppt wurden, wird auf 30 bis 50 Millionen geschätzt. Es war ein wesentlicher Bestandteil der ursprünglichen Akkumulation des Kapitals.

Die Schiffe der europäischen Länder segelten, mit billigen Waren beladen, bis zum Golf von Guinea. Dort ankerten sie auf Reede oder liefen in die Flußmündungen ein, zu denen die Händler den Strom der Negersklaven leiteten. Vollgeladen mit der »schwarzen Ware« segelten die Schiffe dann nach Westindien oder Brasilien. Nach dem Verkauf der Sklaven luden sie für die Rückfahrt nach Europa Edelmetalle, Kaffee, Zucker und Gewürze. Es handelte sich um einen voll ausgelasteten, äußerst profitablen Dreiecksverkehr zwischen Europa, Afrika und Amerika.

Für den Menschenraub entwickelten die Europäer einfache, aber wirksame Methoden. Unter dem Schutz der Schiffsgeschütze zog eine bewaffnete Truppe am Ufer entlang und nahm alle Schwarzen mit, die als Sklaven geeignet erschienen. Später unternahmen die Schiffsbesatzungen massive Überfälle auf Siedlungen, um mit einem Schlag die Einwohner ganzer

Dörfer gefangenzunehmen. Einheimische Könige und Häuptlinge spielten das Spiel der Weißen mit. Die Herrscher des Sudans lieferten Sklaven an die westafrikanische Küste, die sie in Ostafrika entführen ließen. Häuptlinge führten nur deshalb Krieg gegeneinander oder gegen Stämme, die friedlich als Bauern und Viehzüchter lebten, um Gefangene zu machen, die sie anschließend als Sklaven an die Weißen verkauften. Afrikaforscher schätzen, daß auf einen lebenden Gefangenen mindestens zwei bis drei Niedergemetzelte kamen.

Die weißen Händler schlossen Abkommen mit den Häuptlingen, die Soldaten zur Verfügung stellten, um ihre eigenen Untertanen als Sklaven rauben zu lassen. Andere ließen auf ihrem Gebiet die Alarmtrommel schweigen, wenn die Weißen nahten und sich zum Überfall rüsteten.

Der Menschenhandel erstreckte sich anfangs entlang der afrikanischen Westküste vom Senegal über die Goldküste, die Mündungen von Niger und Kongo bis nach Angola. Das war seit den Zeiten Prinz Heinrichs alles portugiesischer Besitz. Als der Sklavenhandel begann, ließen sich die Franzosen auf der Insel Goree vor der Küste des Senegal nieder, danach faßten die Holländer an der Goldküste Fuß, die Engländer siedelten sich etwas weiter zum Niger hin an, und schließlich kamen noch die Dänen und die Brandenburger hinzu. Die Kolonialmächte errichteten in ihren Gebieten befestigte Stationen mit militärischer Besatzung. Diese Stationen bedienten sich weißer oder schwarzer »Faktoren«. Davon abgeleitet kam die Bezeichnung Faktorei für eine Handelsniederlassung an der westafrikanischen Küste auf. Die Faktoren waren Agenten, die Verbindung in das Innere des Landes hielten und auch die Fäden zu den Häuptlingen knüpften, um »Schwarzes Elfenbein« zu kaufen.

Zum Kauf der Sklaven boten die Einkäufer ein breites Sortiment billiger Waren an wie bunte Baumwolltücher, Eisenbarren, Messer und Beile, Angelhaken, Nadeln, Glasschmuck, Spiegel, Ringe und Reifen.

Die Wünsche der Könige, Häuptlinge und Stammesgewaltigen, deren Wohlwollen letzten Endes über Erfolg oder Mißerfolg der Expedition entschied, waren mit diesem Tand allerdings nicht zufriedenzustellen. Sie verlangten Gewehre, Munition und Rum – viel Rum!

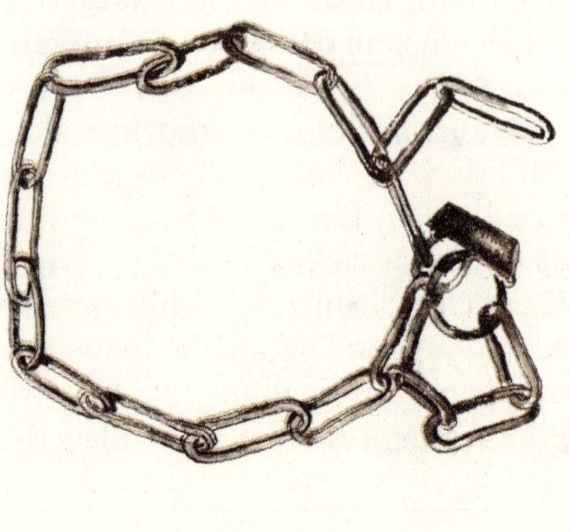

»Schwarzes Elfenbein«, ordnungsgemäß mit Konnossement verschifft

XXVI.

Ähnlich wie ein Unterschied zwischen Kaperei und Piraterie bestand, gab es in der Sklavenfahrt einen durch die Flaggenstaaten der Schiffe und die Kolonialmächte geförderten oder sanktionierten Sklavenhandel und – spätestens nach dem allgemeinen Verbot des Sklavenhandels auf dem Wiener Kongreß 1815 – den illegalen Handel, den Menschenschmuggel. Die illegale Fahrt, der Piraterie gleichgestellt, stand in den meisten Staaten unter Todesstrafe. Während es für die Zeit der legalen Fahrt eine ganze Reihe von zeitgenössischen Dokumenten, Statistiken und Berichten von Sklavenhändlern und Sklavenfahrern gibt, sind Zeugnisse für die illegale Fahrt fast nur in Gerichtsakten zu finden. Es waren für unsere heutigen Begriffe recht kleine Schiffe, mit denen die Sklavenfahrt betrieben wurde, vorrangig Zweimaster von 25 bis 30 m Länge und 6 bis 7 m Breite. Basishäfen waren in England London, Bristol und Liverpool, in Frankreich Nantes, Le Havre, Marseille und Bordeaux, in Spanien Sevilla, in Portugal Lissabon und in den Niederlanden Rotterdam. Hier lagen in den Schaufenstern der Geschäfte auch Ausrüstungsgegenstände aus, die ein Sklavenfahrer für »sein Geschäft« benötigte. Wichtig war vor allem eine ausreichende Anzahl Wasserfässer, um die Trinkwasserversorgung an Bord zu sichern. Dazu kamen tragbare Eisenöfen mit großen Kochkesseln und Eßgeschirr für die Gefangenen. Als Proviant nahm man Bohnen, Erbsen, Mehl, Grütze und Gerstenflocken mit, manchmal auch etwas Reis, obwohl der im allgemeinen an der afrikanischen Küste günstiger eingekauft werden

konnte. Dort wurden auch Yams (tropische Süßkartoffeln) und Palmöl beschafft. Was sonst noch zur Ausrüstung gehörte, geht aus der Anzeige über eine Auktion hervor, die 1756 im »Merchants Coffee House« in Liverpool stattfand.
Da wurden u. a. angeboten: 11 Halseisen, 54 Beinschäkel, 22 Handschellen, 2 Marschketten, 4 lange Ketten für Sklaven.

Wenn auch in dieser Annonce nicht angeboten, aber fest zur Ausrüstung gehörten Peitschen und in vielen Fällen auch Daumenschrauben, um den Widerstand der gefangenen Afrikaner an Bord zu brechen.

Sobald das Schiff seinen Ankerplatz vor der afrikanischen Küste erreicht hatte, wurde es für die Aufnahme und den Transport des »Schwarzen Elfenbeins« – so nannte der Seemann die Menschenfracht – vorbereitet. Dazu wurden die oberen Rahen und Bramstengen an Deck gefiert und in 2,5 bis 3 m Höhe mittschiffs über das ganze Schiff festgelascht. Rundhölzer wurden in ähnlicher Form zu beiden Seiten des Schiffes in Höhe der Reeling befestigt. Über diesen Rahmen kamen Latten, so daß ein Gitterwerk mit etwa 30 cm Maschenweite das ganze Oberdeck umschloß, ähnlich einem großen Käfig, bei dem nur in Höhe des Fallreeps eine Öffnung blieb. Als Sonnenschutz wurde das Dach des Gerüstes mit Matten aus Bambusrohr belegt. Die ganze Konstruktion war erdacht worden, um die an Bord kommenden Neger am Überbordspringen zu hindern.

War der Käfig fertig, baute man den »Barrikado«. Das war eine Wand aus starken Holzbohlen, die ungefähr mittschiffs quer über das Deck den Teil des Schiffes abschloß, in dem die Sklaven untergebracht wurden. Die

Wand hatte nur einen schmalen Durchlaß, vor dem ein Geschütz in Stellung gebracht wurde, das zur Einschüchterung vor den Augen der Neger mit Eisenstücken und gehacktem Blei geladen wurde. Damit war das Schiff zur Aufnahme der Negersklaven fertig. Der Handel, der bei einer Anzahl von rund 400 Afrikanern etwa zwei bis drei Monate dauerte, konnte allerdings erst beginnen, wenn man mit dem König oder Stammeshäuptling einig geworden war. Gewöhnlich schickte der Kapitän seinen Ersten Steuermann, um die Ankunft des Schiffes melden zu lassen. Das »Ankergeld«, das dabei zu entrichten war, betrug Ende des 18. Jahrhunderts neben mehreren Eisenbarren, diversen Flaschen Branntwein und anderen Kleinigkeiten ein 50-Liter-Faß Rum.

Nach mehreren Tagen Wartezeit ließ der Häuptling seine Forderung nach einer Ehrengabe, dem »Kumie«, überbringen. Bevor dieser Kumie nicht bezahlt war, ließ sich kein Händler blicken und war kein Geschäft möglich. Die Größe des Kumies wurde nach Sklaven berechnet. Bei 400 einzuhandelnden Negern gab der Reeder um 1780 seinem Kapitän acht bis zehn Sklaven als Kumie für das Geschäft vor. Natürlich erhielt der Häuptling oder König nicht seine eigenen Landsleute zum Geschenk, sondern ein Sklave war eine Kumie-Wertgröße. Ein Sklave stand für sechs 25-Liter-Fässer Brandy oder Rum, oder 10 Rollen Tuch, oder 40 Eisenbarren, oder 25 Gewehre, oder 200 Pfund Schießpulver.

Nach der Entrichtung des Kumies stellte der Häuptling dem Schiff einen Stab aus seiner Gefolgschaft zur Verfügung, der in der Regel folgende Personen umfaßte: Dolmetscher, ein Trommler, der Beginn und Ende der Verhandlungen ankündigte, mehrere Läufer für die Verbindung zu den Händlern und ein paar Mann, die den Verkehr zwischen Land und Schiff sowie die Versorgung mit Trinkwasser und Holz besorgten. Diese Leute waren selbstverständlich gesondert zu bezahlen. Die Gesamtkosten für den Sklavenfahrer betrugen, bevor der eigentliche Handel begann, etwa 400 bis 500 Pfund.

War zwischen Häuptling und Kapitän alles geregelt, trafen bald darauf, eskortiert von Soldaten und Peitschen schwingenden Aufsehern, die ersten kleineren Trupps mit gefangenen Afrikanern über Urwaldpfade oder in Einbäumen am Ufer ein. Sie waren für den Fußmarsch an lange Ketten geschmiedet oder wie Warenballen verschnürt in die Einbäume gestaut worden. Bevor man sie zur Musterung brachte, ließ man ihnen bei gutem Essen ein paar Tage Ruhe. Dann wurden sie sorgfältig gewaschen, mit Palmöl eingefettet und Körper und Haar mit Schießpulver oder Ruß abgerieben. Der Grundpreis für einen gefangenen Afrikaner war abhängig von der Marktlage, d. h. von Angebot und Nachfrage; doch wurde bei jedem Gefangenen um den konkreten Preis gefeilscht. Der Mensch war Ware, die vom Kapitän oder Steuermann des Sklavenfahrers, manchmal auch von einem speziell dafür mitgenommenen Chirurgen sorgfältig auf körperliche Verfassung, besonders auf den Zustand von Muskeln und

Zähnen, überprüft wurde. Zum Schluß kam die Lungenprobe: Der Gefangene mußte laut und anhaltend schreien. War die Musterung zufriedenstellend verlaufen und war man sich über den Preis, also den Umfang der Tauschware einig, erhielt der Gefangene ein Brandzeichen aufgedrückt. Mit Handschellen gefesselt wurde er dann in das wartende Boot des Schiffes geführt und an Bord gerudert.

Den Schiffen gelang es nicht immer, die vorgesehene Anzahl von Sklaven an einem Ort zu erhandeln. Dann mußten verschiedene Stellen der Küste angelaufen werden, und es ging Zeit verloren. Deshalb schickten die meisten Kapitäne ihre Steuerleute mit einigen Matrosen in einem Beiboot des Schiffes zu den Flußmündungen und Lagunen, um Sklaven aufzukaufen. Die Fahrten dauerten oft mehrere Wochen und waren nicht ungefährlich, denn verständlicherweise betrachteten die meisten Afrikaner

die weißen Sklavenhändler als ihre Todfeinde. Manche Bootsbesatzung wurde trotz ihrer Bewaffnung mit Gewehren von der einheimischen Bevölkerung erschlagen.

Solange das Schiff vor Anker lag, wurden die erwachsenen Männer paarweise aneinander gefesselt. Das nahm ihnen die Möglichkeit, über Bord zu springen, denn Bein an Bein gebunden wären sie ein Opfer der zahlreichen Haie geworden, die sich immer in Schiffsnähe aufhielten. Auf manchen Schiffen nahm man den Gefangenen während dieser Zeit auch die Handschellen nicht ab. Frauen und Kinder ließ man dagegen meistens frei in ihrem abgeteilten Decksabschnitt herumlaufen. Aus Sorge vor Epidemien waren die Gefangenen beim An-Bord-Kommen mit Wasser und feinem Seesand abgeschrubbt und anschließend mit scharfem Essig desinfiziert worden. Die Sklaven verkörperten für den Sklavenhändler und

Reeder eine äußerst wertvolle Ladung, die gesund über den Atlantik gebracht werden sollte. Kapitän, Arzt und meistens auch die Offiziere und der Bootsmann erhielten für jeden verkauften Sklaven Kopfprämien.

Vor Beginn der Fahrt stellte der Kapitän für seine »Ladung Mensch«, wie für jedes andere Frachtgut, ein Konnossement (Frachtvertrag) aus. Der Originaltext (aus dem Englischen ins Deutsche übersetzt) eines solchen Konnossements lautete:

»Verladen mit Gottes Gnade und in guter Verfassung von James Marr in und auf dem guten Schiff »Mary Borough«, dessen Führer, nächst Gott, für die bevorstehende Reise Kapitän David Morton ist, und das jetzt bei der Barre des Senegal vor Anker liegt und mit Gottes Gnade nach Georgia in Süd-Carolina bestimmt ist, in Worten: vierundzwanzig prima Sklaven und sechs prima weibliche Sklaven, gemarkt und numeriert wie am Rande angegeben, und abzuliefern in dem gleichen guten Zustand und in gleich guter Verfassung im vorerwähnten Hafen von Georgia, Süd-Carolina – die Gefahren der See und die Sterblichkeit wie üblich ausgenommen – an die Firma Broughton & Smith oder deren Bevollmächtigte; wofür der oder die Empfänger an Fracht zu bezahlen haben fünf Ł Sterling pro Kopf bei Auslieferung sowie Primgelder und Havariebeiträge wie handelsüblich. Zum Zeugnis dessen hat der Kapitän des genannten Schiffes drei Konnossemente, alle gleichen Inhalts und Datums, gezeichnet. Ist eines von diesen erfüllt, sind die anderen ungültig. Und nun sende Gott das gute Schiff in Sicherheit zu seinem ersehnten Hafen. Amen!
Ausgefertigt in Senegal, am 1. Februar 1766

Kapt. David Morton.«

Der Reiseauftrag an den Kapitän eines englischen Sklavenschiffes und der Bericht über den Verlauf dieser Reise ist in dem erhalten gebliebenen Hauptbuch der englischen Reederei Thomas Leyland u. Co enthalten.

»Liverpool, den 18. Juli 1803

Kapitän Caesar Lawson, Wohlgeb.
Sehr geehrter Herr!
Da unser Vollschiff ›Enterprize‹, mit dessen Kommando Sie betraut wurden, jetzt seeklar ist, sollen Sie nun auch unverzüglich auslaufen und so schnell wie möglich nach Bonny an der Küste von Afrika segeln. In der Anlage finden Sie eine Aufstellung über die an Bord befindliche Ladung, die Sie in Bonny für prima Neger, Elfenbein und Palmöl eintauschen sollen. Dieses Schiff ist gesetzlich für 400 Neger zugelassen, und wir ersuchen Sie, nach Möglichkeit nur männliche an Bord zu nehmen, auf jeden Fall jedoch so wenig weibliche wie möglich. Denn wir erwägen, die Ladung auf einem spanischen Markt zu veräußern, wo weibliche Sklaven schwer abzusetzen sind. Bei der Auswahl der Neger seien Sie sehr vorsichtig, wählen Sie diejenigen, die wohlgebaut und kräftig sind. Kaufen Sie keine über

24 Jahre. Denn es kann sein, daß Sie nach Jamaika segeln müssen, wo, wie Ihnen bekannt sein dürfte, jeder, der dieses Alter überschritten hat, mit 10 Pfund Einfuhrsteuer belegt wird. Während die Sklaven an Bord sind, erlauben Sie ihnen jede Vergünstigung, die sich mit Ihrer eigenen Sicherheit vereinbaren läßt. Wir haben einen Kaperbrief gegen die Franzosen und die Batavische Republik genommen, und wenn Sie das Glück haben, eines von deren Schiffen zu treffen und zu nehmen, schicken Sie es hierher in diesen Hafen unter der Führung eines tatkräftigen Prisenkapitäns und einer hinreichenden Anzahl von Leuten Ihres Schiffes. Geben Sie eine Abschrift des Kaperbriefes mit, aber greifen Sie kein neutrales Schiff an, da es uns in einen kostspieligen Prozeß verwickeln und hohen Schadenersatz kosten könnte. Ein beträchtlicher Teil unseres Ihnen anvertrauten Eigentums wird nicht versichert sein, und wir wünschen dringend, daß Sie ganz besonders scharfen Ausguck halten lassen, um die Kreuzer des Feindes zu vermeiden, die zahlreich sind, und Sie müssen stündlich darauf gefaßt sein, von ihnen angegriffen zu werden. Wir ersuchen Sie, strenge Disziplin an Bord aufrechtzuerhalten. Dulden Sie keine Trunkenheit, weder bei Offizieren noch unter der Mannschaft, da sie sicherlich Unglück nach sich zieht wie Unbotmäßigkeit, Meuterei und Feuer.

Wenn Sie ihren Sklavenhandel beendet und eine ausreichende Menge Yams, Holz, Wasser und alles sonst Notwendige für die Überfahrt an Bord genommen haben, gehen Sie mit äußerster Beschleunigung nach Barbados in See und melden Sie sich bei Ihrer Ankunft bei der Firma Barton, Higginson & Co. Von der Firma in Westindien, die Ihre Ladung verkauft, soll Ihnen Ihre Küsten-Commission von 2 Ł von je 102 Ł des Bruttoerlöses ausgezahlt werden. Und wenn diese Summe zusammen mit dem Kaplaken Ihres Ersten Offiziers, dem Kaplaken des Arztes, der Gratifikation und dem Kopfgeld abgezogen ist, sollen Sie Ihre Commission von 4 Ł für je 104 Ł der verbleibenden Summe einziehen. Ihr Erster Offizier, Herr James Cowell, soll zwei Sklaven erhalten abzüglich den Lande- und anderen Gebühren, die am Verkaufsplatz der Ladung erhoben werden. Dasselbe soll der Arzt erhalten und dazu 1 Sh. Kopfgeld für jeden verkauften Sklaven. Im Falle Ihres Todes soll Ihr Erster Offizier, Herr Cowell, Ihnen in der Führung des Schiffes folgen. Wir hoffen, daß Sie eine glückliche und erfolgreiche Reise haben werden und verbleiben, Herr Kapitän,

Ihre ergebenen
Thomas Leyland & Co.

P. S. Im Falle Sie einen Guineafahrer mit Sklaven an Bord kapern, senden Sie ihn an die Fa. Bogle, Jopp & Co. in Kingston.«

Der Auftrag wurde vom Kapitän im Hauptbuch der Firma durch Unterschrift bestätigt:

»Ich bestätige, von Fa. Th. Leyland & Co. die Aufträge erhalten zu haben, deren getreue Abschrift mir vorliegt, und ich übernehme es, sie auszuführen, wie auch alle folgenden Aufträge, ausgenommen allein die Gefahren der See, zum Zeugnis dessen meine Unterschrift an diesem Tage, dem 18. Juli 1803.

Caesar Lawson.«

Das Hauptbuch gibt ebenfalls über den Verlauf der Reise Auskunft:
»Vollschiff ›Enterprize‹, 1. Reise.

20. Juli 1803:	Abgegangen von Liverpool
26. August:	Hielten die spanische Brigg ›San Augustino‹ an, Kpt. Josef Antonio Ytuno, in 22° 04′ Nordbreite und 26° 14′ Westlänge. Bestimmt von Malaga nach Vera Cruz. (Das Schiff kam am 25. Oktober in Holyhead an.)
10. September:	Kaperten ›John‹ aus Liverpool von den Franzosen zurück, in 04° 20′ Nord und 11° 10′ West mit 261 Sklaven an Bord. (Am 2. November kam dieses Schiff in Dominica an.)
23. September:	›Enterprize‹ kommt in Bonny an.
25. November:	›Enterprize‹ segelt mit einer Ladung Elfenbein und 418 Sklaven an Bord nach West-Indien ab.
6. Dezember:	›San Augustino‹ segelt von Liverpool ab.
19. Januar 1804:	›Enterprize‹ kommt in Havanna an und liefert an die Firma Joaquin Perez de Urria 412 Eboe-Sklaven ab, nämlich 194 Männer, 32 Jünglinge, 66 Jungen, 42 Frauen, 36 erwachsene Mädchen, 42 Jungmädchen. 19 starben; ein Mädchen, das an Anfällen litt, konnte nicht abgesetzt werden.
28. März:	›Enterprize‹ segelt von Havanna ab.
26. April:	›Enterprize‹ trifft in Liverpool ein.

Für die gesamte Reise weist das Hauptbuch der Reederei, nach Abzug der Kosten für Ausrüstung und Tauschwaren in Höhe von 17 045 Pfund, 2 Schilling und 5 Pence sowie aller anderen Unkosten einschließlich Abschreibung, Heuern, Proviant, Zölle, Prämien und Provisionen, einen Reingewinn von 24 430 Pfund, 8 Schilling und 11 Pence aus, verdient in nur 9 Monaten.

Joachim Nettelbeck, preußischer Patriot und Sklavenhändler

XXVII.

Der bekannte preußische Patriot Joachim Nettelbeck (1738–1824) ist viele Jahre zur See gefahren, darunter auch auf holländischen Sklavenschiffen. In seinem Buch »Ein Mann« mit dem Untertitel »Des Seefahrers und aufrechten Bürgers Joachim Nettelbeck wundersame Lebensgeschichte von ihm selbst erzählt« schildert er anschaulich eine Sklavenfahrt.

»——— und ward mit den Reedern einig, auf einem ganz neuen Schiffe, namens Christina, unter Kapitän Jan Harmel, als Ober-Steuermann die Fahrt auf die Küste von Guinea anzutreten«. ——— »Bevor ich in meinem Lebensberichte fortfahre und mich zu den kleinen Abenteuern hinwende, die mir an der afrikanischen Küste begegnet sind, wolle mir der geneigte Leser über die nunmehr ergriffene Lebensart einige Entschuldigung zugute kommen lassen. Wie, wird er vielleicht bei sich selbst gesagt haben, Nettelbeck ein Sklavenhändler? Wie kommt ein so verrufenes Handwerk mit seinem ehrlichen pommerschen Herzen zusammen? – Allein das ist es ja eben, daß dies Handwerk zu damaliger Zeit bei weitem nicht in einem solchen Verrufe stand, als seitdem man, besonders in England, wider den Sklavenhandel (und auch wohl nicht mit Unrecht) als einen Schandfleck der Menschheit geschrieben und im Parlamente gesprochen hat, und wenn er durch dies nachdrückliche Geschrei entweder ganz abgekommen ist oder doch mit heilsamer Einschränkung betrieben wird, so ist gewiß auch der alte Nettelbeck nicht der letzte, der seine herzliche Freude darüber hat. Aber vor fünfzig Jahren galt dieser böse Menschenhandel als ein Gewerbe, wie andere, ohne daß man viel über seine Recht- oder Unrechtmäßigkeit grübelte. Wer sich dazu brauchen ließ, hatte Aussicht auf einen harten und beschwerlichen Dienst, aber auch auf leidlichen Gewinn. Barbarische Grausamkeit gegen die eingekaufte Menschenladung war nicht notwendigerweise damit verbunden und fand auch wohl nur in einzelnen Fällen statt; auch habe ich meinesteils nie dazu geraten oder geholfen.« ——— »Inzwischen beförderten wir unsere Reise nach Möglichkeit, kamen ins Gesicht von Madeira und Teneriffa, passierten die Kapverdischen Inseln und erblickten am 24. Dezember die Küste von Guinea unter vier Grad zehn Minuten nördlicher Breite, liefen anfangs nach der Sierra Leona hinaus und warfen endlich am 4. Januar 1772 vor Kap Mesurado den Anker.«

»Zu besserem Verständnisse des Folgenden wird es erforderlich sein, einige Worte über die Art und Weise, wie dieser Negerhandel damals von den Holländern betrieben wurde, beizubringen.

Da hier Menschen nun einmal als Ware angesehen wurden, um gegen die Erzeugnisse des europäischen Kunstfleißes ausgetauscht zu werden, so kam es hauptsächlich darauf an, solche Artikel zu wählen, welche Bedürfnis oder Luxus den Schwarzen am unentbehrlichsten gemacht hatte. Schießgewehre aller Art und Schießpulver in kleinen Fässern von acht bis zweiunddreißig Pfund nahmen hierunter die erste Stelle ein. Fast ebenso begehrt war Tabak, sowohl geschnitten als in Blättern, samt irdenen Pfeifen, und Branntwein. Kattune von allen Sorten und Farben lagen in Stücken von einundzwanzig Ellen, sowie auch dergleichen oder leinene und seidene Tücher, deren sechs bis zwölf zusammengewirkt waren. Ebensowenig durfte ein guter Vorrat von leinenen Lappen, drei Ellen lang und halb so breit, fehlen, die dort als Leibschurz getragen werden. Den Rest der Ladung füllten allerlei kurze Waren, als kleine Spiegel, Messer aller Art, bunte Korallen, Nähnadeln und Zwirn, Fayence, Feuersteine, Fischangeln und dergleichen.

Einmal gewöhnt, diese verschiedenen Artikel von den Europäern zu erhalten, können und wollen die Afrikaner sowohl an der Küste als tiefer im Lande sie nicht missen und sind darum unablässig darauf bedacht, sich die Ware zu verschaffen, wogegen sie sie eintauschen können. Also ist auch das ganze Land immerfort in kleine Parteien geteilt, die sich feindlich in den Haaren liegen und alle Gefangenen, welche sie machen, entweder an die schwarzen Sklavenhändler verkaufen oder sie unmittelbar zu den europäischen Sklavenschiffen abführen. Allein oft, wenn es ihnen an solcher Kriegsbeute fehlt und sie neuer Warenvorräte bedürfen, greifen ihre Häuptlinge, die eine despotische Gewalt über ihre Untertanen ausüben, diejenigen auf, welche sie für die entbehrlichsten halten, oder es geschieht wohl auch, daß ein Vater sein Kind, der Mann das Weib und der Bruder den Bruder auf den Sklavenmarkt zum Verkaufe schleppt. Man begreift leicht, daß es bei solchen Raubzügen an Grausamkeiten jeder Art nicht fehlen kann und daß sich alle diese Länder dabei in dem elendsten Zustande befinden. Aber ebensowenig kann auch abgeleugnet werden, daß die Veranlassung zu all diesem Elende von den Europäern herrührt, welche durch ihre eifrige Nachfrage den Menschenraub bisher begünstigt und unterhalten haben.

Ihre zu diesem Handel ausgerüsteten Schiffe pflegten längs der ganzen Küste von Guinea zu kreuzen und hielten sich unter wenigen Segeln stets etwa eine halbe Meile oder etwas mehr vom Ufer. Wurden sie dann am Lande von Negern erblickt, welche Sklaven oder Elefantenzähne zu verhandeln hatten, so machten diese am Lande ein Feuer an, um dem Schiffe durch den aufsteigenden Rauch ein Zeichen zu geben, daß es vor Anker ginge; warfen sich aber auch zu gleicher Zeit in ihre Kanots und kamen an Bord, um die zur Schau ausgelegten Warenartikel zu mustern. Vor ihrer Entfernung versprachen sie dann, mit einem reichen Vorrat von Sklaven und Zähnen sich wieder einzufinden, oft jedoch ohne darin Wort halten zu können oder zu wollen. Gewöhnlich aber erschienen sie zu wirklichem Abschluß des Handels mit ihrer Ware am nächsten Morgen, als der bequemsten Tageszeit für diesen Verkehr. Denn da dort jede Nacht ein Landwind weht, so hat dies auch bis zum nächsten Mittag eine ruhige und stille See zur Folge. Dann steigt wieder ein Seewind auf, die Brandung wälzt sich ungestümer gegen den Strand, und die kleinen Kanots der Schwarzen können sich nicht hinaus wagen. Das Fahrzeug, welches die verkäuflichen Sklaven enthielt, war in der Regel noch von einem halben Dutzend anderer, jedes mit mehreren Menschen angefüllt, begleitet, welche alle einen Anteil an der unglücklichen Ware hatten. Allein nur acht oder höchstens zehn aus der Menge wurden mit an Bord gelassen, während die übrigen in ihren Kanots das Schiff umschwärmten und ein tolles Geschrei verführten.

Nun wurden auch die Gefangenen an Bord emporgehoben, um in näheren Augenschein genommen zu werden; die männlichen mit auf dem Rücken dergestalt hart zusammengeschnürten Ellenbogen, daß oft Blut und Eiter an den Armen und Lenden hinunterlief. Erst auf dem Schiffe wurden sie losgebunden, damit der Schiffsarzt sie genau untersuchen konnte, ob sie unverkrüppelt und übrigens von fester Konstitution und bei voller Gesundheit wären; und hierauf eröffnete sich dann die eigentliche Unterhandlung, jedoch nicht, ohne daß zuvor sowohl den Verkäufern auf dem Verdeck, als ihren Kameraden in den Kanots, Tabak und Pfeifen vollauf gereicht worden wäre, damit sie lustig und guter Dinge würden – freilich aber auch sich um so leichter betrügen ließen.

Die europäischen Tauschwaren wurden den Schwarzen stets nach dem höchsten Einkaufspreis mit einem Zusatz von fünfundzwanzig Prozent angerechnet, und nach diesem Tarif galt damals ein vollkommen tüchtiger männlicher Sklave etwa hundert holländische Gulden, ein Bursche von zwölf Jahren und darüber ward mit sechzig bis siebzig Gulden und ungefähr zu gleichem Preis auch eine weibliche Sklavin bezahlt. War sie jedoch noch nicht Mutter gewesen und ihr Busen noch von jugendlicher Fülle und Elastizität (und daran pflegt es die Natur bei den Negerinnen nicht fehlen zu lassen), so stieg sie auch verhältnismäßig im Werte bis auf hundertzwanzig oder hundertvierzig Gulden. Die Verkäufer bezeichneten stückweise die Artikel, welche ihnen unter den ausgelegten Waren anstanden, wogegen der holländische Einkäufer seinen Preis-Kurant fleißig zu Rate zog, um nach dem angenommenen Tarif nicht über neunzig Gulden hinauszugehen, und wobei auch der gespendete Branntwein samt Tabak und Pfeifen nicht unberücksichtigt blieben. Fing er dann an, sich noch weitern Zulegens zu weigern, und ließ sich höchstens noch ein Stück Kattun abdringen, so ward der Rückstand im geforderten Menschenpreise vollends mit geringeren Waren und Kleinigkeiten und zuletzt noch mit einem Geschenk von Messern, kleinen Spiegeln und Korallen ausgeglichen. Wie viel es übrigens bis zum gewünschten Abschluß des Streitens, Fluchens und Lärmens bei diesem Handel gegeben habe, bedarf kaum einer besonderen Erwähnung; denn wenn der eigentlichen Wortführer bei den Negern auch nur zwei oder drei sein mochten, so gab es doch immer unaufhörliche Rücksprache und Verständigung mit ihren Gefährten in den Kanots, die bei dem Erfolge der Unterhandlung alle gleich sehr interessiert waren. Hatten sie dann endlich die eingetauschten Waren in Empfang genommen, so packten sie sich wieder in ihre Fahrzeuge und eilten lustig, wohlbenebelt und unter lautem Hallo dem Strande zu.

Während dieser ganzen geräuschvollen Szene saß nun der arme Sklave, um welchen es gegolten hatte, auf dem Verdeck und sah sich mit steigender Angst in eine neue unbekannte Hand übergehen, ohne zu wissen, welchem Schicksal er aufbehalten sei. Man konnte den Unglücklichen sozusagen das Herz in der Brust schlagen sehen; denn ebensowenig als die meisten von ihnen je zuvor das Weltmeer, auf dem sie nun schwammen, erblickt, hatten sie auch früherhin die weißen und bärtigen Menschen gesehen, in deren Gewalt sie geraten waren. Nur zu gewiß waren sie des Glaubens, wir hätten sie nur gekauft, um uns an ihrem Fleische zu sättigen.

Die Verkäufer waren nicht so bald vom Schauplatz abgetreten, als der Schiffsarzt Sorge trug, den erhandelten Sklaven ein Brechmittel einzugeben, damit die seither ausgestandene Angst nicht nachteilig auf ihre Gesundheit zurückwirkte. Aber begreiflicherweise konnten die gewaltsamen Wirkungen dieser Prozedur jenen vorgefaßten schrecklichen Wahn ebensowenig beseitigen, als die Anlegung eiserner Fesseln an Hand und Fuß, wodurch man sich besonders der männlichen Sklaven noch enger zu versichern suchte. Gewöhnlich kuppelte man sie überdem noch paarweise zusammen, indem man durch einen in der Mitte jeder Kette befindlichen Ring noch einen fußlangen eisernen Bolzen steckte und fest vernietete.

Verschonte man auch die Weiber und Kinder mit ähnlichem Geschmeide, so wurden sie doch in ein festes Verhältnis vorne in der Schiffs-

TO BE SOLD, on board the Ship *Bance-Yland*, on tuesday the 6th of *May* next, at *Ashley-Ferry*; a choice cargo of about 250 fine healthy

NEGROES,

just arrived from the Windward & Rice Coast. —The utmost care has already been taken, and shall be continued, to keep them free from the least danger of being infected with the SMALL-POX, no boat having been on board, and all other communication with people from *Charles-Town* prevented.

Austin, Laurens, & Appleby.

N. B. Full one Half of the above Negroes have had the SMALL-POX in their own Country.

back eingesperrt, während die erwachsenen Männer ihren Aufenthalt dicht daneben zwischen dem Fock- und großen Maste fanden. Beide Behälter waren durch ein zweizölliges eichenes Plankwerk voneinander gesondert, so daß sie sich nicht sehen konnten. Doch brachten sie in diesem engeren Gewahrsam nur die Nächte zu; bei Tage hingegen war ihnen gestattet, in freier Luft auf dem Verdecke zu verweilen. Auf ihre fernere Behandlung während der Überfahrt nach Amerika werde ich in der Folge wieder zurückkommen.«

Um den Sklaveneinkauf zu beschleunigen, wurden Boote des Schiffes die Küste längs entsandt. Nettelbeck schreibt darüber:

»Diesen Auftrag erhielt auch ich, sobald wir in den ersten Tagen des Jahres 1772 auf der Küste von Guinea angelangt waren. Zu dem Ende ward die Barkasse mit zehn Mann unter meinen Befehlen ausgerüstet und mit Provisionen (Proviant) aller Art, besonders aber solchen beladen, welche in diesem heißen Klima einem schnellen Verderb ausgesetzt sein könnten«.

»Als ich in solcher Expedition zum erstenmal das Ufer betrat, standen bereits zwölf oder vierzehn Schwarze unseres Empfangs gewärtig und während ich mit etwa zehn meiner Begleiter vollends ins Trockene watete, kam uns auch ihr Anführer entgegen, bot mir die Hand, schnitt eine Menge wunderlicher Kapriolen und gab sich mir endlich mit den Worten ›Amo King Sorgo‹ (Ich bin der König Sorgo) zu erkennen.«

»——— als plötzlich ein Schuß fiel und gleich darauf ein gewaltiger Lärm sich erhob. Hierdurch mit Recht beunruhigt, ließ ich augenblicklich den Bootsanker aus dem Grunde reißen, das Fahrzeug seewärts umwenden, und begann das Weite zu suchen. Kaum hatte ich indes die Strommündung erreicht und die Brandung hinter mir, so füllte sich auch das Seeufer mit einer großen Anzahl von schwarzen Verfolgern, die mir eine Menge von Kugeln und Pfeilen nachschickten, jedoch ohne jemand von uns zu treffen ———.«

»Wenige Tage später befand ich mich vor der Mündung eines kleinen Flusses, genannt Rio de St. Paul, aus welchem zwei Neger in einem Kanot zu mir herankamen, um mir den Kauf von zwei Sklaven und einer Kakkebobe (Jungfrau) anzubieten, die sie daheim bewahrten und wohlfeilen Preises loszuschlagen gedachten ———.«

»Drei Tage später erreichten wir unser längst ersehntes Schiff, das bei Kap la How kreuzte; aber unsere diesmalige Fahrt, die gleichwohl bis in die fünfte Woche gewährt hatte, war in jedem Betracht ungünstig ausgefallen, denn wir brachten nur drei Sklaven und fünf Elefantenzähne mit. Glücklicher war unter der Zeit das Schiff selbst in seinem Handel gewesen.«

Nach der Rückkehr von seinen Bootsfahrten übernahm Nettelbeck vor der afrikanischen Küste das Kommando über einen holländischen Sklavenfahrer aus Vlissingen, dessen Kapitän schwer erkrankt war.

»Zu Anfang Oktober endlich verließen wir die afrikanische Küste, um unserer Bestimmung zuvörderst den Markt von Surinam zu besuchen. Zur Beschleunigung der Fahrt wandten wir uns erst südlich und gingen unter der Linie durch, um jenseits derselben die gewöhnlichen südöstlichen Passatwinde zu gewinnen, vor welchen man dann westlich und nordwestlich hinläuft, bis man von neuem die Linie passiert, um die nordöstlichen Passatwinde zu benutzen und mit ihnen die Reise zu beendigen. Die Krankheiten und die Sterblichkeit, welche unter den Sklaven bei jeder verlängerten Dauer der Überfahrt einzureißen pflegt, machen es wünschenswert, diese auf jede Weise abzukürzen. Unsere Ladung bestand aus vierhundertfünfundzwanzig Köpfen, worunter sich zweihundertsechsunddreißig Männer und einhundertneunundachtzig Frauen, Mädchen und Jungen befanden.«

Nettelbeck beschreibt dann die Unterbringung der Gefangenen an Bord und den Abschluß der Männerunterkunft durch eine Holzwand. »Vor jener Plankenwand stehen zwei Kanonen, deren Mündung gegen das Behältnis der Männer gerichtet ist, und die anfangs in ihrem Beisein mit Kugeln und Kartätschen geladen wurden, nachdem man ihre mörderische Wirkung durch Abfeuern gegen einige nahe und entfernte Gegenstände begreiflich gemacht hat. Heimlich aber werden nachher die Kugeln und die Kartätschen wieder herausgezogen und statt deren die Stücke mit Grütze geladen, damit es im schlimmsten Falle doch nicht gleich das Leben gelte. Denn – die Kerle haben ja Geld gekostet!

Die Weiber und die Unmündigen haben bei Tage ihren Aufenthalt hinter der Wand auf dem halben Deck und können ihre männlichen Unglücksgenossen zwar nicht sehen, aber doch hören. Allen ohne Ausnahme wird des Morgens, etwa um zehn Uhr, das Essen gereicht, indem je zehn einen hölzernen Eimer, der ebensoviel Quart fassen mag, voll Gerstgraupen empfangen. Die Stelle, wohin jede solche Tischgesellschaft sich setzen muß, ist durch einen eingeschlagenen eisernen Nagel mit breitem Kopf genau bezeichnet, und alles sitzt ringsumher, wie es zukommen kann, um das Gefäß mit Grütze, welche mit Salz, Pfeffer und etwas Palmöl durchgerührt ist; doch keiner greift um einen Augenblick früher zu, als bis dazu durch den lauten Schlag auf ein Brett das Zeichen gegeben worden. Bei jedem Schlage wird gerufen: »Schuckla! Schuckla! Schuckla!« Den dritten Ruf erwidern sie alle durch ein gellendes »Hurra!«, und nun holt der erste sich eine Handvoll aus dem Eimer, dem der zweite und die übrigen in gemessener Ordnung folgen.

Anfangs geht dabei alles still und friedlich zu. Neigt sich aber der Vorrat im Gefäße allmählich zu Ende, und die letzten müssen besorgen, daß die Reihe nicht wieder an sie kommen dürfte, so entsteht auch Hader und Zwiespalt. Jeder sucht dem Nachbar die Kost aus den Händen und beinahe aus dem Munde zu reißen. Da nun diese Szene jedesmal und bei jedem Gefäße schier in dem nämlichen Moment zutrifft, so kann man sich den

Lärm und Spektakel denken, der dann auf dem Schiffe herrscht, und wobei die Peitsche den letzten und wirksamsten Friedensstifter abgeben muß. Diese wiederhergestellte Ruhe wird dazu angewandt, ihnen den ledigen Eimer mit Seewasser zu füllen, damit sie sich Mund, Brust und Hände abwaschen. Zum Abtrocknen gibt man ihnen ein Ende aufgetrieseltes Tau (Schwabber genannt), worauf sie paarweise zu der Süßwassertonne ziehen, wo ein Matrose jedem ein Gefäß, etwa ein halb Quart enthaltend, reicht, um ihren Durst zu stillen.

Nach solchergestalt beendigter Mahlzeit und nachdem das Verdeck mit Seewasser angefeuchtet worden, läßt man das ganze Völkchen reihenweise und dicht nebeneinander sich niederkauern und jeder bekommt einen holländischen Ziegelstein (Mopstein) in die Hand, womit sie das Verdeck nach dem Takte und von vorn nach hinten zu scheuern angewiesen werden. Sie müssen sich dabei alle zugleich wenden, und indem sie bald vor-, bald rückwärts arbeiten, wird ihnen unaufhörlich neues Seewasser über die Köpfe und auf das Verdeck gegossen. Diese etwas anstrengende Übung währt gegen zwei Stunden und hat bloß den Zweck, sie zu beschäftigen, ihnen Bewegung zu verschaffen und sie desto gesunder zu erhalten.

Hiernächst müssen sie sich in dichte Haufen zusammenstellen, wo dann noch dichtere Wassergüsse auf sie herabströmen, um sie zu erfrischen und abzukühlen. Dies ist ihnen eine wahre Lust; sie jauchzen dabei vor Freude. Noch wohltätiger aber ist für sie die folgende Operation, indem einige Eimer, halb mit frischem Wasser angefüllt und mit etwas Zitronensaft, Branntwein und Palmöl durchgerührt, aufs Verdeck gesetzt werden, um sich damit den ganzen Leib zu waschen und einzureiben, weil sonst das scharfgesalzene Seewasser die Haut zu hart angreifen würde.

Für die männlichen Sklaven sind ein paar besonders lustige und pfiffige Matrosen ausgewählt, welche die Bestimmung haben, für ihren munteren Zeitvertreib zu sorgen und sie durch allerlei gebrachte Spiele zu unterhalten. Zu dem Ende werden auch Tabaksblätter unter sie ausgeteilt, welche, nachdem sie in lauter kleine Fetzen zerrissen worden, als Spielmarken dienen und ihre Gewinnsucht mächtig reizen. Zu gleichem Behufe erhalten dagegen die Weiber allerlei Arten Korallen, Nadeln, Zwirnfäden, Endchen Band und bunte Läppchen, und alles wird aufgeboten, um sie zu zerstreuen und keine schwermütigen Gedanken in ihnen aufkommen zu lassen.

Spiel, Possen und Gelärm währen fort bis um drei Uhr nachmittags, wo wiederum Anstalten zu einer zweiten Mahlzeit gemacht werden, nur daß jetzt statt der Gerstgraupen große Saubohnen gekocht, zu einem dicken Brei gedrückt und mit Salz, Pfeffer und Palmöl gewürzt sind. Die Art der Abspeisung, des Waschens, Trocknens, Trinkens und Abräumens bleibt dabei die nämliche, nur wird mit allem noch mehr geeilt, weil unmittelbar darauf die Trommel zum lustigen Tanz gerührt wird. Alles ist dann wie elektrisiert, das Entzücken spricht aus jedem Blicke, der ganze Körper gerät in Bewegung, und Verzuckungen, Sprünge und Posituren kommen zum Vorschein, daß man ein losgelassenes Tollhaus vor sich zu sehen glaubt. Die Weiber und Mädchen sind indes doch die Versessensten auf dieses Vergnügen, und um die Lust zu vermehren, springen selbst der Kapitän, die Steuerleute und die Matrosen mit den leidlichsten von ihnen zuzeiten herum; – sollte es auch nur der Eigennutz gebieten, damit die schwarze Ware desto frischer und munterer an ihrem Bestimmungsorte anlange. Gegen fünf Uhr endlich geht der Ball aus, und wer sich dabei am meisten angestrengt hat, empfängt wohl noch einen Trunk Wasser zu seiner Labung. Wenn dann die Sonne sich zum Untergang neigt, heißt es: »Macht euch fertig zum Schlafen unter Deck!« Dann sondert sich alles nach Geschlecht und Alter in die ihnen unter dem Verdecke angewiesenen, aber gänzlich getrennten Räume. Voran gehen zwei Matrosen und hinterdrein ein Steuermann, um acht zu haben, daß die nötige Ordnung genau beobachtet werde, denn der Raum ist dermaßen enge zugemessen, daß sie schier wie die Heringe zusammengeschichtet liegen. Die Hitze darin würde auch bald bis zum Ersticken steigen, wenn nicht die Luken mit Gitterwerk versehen wären, um frische Luft zur Abkühlung zuzulassen.

Eine Leiter führt zu einer Öffnung in diesem Gitter, die gerade weit genug ist, um zwei Menschen durchzulassen, und vor welcher die ganze Nacht hindurch ein Matrose mit blankem Hauer die Wache hält, der immer nur paarweise aus und ein läßt, was durch irgendein Bedürfnis hervorgetrieben wird. Da indes die Rückkehrenden selten ihre Schlafstelle so geräumig wiederfinden, als sie sie verlassen haben, so nehmen Lärm und Gezänke die ganze Nacht kein Ende, und noch unruhiger geht es begreiflicherweise bei den Weibern und Kleinen zu. Oftmals muß zuletzt die Peitsche den Frieden vermitteln.

Gewöhnlich werden sechs bis acht junge Negerinnen von hübscher Figur zur Aufwartung in der Kajüte ausgewählt, die auch ihre Schlafstelle in deren Nähe, sowie ihre Beköstigung von den übrigbleibenden Speisen an des Kapitäns Tische erhalten. Begünstigt vor ihren Schwestern, sammeln sie nicht nur allerlei kleine Geschenke an Kattunschürzchen, Bändern, Korallen und kleinem Kram ein, womit sie sich wie die Affen ausputzen, sondern der Matrosenwitz gibt ihnen auch den Ehrennamen von »Hofdamen«, sowie den einzelnen diese oder jene spaßhafte Benennung. Bei Tage aber mischen sie sich gern unter ihre Gefährtinnen auf dem Deck, wo jede sofort einen bewundernden Kreis um sich her versammelt, in dessen Mitte sie stolziert und sich den Hof machen läßt.

Bekanntlich kommen alle diese unglücklichen Geschöpfe beiderlei Geschlechts ganz splitternackt an Bord, und wenn sie gleich selbst wenig danach fragen, so hat doch der Anstand (wie sehr er auch sonst auf diesen Sklavenschiffen verletzt werden mag) ihre notdürftige Bedeckung geboten. Die Weiber und Mädchen empfangen daher einen baumwollenen Schurz um den Leib, der bis an die Kniee reicht, und die Männer einen leinwandenen Gurt, der eine Elle in der Länge und acht Zoll in der Breite hält und den sie, nachdem er zwischen den Beinen durchgezogen worden, hinten und vorne an einer Schnur um den Leib befestigen.

Wenn sie nun gleich auf diese Weise im eigentlichsten Sinne nichts mit sich auf das Schiff bringen, so vergehen doch kaum einige Wochen oder Monate und sie haben allesamt, besonders die weiblichen Personen, ein Paket von nicht geringem Umfang als Eigentum erworben, welches sie überall unterm Arm mit sich umherschleppen. Wie man sich indes leicht denken kann, besteht dieser ganze Reichtum in nichts als allerlei Lappalien, die sie zufällig auf dem Verdecke gefunden und aufgehoben haben – abgebrochenen Pfeifenstengeln, beschriebenen und bedruckten Papierschnitzeln, bunten Zeugflecken, Stückchen Besenreis und dergleichen Schnurrpfeifereien. Hierzu erbitten sie sich nun von den Schiffsleuten den Zipfel eines Hemdes oder sonst eines abgetragenen Kleidungsstückes, um ihren Schatz hineinzubündeln.

Aber nur zu oft begnügt sich ihre Begehrlichkeit nicht an dem, was ihnen das Glück auf diesem Wege zuwirft, sondern sie bestehlen sich untereinander und da entsteht denn Klage über Klage, als wären ihnen alle Kleinodien der Welt abhanden gekommen. Der wachhabende Steuermann verwaltet sodann das strenge Richteramt, veranstaltet Untersuchungen, wobei jeder sein Bündel vorweisen und auskramen muß und wobei es seiner Gravität oft schwer genug wird, sich des Lachens zu enthalten und verfügt endlich über den ertappten Dieb einige gelinde Peitschenhiebe. So geht es heute, so morgen und so alle übrigen Tage während der Dauer der Reise; nicht anders, als ob man mit lauter Affen und Narren zu tun hätte.«

Nachdem das Schiff in Paramaribo angekommen und durch die Gesundheitskommission freigegeben worden war (sechs Neger waren während der Überfahrt gestorben), begann der Verkauf der »schwarzen Ware«. Nettelbeck schreibt:

»Unser Hauptgeschäft bestand hier indes im Verkauf unserer schwarzen Ware, worüber ich mich mit einigen Worten zu erklären habe. Gewöhnlich erläßt der Schiffskapitän bei seiner Ankunft in der Kolonie ein Zirkular an die Plantagenbesitzer und Aufseher, worin er ihnen seine mitgebrachten Artikel anempfiehlt und die Käufer zu sich an Bord einladet. Bevor jedoch diese anlangen, wird eine Auswahl von zehn bis zwanzig Köpfen, als der erlesensten unter dem ganzen vorhandenen Sklavenhaufen, veranstaltet; man zeichnet sie mit einem Bande um den Hals, und so oft ein Besuch naht, müssen sie unter das Verdeck kriechen, um unsichtbar zu bleiben. Denn die Politik des Verkäufers erfordert, daß nicht gleich vom Anfange an das beste Kaufgut herausgesucht werde und dann der Rest, als sei er bloßer Ausschuß, in bösen Verruf komme.

Haben sich nun kauflustige Gäste auf dem Schiffe eingefunden, so werden die männlichen wie die weiblichen Sklaven angewiesen, sich in zwei abgesonderten Haufen in die Runde zu stellen. Jeder sucht sich darunter aus, was ihm gefällt, und führt es auf die Seite, und dann erst wird darüber gehandelt, wie hoch der Kopf durch die Bank gelten soll. Gewöhnlich kommt dieser Preis für die Männer auf vierhundert bis vierhundertfünfzig Gulden zu stehen. Auch junge Burschen von acht oder zehn Jahren und darüber erreichen diesen Preis so ziemlich; ein Weibsbild wird, je nachdem ihr Aussehen besser oder geringer ausfällt, für zweihundert bis dreihundert Gulden losgeschlagen; hat sie aber noch auf Jugend, Fülle und Schönheit Anspruch zu machen, so steigt sie im Werte bis auf achthundert oder tausend Gulden und wird oft von Kennern noch bedeutend besser bezahlt.

Ist der Handel abgeschlossen, so wird der Preis entweder zur Stelle bar berichtigt, meist aber durch Wechsel ausgeglichen, oder es findet auch ein Austausch gegen Kolonieerzeugnisse statt, und wenn die Käufer ihre erhandelten Sklaven nicht gleich mit sich hinwegführen, so bedingen sie auch wohl ein, daß der Kapitän sie im Boote oder in der Schaluppe an die bezeichnete Plantage abliefern läßt.

Zuletzt bleibt denn nun, nachdem allmählich auch die erlesene Ware zum Vorschein gekommen ist, wirklich nur der schlechtere Bodensatz zurück, und um sich dessen zu entäußern, muß nun der Weg des öffentlichen Ausgebotes an den Meistbietenden beschritten werden. Zu dem Ende werden diese Neger an dem dazu bestimmten Tage ans Land und auf einen eigenen Platz gebracht, wo ein Arzt jeden Sklaven einzeln auf seine Tauglichkeit untersucht. Dieser muß sodann auf einen Tisch treten; der Arzt legt Zeugnis ab, daß er fehlerfrei sei, oder daß sich dieser oder jener Mangel an ihm finde. Nun geschehen die Gebote der Kauflustigen, und so wird, nach erfolgtem Zuschlage, bis zu dem letzten aufgeräumt.

Wir hatten diesmal bei unserm Handel nur wenig Glück, was auch nicht anders sein konnte, da nur kurz zuvor zwei Sklavenschiffe hintereinander hier gewesen waren und den Markt überfüllt hatten. Die schlechte Erfahrung der ersten vierzehn Tage überzeugte uns daher von der Notwendigkeit, einen vorteilhafteren Platz aufzusuchen, und unsere Wahl fiel auf die benachbarte holländische Kolonie Berbice.

In Berbice, wo wir mit dem letzten Januar anlangten, fanden wir leider ebenso schlechten Markt, indem bereits zwei Sklavenschiffe dort vor Anker lagen. Wir hielten uns also auch nur drei Tage auf und steuerten nach St. Eustaz, erreichten diese Insel in der Mitte Februars und hatten das Glück, hier verschiedene Sklavenkäufer von den spanischen Besitzungen auf der Terra firma anzutreffen, an welche wir unsere Ladung samt und sonders binnen drei Tagen mit Vorteil losschlugen.«

Daß es keine Sklavenschiffe unter deutscher Flagge oder deutschen Landesflaggen gegeben hat, lag nicht an den Deutschen und ihrer Moral, sondern an den deutschen Zuständen.

Geschmuggelte Sklaven und shanghaite Kulis als gefährliche Fracht

XXVIII.

Gegen Ende des 18. Jahrhunderts mehrten sich in Europa und Amerika die Stimmen, die gegen die Sklaverei auftraten. In den Jahren der Französischen Revolution schieden französische Reeder fast völlig aus dem Sklavenhandel aus. In England faßte das Unterhaus 1792 den Beschluß, den Sklavenhandel ab 1795 zu verbieten. Doch das Gesetz wurde im Oberhaus abgelehnt, da viele Mitglieder des Hauses selbst am Sklavenhandel verdienten. In der Folgezeit setzte sich – aus verständlichen Geschäftsinteressen – die mächtige »Ostindien-Kompanie« für das Verbot ein. Es ging um die Frage, ob der ostindische oder der westindische Zucker bzw. die von den Indern oder von den amerikanischen Negersklaven gepflückte Baumwolle den englischen Markt beherrschen sollte. Die Entscheidung fiel am 5. und 6. Februar 1807. Beide Häuser nahmen das Gesetz gegen den Sklavenhandel an, nach dem es ab 1. 5. 1807 Schiffen unter britischer Flagge verboten sein sollte, Sklaven zu transportieren.

Daraufhin ließen die Reeder ihre Schiffe im Schiffsregister Englands löschen und in den Registern Spaniens und Portugals unter dem Namen einer Scheinfirma eintragen. Das Geschäft ging weiter wie bisher. Als Gegenmaßnahme der Regierung wurde ein Jahr später die Anlandung von Sklaven, gleich mit welchen Schiffen, in allen englischen Kolonien verboten. Damit wurde der Sklavenhandel innerhalb des britischen Imperiums illegal, und es begann die Zeit des Sklavenschmuggels. Die Anzahl der verschifften und angelandeten Negersklaven nahm anfangs eher zu als ab.

Doch diesmal meinte es die britische Regierung ernst. Im Jahre 1811 wurde der Sklavenhandel in allen britischen Kolonien als Schwerverbrechen mit Kerker und kurze Zeit später sogar mit dem Tode am Galgen bestraft. England versuchte Spanien für ähnliche Maßnahmen zu gewinnen und bot der spanischen Regierung eine Entschädigungssumme von 850 000 Pfund Sterling an, dazu eine Anleihe von 10 Millionen Dollar. Die spanische Regierung lehnte ab.

Auf dem Wiener Kongreß 1815 kam es zwar zur Annahme einer Deklaration gegen den Sklavenhandel, aber die verschiedenen Regierungen – außer der britischen – reagierten nur zögernd. Die französischen Reeder gingen erst einmal mit vollen Segeln ins Geschäft, als wollten sie Versäumtes nachholen. Auf Druck der britischen Regierung verbot Frankreich zwar 1818 die Sklavenfahrt, aber sie galt nicht als Straftat. In Spanien kam es, unter Annahme einer durch England gezahlten Entschädigungssumme, zu einem Gesetz, das schreckliche Folgen für die Sklaven nach sich ziehen sollte. Danach galt als Sklavenfahrer nur ein Schiff, auf dem tatsächlich Sklaven vorgefunden wurden. Aus diesem Grunde warfen die Besatzungen der Sklavenfahrer bei Gefahr des Aufbringens ihres Seglers durch ein Kriegsschiff die Sklaven einfach über Bord. Zahlreiche Beispiele belegen solchen Massenmord, der ungesühnt blieb, da er gesetzlich nicht erfaßt werden konnte. 1830 verbot Brasilien die Negereinfuhr und die portugiesische Regierung die Sklavenausfuhr aus ihren Kolonien. Damit waren die Voraussetzungen für einen internationalen Vertrag gegeben, dem alle entscheidenden Mächte sich anschlossen. Für die Sklavenhändler und Sklavenfahrer, die nun wie Piraten mit der Todesstrafe rechnen mußten, war die Lage kritisch geworden. Der Kapitän eines Sklavenfahrers riskierte bereits den Kopf, wenn an Bord seines Schiffes Sklavenausrüstungen gefunden wurden, wie Handschellen oder Bolzen an der Bordwand, an die man die Neger in Sicht der Küste und der Wachschiffe kettete. Auch ein

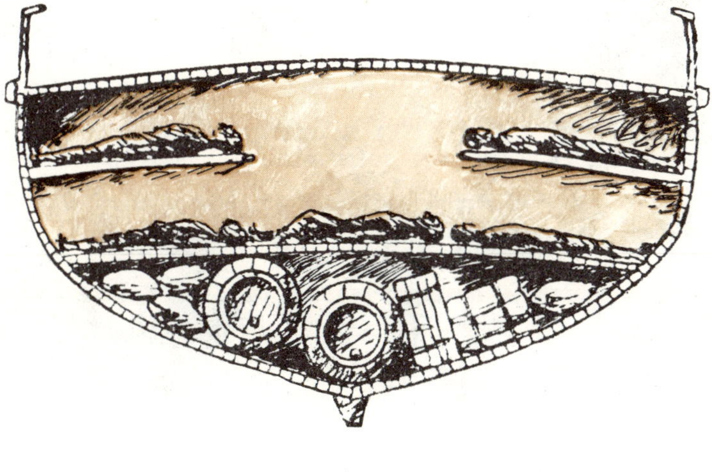

außergewöhnlich großer Vorrat an Trinkwassertonnen, an Reis und Bohnen oder Reserveplanken für ein einzuziehendes Rahmendeck galten als Beweis, daß es sich um ein Sklavenschiff handelte. Da vor der Küste Kriegsschiffe patrouillierten, näherten sich die Sklavenschiffe nur noch im Schutze der Dunkelheit der Küste, nachdem sie am Vortage durch vereinbarte Rauchzeichen verständigt worden waren. Am liebsten gingen die Kapitäne in gut getarnten Flußmündungen vor Anker. Sie verzichteten auf jede Musterung der »Ware« und nahmen in größter Eile Neger an Bord, die der Händler oder Agent von Land heranführte. Mit dem zurückgehenden Verkauf der Sklaven füllten sich die Gefangenenlager, und die schwarzen und weißen Händler waren froh, unnütze Esser – und sei es für drei oder vier Pfund – losschlagen zu können. Die Sklavenfahrer, die im Geschäft geblieben waren, luden im gleichen Schiffsraum das Doppelte an Sklaven gegenüber früher, denn der Verkaufspreis eines männlichen Negersklaven war in Brasilien auf 100 Pfund und in Nordamerika sogar auf 1000 Dollar gestiegen.

Es gibt sichere Angaben über die Anzahl der Negersklaven an Bord der durch Kriegsschiffe aufgebrachten Sklavenschiffe. Als z. B. 1834 die Brigg »Carolina« beim Sklavenschmuggel gefaßt wurde, hatte dieses nur 80 t große Fahrzeug 350 Sklaven unter Deck, und von der spanischen Felukke »Si«, 71 t groß, befreite man 360 noch lebende Neger. Als die afrikanische Westküste immer schärfer bewacht wurde, wichen die Sklavenfahrer zur

ostafrikanischen Küste aus. Das bedeutete 2000 oder auch 3000 km zusätzliche Fahrt allein bis zum Kap der Guten Hoffnung, und statt der Unterstützung durch Wind und Strom auf der alten Atlantikroute mußte vom Kap an gegen Wind und Strom angekämpft werden, volle 6000 km bis Rio de Janeiro oder 12 000 km bis Havanna, den beiden Verteilerzentren für Negersklaven während der illegalen Sklavenfahrt.

Die Sterblichkeit der Gefangenen stieg auf diesem langen Seetörn entsprechend. In dem Parlamentsbericht des Jahres 1838 über den portugiesischen Sklavenhandel wurden folgende Angaben gemacht:

»Cinta« von Ostafrika nach Rio de Janeiro mit 970 Sklaven, davon tot 202
»Brilliante« von Ostafrika nach Rio de Janeiro mit 621 Sklaven, davon tot 202
»Commodore« von Ostafrika nach Rio de Janeiro mit 685 Sklaven, davon tot 295
»Esplorador« von Ostafrika nach Havanna mit 560 Sklaven, davon tot 361.

In der Zeit des Sklavenschmuggels gab es natürlich keine Konnossemente mehr, und auch die Reise verlief anders als bei der legalen Sklavenfahrt. In den überfüllten Decks war kein Liegen mehr möglich, außer in Schichten übereinander. Stehend, hockend, zusammengepreßt mußten

diese Menschen Tage und Nächte verbringen; denn bevor nicht das durch Kriegsschiffe bewachte Gebiet durchsegelt war, ließ die Besatzung keinen Neger an Oberdeck. Die Luken waren, wie sonst nur bei starkem Seegang, wasserdicht festgeschalkt, d.h. fast luftdicht verschlossen, und das in feuchtheißer Tropenluft. Die Scheußlichkeiten dieser Unterkünfte lassen sich nicht beschreiben. Wenn nach zwei oder drei Tagen die Luken geöffnet wurden, war jeder vierte bis fünfte der eingepferchten Menschen tot, erstickt und erstunken. Ein übriges besorgten die Epidemien. Die Sterblichkeit auf der Überfahrt stieg auf 50 % und darüber. Für die Reeder blieb es trotzdem ein profitables Geschäft.

Einer der skrupellosesten Sklavenhändler Anfang des 19. Jahrhunderts war der staatenlose Theodor Canot. Er absolvierte seine Lehrzeit auf amerikanischen Schiffen, bis er als Offizier auf dem kubanischen Sklavensegler »Acrostatico« anheuerte. Das Schiff ging in Rio Pongo verloren, und Canot blieb für die nächsten Jahre als Sklavenhändler an der afrikanischen Küste. Als ihm der afrikanische Boden zu heiß wurde, fuhr er wieder als Offizier und Kapitän auf Sklavenschiffen. Im Jahre 1827 führte er als Kapitän den 90 t großen kubanischen Schoner »Fortuna«, der für 20 000 Zigarren 220 Sklaven an der westafrikanischen Küste einhandelte. Diese Reise, die vier Monate dauerte, rechnete Canot wie folgt ab:

Erlös aus dem Verkauf von 217 Sklaven	77469,00 $
Erlös aus der Versteigerung des Schiffes	3950,00 $
Gesamteinnahmen:	81419,00 $
Unkosten der Reisen – gesamt einschl. Ankauf des Schiffes	39761,21 $
Reingewinn der Reise	41657,79 $

Eine einzige erfolgreiche Reise verdoppelte demnach das Kapital.

Canot, der wiederholt nur knapp seiner Gefangennahme und damit dem Tod durch den Strang entging, kannte ebenso wie die meisten anderen Sklavenschmuggler das Kontrollsystem der Engländer vor der Küste. Dennoch kam es häufiger zu Gefechten zwischen Sklavenschiffen und den sie verfolgenden Kriegsschiffen, bei denen nicht immer die Soldaten Sieger blieben. Am schlimmsten traf es natürlich die Negersklaven, die bei einer manchmal Tage andauernden Verfolgung durch Kriegsschiffe in der verbrauchten Luft angekettet unter Deck bleiben mußten. Mitleidslos stellte Canot bei einer Reise fest: »Die 800 Sklaven, die gesund an Bord gebracht worden waren, hatten sich um 487 Tote vermindert.«

Ausgerechnet in der Zeit, da in Nordamerika der Kampf um die Befreiung der Millionen Negersklaven seinen erfolgreichen Abschluß fand, übernahmen amerikanische Reeder die Führung im Sklavenschmuggel. Um den englischen Wachschiffen zu entgehen, hatten sie besonders schnelle Segler bauen lassen. Die Werften von Baltimore waren berühmt für den Bau schlanker und hochgetakelter Sklavenschoner, die den britischen

Überwachungsschiffen, meistens schnellaufende Briggs, davonsegelten. Die Amerikaner holten ihre »schwarze Ware« aus dem Gebiet beiderseits des Kongos, ein paar hundert Meilen nördlich und südlich seiner Mündung. Der berühmteste amerikanische Schnellsegler jener Zeit war die »Nightingale« unter Kapitän Bowen, der auf jeder Reise 1000 Negersklaven mitnahm. Am 21. April 1861 wurde die »Nightingale« von dem amerikanischen Kriegsschiff »Saratoga« mit noch 961 Sklaven an Bord aufgebracht. Bevor man jedoch Bowen den Prozeß machen konnte, gelang es ihm, aus der Gefangenschaft zu entfliehen. Auch Kapitän Gordon gehörte zu den letzten amerikanischen Sklavenschmugglern. Er fiel mit seinem Schiff »Erie« und 890 Sklaven an Bord dem amerikanischen Kriegsschiff »Mohican« in die Hände. In Ketten wurde er nach New York gebracht und am 21. Februar 1862 auf Grund des Gesetzes von 1820 als Pirat gehenkt.

Nach Stephan A. Douglas, dem Gegenkandidaten Abraham Lincolns bei den amerikanischen Präsidentschaftswahlen, wurden noch im Jahre 1858 mindestens 15 000 Neger nach Nordamerika geschmuggelt. In New York gab es zu dieser Zeit Aktiengesellschaften, die als Ziel ihrer Tätigkeit offen den Sklavenhandel angaben. Aber auch in Amerika ging das Geschäft zu Ende. Im Mai 1860 bewilligte der Kongreß in Washington die Gelder für vier schnelle Kanonenboote, die nach ihrer Indienststellung innerhalb kurzer Zeit im Golf von Mexiko zwölf amerikanische Sklavenschmuggler mit mehr als 3000 Negern an Bord aufbrachten. Vor dem Kongo fingen die Kriegsschiffe im gleichen Jahr Schiffe mit 4200 Negern an Bord ab. Die Versicherungsprämien schnellten in utopische Höhen. Das Geschäft lohnte sich nicht mehr. Trotzdem wurde noch im Jahre 1901 ein Sklavenschiff auf dem Atlantik gestoppt.

Mit der Ausschaltung ihrer europäischen und amerikanischen Konkurrenz wurde das afrikanische Feld wieder für die arabischen Sklavenhändler frei, die vor allem in Ostafrika und auf Sansibar ihren Sitz hatten. Sie sandten ihre »schwarze Ware« nicht nach Westen, sondern wie Jahrtausende vorher schon nach Norden und Nordosten. Durch die Überwachung der afrikanischen Küste durch europäische Kriegsschiffe wurden sie nur vorübergehend gestört. Im Journal eines portugiesischen Wachschiffes gab es in dieser Periode folgende Eintragung:

31. Dezember 1885:	Aufgebracht die arabische Dhau »Fatal Ker«, Kapitän Abdullah Munid, mit 160 Sklaven an Bord.
17. Januar 1886:	Genommen die arabische Dhau »Sabala« mit 61 Sklaven an Bord, von denen 7 bereits verdurstet waren.
10. Mai 1886:	Den Sklavenhändler Mukussu Omar mit 3 Dhauen und 200 Sklaven gefangen.

Mit der Minderung und schließlich dem völligen Ausfall der Negereinfuhr nach Amerika suchten die Pflanzer nach geeignetem Ersatz an billigen Arbeitskräften für ihre Zuckerrohr- und Baumwollplantagen. Bereits 1834 hatte man auf Mauritius den Versuch unternommen, indische Arbeiter in den dortigen Zuckerrohrpflanzungen einzusetzen. Da dieses Experiment gut verlaufen war, stiegen die meisten Sklavenhändler und Sklavenfahrer um – darunter der berüchtigte Sklavenschmuggler Bowen – und organisierten nun den Transport von Kulis. Diese Menschen aus Indien, Südostasien und China wurden zwar nicht mehr gefangen und verkauft, aber in den meisten Fällen durch Versprechungen arglistig getäuscht oder auch mit Gewalt an Bord der Kulischiffe gebracht. Die britisch-indische Regierung sah sich 1837 veranlaßt, das erste Kuliauswanderungsgesetz zu beschließen. Darin waren als wichtigste Punkte festgelegt:

1. Zur Anwerbung von Kulis ist die behördliche Genehmigung erforderlich.
2. Mit dem Arbeiter muß ein Vertrag abgeschlossen werden, der die Dauer von fünf Jahren nicht überschreiten darf.
3. Ein Schiff darf nur auf $1^1/_2$ t Tragfähigkeit einen Kuli an Bord nehmen, d. h., die Anzahl der zu transportierenden Menschen ist zu begrenzen.

Nach einem vorübergehenden Verbot aller Transporte wurde durch die Regierung ein »Protektor der Emigranten« eingesetzt, der Schiffe, die gegen das »Kuli-Emigrations-Gesetz« verstießen, von der Beförderung indischer Auswanderer ausschließen konnte. Der Protektor ernannte für jedes Schiff einen ärztlichen Inspektor, der als Repräsentant der Auswandererbehörde die Reise mitmachte. Beim Anbordkommen wurden die Hindus auf die Luken verteilt. Die ledigen Männer kamen in die Luke 1, die Verheirateten mit und ohne Kinder in die Hauptluke und die Achterluke. Bei Tage und gutem Wetter durften die Kulis das vordere Oberdeck betreten, aber es standen dann Offiziere und Matrosen bewaffnet auf dem Achterdeck, um einen Aufstand sofort niederschlagen zu können. Nachts mußte alles unter Deck, und bei Gefahr, gleich woher sie drohte, wurden die Luken wasserdicht und nahezu luftdicht verschalkt. Genauso wie auf den Sklavenschiffen gab es eine Menge Tote, sobald die Luken für länger als einen Tag geschlossen bleiben mußten. Selbst die im allgemeinen friedfertigen Hindus versuchten in dieser Situation häufig, sich gegen die weiße Mannschaft aufzulehnen und den Kulisegler in die Hand zu bekommen.

Ein großer Teil der Kulitransporte ging von China ab. Neben wirklichen Auswanderern, d. h. Menschen, die freiwillig das Land verlassen wollten, gab es bei jedem Transport immer wieder Chinesen, die von Agenten und Verbrecherorganisationen gegen ihren Willen an Bord gebracht wurden. Besonders in Shanghai wurden Männer durch Genuß von Opium und Alkohol willenlos gemacht oder durch Frauen in eine Falle gelockt und danach gewaltsam auf Schiffe verschleppt, wo sie entweder für den Dienst an Bord von Kriegsschiffen gepreßt oder als Halbsklaven zu den Guanoplätzen der westamerikanischen Küste oder als Kuli für die amerikanischen Zuckerrohr- und Baumwollfelder verschifft wurden. Diese Methoden wurden unter dem Begriff »shanghaien« weltbekannt.

Die Chinesen waren weder naive, gefesselte Negersklaven noch passiv duldende Hindus, so daß der Transport chinesischer Kulis für die Besatzungen der Kuliklipper immer problematisch und gefährlich war. Den Verlauf eines Kulitransports schilderte der Kapitän des amerikanischen Vollschiffes »Norway« aus New York, das im Jahre 1859 in Macao 1000 chinesische Kulis für Havanna an Bord nahm, in seinem Reisebericht.

Zu Beginn der Fahrt hatte man, wie auf Kulireisen üblich, aus den Leuten die kräftigsten Burschen als Aufseher und Ordner ausgewählt. Für ein paar »Extras« bei Unterbringung und Verpflegung leisteten sie ihren weißen Herren wertvolle Dienste gegen ihre Landsleute. An Bord der Kulifahrer wurden sie »Policemen« genannt. Als die »Norway« den dritten Tag auf See war, gab es im Zwischendeck unter den Chinesen einen erbitterten Kampf, ohne daß der Grund hierfür festzustellen war. Nur mühsam gelang es den Policemen, die Ordnung an Bord der »Norway« wiederherzustellen. Vier wahrscheinliche Urheber der Schlägerei wurden mit Handschellen an Deck gebracht und an Augbolzen vor dem Achterdeck angekettet. Ein fünfter Mann mußte an Deck getragen werden, denn er war durch eine Stichwunde schwer verletzt worden. Womit und von wem diesem Mann die Wunde beigebracht worden war, blieb zunächst rätselhaft, da beim Anbordkommen jeder Kuli und sein Gepäck sorgfältig nach Waffen durchsucht worden waren. Selbst Taschenmesser hatte man ihnen weggenommen und zum Essen nur die Stäbchen gelassen. Der Verwundete verriet dem Kapitän der »Norway«, daß die Kulis sich in den Besitz des Schiffes setzen wollten. Dazu wolle man die Kojen auseinanderreißen, um sich mit Holzlatten zu bewaffnen, dann im Zwischendeck ein Feuer anzünden und die Mannschaft, sobald sie zum Löschen nach unten käme, mit den Holzscheiten erschlagen. Der Plan stamme von Personen, die vorher auf Piraten-Dschunken Dienst getan hätten und Meister in solchen Aktionen seien.

Der Kapitän nahm die Warnung des Verwundeten nicht sehr ernst. Er ließ die Öffnungen zu den Luken weiterhin unbewacht und begnügte sich mit einer Information an die Besatzung. Zwei Nächte später, die »Norway« segelte mit vollem Tuch vor dem Monsun, drang plötzlich ein schriller Schrei aus dem Zwischendeck, und eine Flamme schlug durch die Grätings der vorderen Luke. Sofort hastete die Mannschaft ohne jede Aufforderung an die Lukenöffnungen, um sie mit Eisenstangen und Bohlen zu verrammeln, denn bei einem Ausbruch der Chinesen hätten 1000 Kulis gegen 60 Mann Besatzung gestanden. Die Offiziere schossen auf die Ausbrechenden, die Waffen in den Händen hielten. Der Erste Offizier wurde durch den Hieb mit einem Kombüsen-Hackmesser verwundet. Als es der Mannschaft gelungen war, die Lukenöffnungen dicht zu setzen, fühlten sie sich sicher. Doch die Kulis trugen alles Brennbare unmittelbar

unter der Lukenöffnung zu einem großen Stapel zusammen, übergossen ihn mit Petroleum und steckten das Ganze in Brand. Das erste Feuer war nur ein Scheinfeuer gewesen, aber jetzt bestand die Gefahr, daß nicht nur die Verriegelungsbalken über den Luken verbrennen, sondern auch das ganze Schiff ein Opfer der Flammen werden würde. Deshalb ließ der Kapitän mit nassen Persennings die Luken luftdicht abschließen. Das erstickte das Feuer und nahm den Kulis die Luft zum Atmen. Die auf diese Art und Weise verhandlungswillig gemachten Kulis stellten folgende Bedingungen:

1. 300 Kulis sind an Deck zu lassen.
2. Das Schiff hat sofort die siamesische Küste anzulaufen, wo es jedem freistehen soll, das Schiff zu verlassen.
3. Das Schiff darf bis zum Anlaufen der Küste mit keinem anderen Schiff Verbindung aufnehmen.

Sollte der Kapitän diese Bedingungen nicht annehmen, würden sie das Schiff verbrennen, auch wenn es ihren eigenen Tod bedeute.

Statt einer Antwort ließ der Kapitän die Boote klarmachen und mit Proviant und Wasser ausrüsten. Als die ersten Passagiere in die Boote stiegen, übermittelten die an Oberdeck gefesselten und angebundenen Kulis die entstehende Situation an ihre Kameraden unter Deck, die daraufhin einen Waffenstillstand ohne Bedingungen anboten. Im gegenseitigen Einverständnis wurden die Toten aus dem Zwischendeck geholt und über Bord gegeben. Damit schien alles in Ordnung. Doch nach Einbruch der Dunkelheit unternahmen die Chinesen einen erneuten verzweifelten Ausbruchsversuch. Die Besatzung schoß blind gegen die Lukenöffnungen in die dichten Menschenhaufen, bis die Eingeschlossenen ihre Versuche, die Lukenverschlüsse zu sprengen, aufgaben. Für den weiteren Verlauf der Reise verhielten sich die Kulis ruhig, doch 130 von ihnen hatten den Aufstandsversuch mit ihrem Leben bezahlen müssen.

Die Ursachen für den Aufstand sind nie aufgeklärt worden. So bleibt es fraglich, ob die Anführer wirklich Piraten waren, die das Schiff in ihre Gewalt bringen wollten, oder ob es »Shanghaite« waren, die nichts anderes wollten, als wieder in ihre Heimat zurückzukehren, aus der man sie gewaltsam verschleppt hatte. Die Sache mit dem Feuer allerdings war ein Trick, der von den Piraten des Fernen Ostens häufig angewandt wurde. Sie rechneten damit, daß die Besatzung im ersten Schreck in die Boote ging und das Schiff ohne Kampf in Besitz genommen werden konnte. Mancher Kuliklipper ist genau auf diese Weise verlorengegangen.

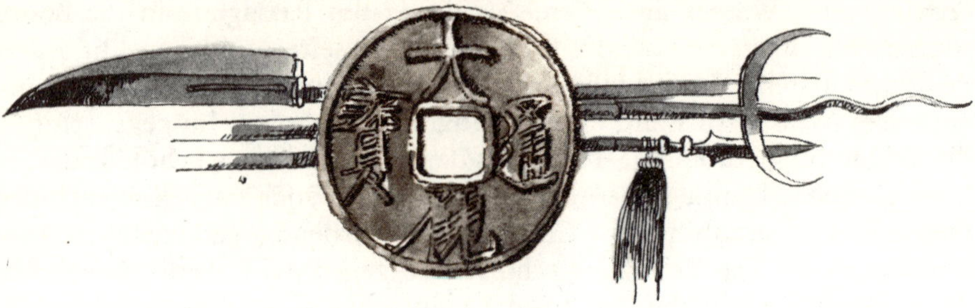

Piraterie im Indik und in der Chinasee

XXIX.

Der Indische Ozean und die westlichen Randmeere des Pazifik sind nicht nur Wiege der Seefahrt, sondern auch des Seeraubs. Nur sind die Kenntnisse über die Piraterie in diesen Räumen bis heute noch beschränkt. Besonders waren das Arabische Meer, der Golf von Bengalen, die Malaien- und nicht zuletzt die Chinasee über Jahrtausende ein fruchtbares Operationsgebiet einheimischer Seeräuber. Als mit den großen geographischen Entdeckungen die Europäer in diese Gewässer kamen, vermischten sich portugiesische, holländische und englische Seeräuber mit den einheimischen Piraten und jagten gemeinsam – manchmal auch in Konkurrenz – die lohnende Beute, die auf den Seeverbindungen zwischen Europa, Indien und China transportiert wurde.

Die bekanntesten arabischen Seeräuber waren die Joamitis von der Piratenküste. Als Piratenküste wurde der rund 150 Seemeilen lange Küstenstreifen bezeichnet, der von der Enge von Hormus in südwestlicher Richtung verläuft, also ein Teil der Südküste des Persischen Golfes. Durch die Enge von Hormus gingen 5000 Jahre lang die Transporte aus Indien und China in den Persischen Golf nach Oman, von wo die Waren weiter den Euphrat aufwärts nach Babylon und von dort mit Kamelkarawanen bis zu den Mittelmeerhäfen gebracht wurden. Seit Beginn des 5. Jahrhunderts wurde ein Teil der Transporte in das Rote Meer geleitet. Doch die joamitischen Piraten beherrschten das Seegebiet vor der Arabischen Halbinsel ebenso wie die spätere Seeverbindung der Portugiesen und

Engländer nach Indien, die um das Kap der Guten Hoffnung längs der ostafrikanischen Küste bis zur Insel Sokotra und von dort nach Bombay führte. Der Name der Joamitis wurde in Europa bekannt, als sie im Dezember 1778 mit sechs Dhaus im Persischen Golf ein englisches Regierungsschiff angriffen und nach dreitägigem Kampf nahmen. Seit der Eroberung Indiens durch die Engländer gehörten die Schiffe der Ostindischen Kompanie zu den bevorzugten Beuteobjekten der arabischen Seeräuber. Wiederholte Expeditionen britischer Kriegsschiffe gegen die Piraten blieben erfolglos. Im Jahre 1797 griffen mehrere joamitische Segler die englische Korvette »Viper« an. Beim Enterkampf fielen der Kapitän und die Hälfte der Besatzung, bevor die Korvette entkommen konnte. Ein ähnliches Schicksal erlitt 1808 die Korvette »Fury«, und mancher Ostindienfahrer, der im Register als »verschollen« gestrichen werden mußte, dürfte Opfer der arabischen Piraten geworden sein. 1818 strandete das

englische Kriegsschiff »Hope« auf einer Kreuzfahrt im Persischen Golf vor dem Hafen Kismah. Als die 120 Mann starke Besatzung gefangengenommen und dem Scheik von Kismah übergeben wurde, erlebten die Engländer eine Überraschung. Der Scheik war der 1759 in Newcastle geborene Abenteurer und Seeräuber Thomas Horton. Der zum Islam übergetretene Piratenführer behandelte seine ehemaligen Landsleute gnädig und gab sie ohne Lösegeld frei. Zum Abschied schenkte er jedem Engländer eine junge schwarze Sklavin. Die Joamiten stießen mit ihren Schnellseglern bis zur indischen Westküste vor und bedrohten selbst Bombay. Erst als im Jahre 1819 mehrere große britische Kriegsschiffe mit einem starken Landungskorps die joamitische Hauptstadt Ras-al-Khayma nahmen und die Basen der Piratenflotte zerstörten, wurde die Piraterie der Joamitis eingeschränkt, obwohl sie das lohnende Handwerk nicht völlig aufgaben.

Die Schiffe der Ostindischen Kompanie wurden auch an der Malabarküste, die sich von Goa bis zur Südspitze Indiens erstreckt, mit Erfolg gejagt. Hier hatte Ende des 17. Jahrhunderts die Mahrattenfamilie Angria in Zusammenarbeit mit europäischen Piraten den Seeraub förmlich monopolisiert. Der erste bekannt gewordene Piratenführer aus dieser Dynastie war Kanhoji Angria, der 1698 die Führung der Geschäfte übernahm. Er trat mit seiner Flotte als Beschützer der indischen Küstenschiffahrt auf und richtete an der 300 Seemeilen langen Küste Stützpunkte für seine Schiffe ein. Eine Insel vor Bombay baute er zur Festung aus. Durch das passive Verhalten der Ostindischen Kompanie hatte Kanhoji beachtliche Erfolge. Wer die indische Westküste anlaufen oder längs der Küste nach Nord oder Süd segeln wollte, benötigte dazu einen von Kanhoji ausgestellten Geleitbrief, und glaubte jemand das Geld dafür sparen zu können, verlor er in der Regel Schiff und Ware und in vielen Fällen das Leben noch dazu.

Als Kanhoji 1729 starb, kam es unter seinen fünf Söhnen zum Kampf um die Nachfolge, bei dem sich Tulaji durchsetzte. Tulaji erwies sich als ein geschickter Taktiker und befähigter Flottenführer. Er brachte es in einem Fall fertig, fünf Handelsschiffe aus einem durch britische Kriegsschiffe geschützten Konvoi herauszuholen und als Prisen aufzubringen. 1749 kaperte er das stärkste Schiff der Ostindien-Kompanie, die »Restauration«. Die Taktik Tulajis war einfach. Seine Schnellsegler liefen tagelang am Rande des Geleitzuges mit. Sobald ein Schiff zurückfiel oder die begleitenden Kriegsschiffe sich etwas entfernt hatten, segelten die Piraten zum Bord-an-Bord-Kampf an die Prise heran und enterten das Schiff. Verhandlungen der Kompanie mit dem Piratenführer scheiterten, denn der verlangte für sich das Recht, den Schiffen der Kompanie gegen hohes Entgelt Geleitbriefe auszustellen. 1755 griffen vier britische Kriegsschiffe zusammen mit 50 Seglern verbündeter Mahratten Tulaji in dem befestigten Hafen Severndroog an, doch Tulaji entkam.

Im Februar 1756 stellte die britische Regierung eine Flotte von 24 Kriegsschiffen unter dem Kommando von Konteradmiral Watson und eine Landungsabteilung von 1600 Soldaten unter dem Befehl des Indieneroberers Robert Clive zusammen, um Tulaji mit seiner Flotte in der Hauptbasis der Piraten, Geriah, zu vernichten. Einer solchen Machtkonzentration war Tulaji mit seinen 58 kleinen Seglern und der im Hafen liegenden »Restauration« nicht gewachsen. Die britischen Befehlshaber lehnten die angebotenen Verhandlungen mit Tulaji ab und begannen, Schiffe und Hafenanlagen zu beschießen. Als nach 24stündigem Bombardement das Pulvermagazin der Piraten in die Luft flog, kapitulierte die Festung. Tulaji ergab sich einem indischen Truppenteil und wurde den Engländern nicht ausgeliefert. Er starb im Gefängnis.

Daß die Angrias sich so lange gegen Portugiesen und Engländer behaupten konnten, verdankten sie ihrer guten Verbindung zur einheimischen Bevölkerung. Zahlreiche Bevölkerungsgruppen widersetzten sich den europäischen Eindringlingen und unterstützten deshalb die Inder Angria, die zwar Seeraub trieben, aber zugleich mit ihrer ganzen Kraft gegen die Briten kämpften.

Auch in der Malaiensee begann der Seeraub mit der Seefahrt, Jahrtausende vor unserer Zeitrechnung. Ebenso wie im Bereich der europäischen Gewässer war für die Malaien anfangs Seeraub gleichzusetzen mit Küsten- und Menschenraub. Die Gefangenen, meistens Papuas aus Neuguinea, verkauften sie auf den Sklavenmärkten der Inseln oder auch an der südchinesischen Küste. Ihre Fahrzeuge ähnelten den Mittelmeergaleeren. Die in einer Reihe angeordneten Riemen wurden durch Rudersklaven bedient, und die Kämpfer standen mit Speer, Schwert und Kris, dem malaiischen Dolch, auf einem mittschiffs verlaufenden Hochdeck. Die Prauen, wie die Riemenschiffe genannt wurden, erhielten später auf Vorder- und Achterkastell Geschütze, und die Besatzungen trugen Handfeuerwaffen.

Der erste in Europa bekannt gewordene malaiische Piratenführer war Raga, der Anfang des 19. Jahrhunderts 20 Jahre lang die See zwischen Borneo und Celebes unsicher machte. Er überfiel Hunderte von europäischen Kauffahrteifahrern bei ihrer Fahrt durch die Straße von Malakka.

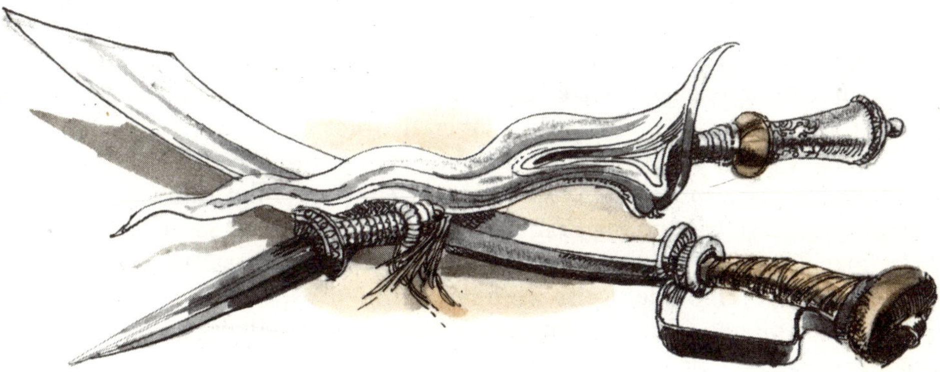

Die Schiffe wurden ausgeraubt und verbrannt, die Besatzungen bis auf den letzten Mann getötet. Die Briten setzten mehrere Kriegsschiffe gegen die Seeräuber ein, aber nur mit mäßigem Erfolg. Als 1830 der amerikanische Schoner »Friendship« im Hafen von Quallah Battu auf Sumatra Opfer eines Piratenangriffs wurde, ließ die USA-Regierung zwei Jahre später den Hafen durch die amerikanische Korvette »Potomac« zerstören.

Einen größeren Erfolg gegen die malaiischen Piraten auf Borneo erzielten die Briten 1849, als es ihnen zusammen mit dem Radja von Sarawak und weiteren Stammeshäuptlingen gelang, die Stützpunkte der Seeräuber in den Flußmündungen des Sarebas und des Sakarans zu erobern. Die Sarawakis veranstalteten in den Dörfern am Unterlauf der Flüsse eine Menschenjagd, bei der nur wenige Dorfbewohner überlebten. Dafür konnten die Briten sich rühmen, dem Seeräubertum auf Nordborneo einen entscheidenden Schlag versetzt zu haben. Doch blieb es ein Teilerfolg, denn Europäer setzten das Piratengeschäft zwischen der südostasiatischen Küste und Australien fort. Nur einer von ihnen ist in Europa bekannter geworden: Bully Hayes. Er hatte sich als Blasmusiker mit einer kleinen Kapelle auf verschiedenen Südseeinseln herumgetrieben, bis er eines Tages in den Besitz eines kleinen Seglers gelangte, mit dem er einen Waffenhandel eröffnete. Das brachte so viel ein, daß er schon bald mit einer größeren Mannschaft das Geschäft um See- und Menschenraub erweiterte. 1875 fingen ihn die Spanier vor der Küste der Philippinen und warfen ihn ins Gefängnis. Hier trieb er intensive Theologiestudien, und der angehende Geistliche wurde auf Fürsprache des Bischofs von Manila freigelassen. Sofort nahm Hayes seine alte Tätigkeit wieder auf. Schließlich ergriffen ihn die Engländer, aber auch ihnen konnte Hayes wieder entkommen. Sein Ende fand er 1878 in einem Streit mit seinem Steuermann, der ihn mit einem Stück Eisen erschlug und über Bord warf.

In der Chinasee sollen als erste Japaner in rotgelben Uniformen See- und Küstenraub betrieben haben. Auf alten Abbildungen halten die Männer in jeder Hand ein Schwert. Die japanischen Piraten griffen nie einzeln, sondern immer nur mit größeren Schiffsverbänden ihre Opfer an. Bei ihren Raubzügen an der chinesischen Küste überfielen sie Küstenortschaften und auch landeinwärts gelegene Siedlungen. Die Kämpfe waren hart und grausam, denn die Japaner töteten alles Lebende. Dafür warfen die Chinesen gefangengenommene Japaner in große Kessel mit kochendem Wasser.

Einer der japanischen Seeräuber, über den geschichtliche Daten vorliegen, war Yajiro. Bei einer seiner Raubfahrten lernte Yajiro in Malakka den später heiliggesprochenen Franz Xaver kennen, der ihn zum Christentum bekehrte. Yajiro brachte Franz Xaver 1549 mit seinem Schiff, das den passenden Namen »Diebesdschunke« trug, zu einer Missionsreise nach Japan. Zum Abschluß der Reise wollte der Mönch Yajiro zum Oberhaupt der neugegründeten Christengemeinde in Japan einsetzen, doch Yajiro zog das Piratenhandwerk vor.

Anfang des 16. Jahrhunderts erschienen portugiesische Schiffe an der chinesischen Küste, deren Besatzungen die Küste ungleich schlimmer heimsuchten als die japanischen Seeräuber. Bald machten sich die ersten portugiesischen Piratenkapitäne einen Namen, die ihre Besatzungen aus desertierten Soldaten europäischer Schiffe rekrutierten. Sie übernahmen den See- und Küstenraub von den Japanern, betrieben aber zusätzlich einen ausgedehnten Sklavenhandel. Ein bekannter portugiesischer Piratenanführer dieser Anfangsperiode war Antonio Faria. Der berühmteste Pirat dieser Zeit wurde sein Schüler Fernao Mendes Pinto, der in seinen Memoiren den Seeraub in jenem Seegebiet anschaulich geschildert hat. Pinto, der wegen eines in Portugal verübten Verbrechens seine Heimat verlassen mußte, befand sich auf einem portugiesischen Chinafahrer, der von Faria gekapert wurde. Pinto wurde unter Faria mit Begeisterung Seeräuber. Er berichtet darüber in seinem Buch: »Faria hatte mir offen erklärt, daß er auf Beute ausging. Er behauptete, daß man statt Chinesisches Meer besser Piratenmeer sagen sollte, denn jedes zweite Schiff sei ein Freibeuter. Man müsse sich den gegebenen Umständen anpassen. Ich begann einzusehen, daß ich in dieser Welt schwerlich als ehrlicher Kaufmann bald reich werden konnte, denn ich war arm. Besser war es, mein Glück als Abenteurer zu suchen, und da konnte ich mir in der Tat keinen besseren Lehrmeister wünschen als diesen skrupellosen Kapitän, der mein aufbegehrendes Gewissen so gut zu beruhigen verstand.«

Als Pinto zu Faria stieß, bestand die Piratenflotte aus vier Schiffen, die kurze Zeit später bei den Marianen-Inseln von einem Taifun überrascht wurden und alle verlorengingen. Von 586 Mann konnten sich nur 53 retten, darunter Faria und Pinto. Bald hatten sich die Geretteten in den Besitz eines neuen Schiffes gebracht, und Pinto beschreibt, wie sich ihnen auf der Suche nach dem gefürchteten malaiischen Seeräuber Koja Azem eine zweite Dschunke anschloß: »Es gefiel Gott, uns eine Dschunke aus Patana in den Weg zu führen. Befehligt wurde sie von einem chinesischen Piraten namens Guiay Panian, einem großen Freund der portugiesischen Nation, unserer Gebräuche und unserer Lebensart. Bei ihm waren 30 Portugiesen, ausgesuchte und ordentliche Leute, die er in seinem Solde hatte. Sie waren alle sehr reich.«

In einem erbitterten Gefecht wurde der unerwünschte Konkurrent Koja Azem geschlagen und getötet. Die beiden siegreichen Schiffe kehrten mit reicher Beute zu ihrem Stützpunkt zurück. Bei ihrem nächsten Unternehmen plünderten Faria und Pinto Fürstengräber auf einer Insel. Auf dem Rückweg gerieten beide Schiffe in einen schweren Sturm und gingen verloren. Faria und der größte Teil der Schiffsbesatzungen ertranken, während Pinto sich mit 14 Mann abermals retten konnte. Für Pinto begann nun ein buntbewegtes Abenteurerleben. Wiederholt wegen Piraterie in den Kerker geworfen, kehrte er nach kurzer Zeit immer wieder in die Freiheit und zum Seeräuberleben zurück. Er war vorübergehend Gesandter des Königs von Burma in Siam und Südchina, trat für kurze Zeit in die Dienste des Königs von Siam, wechselte dann zum Hof des Königs von Burma, der ihn zu seinem Kriegsminister ernannte. Nach weiteren Abenteuern und Seefahrten zog ihn das Heimweh nach Portugal zurück, wo er seine Memoiren schrieb.

Außer portugiesischen waren es besonders holländische Piraten, die in der Chinasee ihr Glück versuchten. Abér auch Flibustier hat es in die Chinasee verschlagen, und verschiedene Weltumsegler nutzten die günstige Möglichkeit, hier ihre Beute zu komplettieren.

Lange vor den Europäern und wahrscheinlich auch noch vor den Japanern hat es in der Chinasee chinesische Piraten gegeben. Sowohl geheime Piratenbünde als auch militärisch organisierte Piratenflotten stellten in China über Jahrhunderte reale Machtfaktoren dar, die über Hunderte von Schiffen und Zehntausende von todesverachtenden Kämpfern verfügten. Die Häupter dieser Organisation waren keine mit europäischen Maßstäben zu messenden Piratenanführer, sondern Männer, mit denen selbst der Kaiser dieses riesigen Landes rechnen mußte.

Mit dem wachsenden Warenverkehr zwischen Europa und dem Fernen Osten im 17. und 18. Jahrhundert spezialisierten sich die Dschunkenpiraten auf die Wegnahme europäischer Schiffe. Dazu entwickelten sie eine besondere Taktik, die das britische Expeditionsschiff »Tiger«, mit dem berühmten Arktisforscher John Davis an Bord, im Jahre 1605 kennenlernen sollte. Der Ausguck des Seglers hatte eine offensichtlich in Seenot befindliche Dschunke entdeckt, die hilflos in der See trieb und deren Oberdeck dicht mit Menschen besetzt war. Die Engländer schickten ihre Boote zu der Dschunke und holten die scheinbar Schiffbrüchigen an Bord

der »Tiger«. Danach ging das britische Schiff bei der Dschunke längsseits. Als Angehörige der englischen Besatzung zur Hilfeleistung auf die Dschunke übergestiegen waren, wurden sie plötzlich hinterrücks angefallen und erstochen. Zur gleichen Zeit griffen die auf dem Segler befindlichen Piraten die englische Besatzung mit versteckt gehaltenen Messern an. Zwar blieben die Engländer an Bord ihres Schiffes Sieger in dem Gemetzel, doch Davis war als einer der ersten getötet worden.

Diese und ähnliche Methoden sind von Piraten vor der südostasiatischen Küste bis in die erste Hälfte unseres Jahrhunderts mit Erfolg angewandt worden. Die Piraten gingen mit sorgfältig versteckten Waffen als harmlose Passagiere der Dritten Klasse an Bord eines Passagierdampfers oder auch eines Frachters, auf dem sie reiche Passagiere oder wertvolle Fracht ausgekundschaftet hatten. Auf See brachten sie das Schiff in ihre Gewalt und zwangen den Kapitän, eine bestimmte Bucht anzulaufen. Dort wurden die Wertsachen der Passagiere und andere Beute auf wartende Dschunken verladen und danach das Schiff wieder freigegeben.

Unbestritten der berühmteste Piratenführer in der Chinasee und eine der größten Piratengestalten überhaupt war der chinesische Prinz Kuo-Hsing-Yah, von den Europäern wegen der vereinfachten Aussprache »Koxinga« genannt. Der Vater Koxingas, Tscheng-Tschi-Ling, hatte sich mit einer Piratenflotte ein bedeutendes Vermögen erworben und kontrollierte den gesamten Handel an der ostchinesischen Küste. Er war durch seine weitverzweigten Geschäfte und durch seine große Flotte so reich und mächtig geworden, daß Prinz Tang aus der Ming-Dynastie, der im Süden Chinas den Oberbefehl gegen die eingebrochenen Reiterscharen der Mandschu führte, ihn um seine Unterstützung bat. Tscheng-Tschi-Ling sagte zu unter der Bedingung, daß der Prinz seinen Sohn, der ihm 1623 von seiner japanischen Frau geboren worden war, an Kindesstatt annehme. So wurde aus dem Sohn Tschengs der Prinz Kuo-Hsing-Yah, der »Herr, der den kaiserlichen Namen trägt«.

Doch die Mandschu siegten. Da sie über keine Flotte verfügten, versöhnten sie sich scheinbar mit Tscheng und ließen seinem Sohn die Prin-

TABRISTAN
Astrabat
Badaschian
Cabul
BALCK
TOCHARESTAN
IRAC AGEMI
CUMAS
GOR
LAURESTAN
PERSIA REGNUM
SABLESTAN
CABUL
ATTOCK
NAUGRACUT
PITAN
CANDAHAR
MAGNI
PATANES
LAHOR
PATNA
SEGESTAN
MULTAN
BACAR
KERMAN
HAIACAN
IENUPAR
SINUS
TUBERAN
CIRCAN
MOGOL
BUCKOR
DELLY
Delly
MACRAN
Agra
AGRA
Mascate
PERSICUS
Bando
Chitor
Berar
Armedabat
ARABIA FELIX
Campaya
IMPERIUM
MARE
PERSICUM
Surate
Candis
Golconda
DECAN
CUNCAN
Goa
Visapor
Canara
Bisnagar
Pisnagar
Calicut
Cochin
Negapatan
Tranquebar
Mazira I.
MARE ARABICUM
Guardafui
Zocotora I.
I. Mamale
Baixos de Padua
I. de Pracel
MAR
I. de Cubile
Dwanduraw
Cabexa
Malos Madou
INSULÆ
Male
Moluce
Nillandoux
Collomadoux
Polisdou
Ariatolou
Padipola
GANGETICUS SINUS
DI
Candea
Trinquemale
Colombo
CEYLON I.
O
C
MALDIVÆ
ARCHIPEL.
MALDIVARUM
Game
Sovadou
Adda
P. de Molucque
Pumoluque
I. de Game
Adu
Candu I.
E
A
I. da Polvara
ANTIS
antur

XANSI
XANTUNG
HONAN
NANCHIN
QUANG
KIANG SI
CHEKIANG
FOKIEN
QUEICHEU
QUANGSI
QUANTUNG
SUCHUEN
I Fungma
MARE
CHINENSIS
Tungming
Cheusan
Chungque
I del Fuego
I I. aqueo grande
I des Reyes Mages
I Gaelay
I. Amster
Ximo I
Saxuma
TROPICUS
I. FORMOSA
Tabaco St. Michael
Tabaco Xima
3 Insulae
I. Piscadores
Babuyones
OCEANUS
TUNKING
I. Sanda
Suikien
Hayman I.
Macao
C. Bayador
I. Locos
C. de Bullia
Dos Iarmanos
I. Zandie
C. Sembule
I. Mirabellas
Luabones
INSULAE
PHILIPPINAE
C. del Engano
Tagaion
Moro Hermosa
P. de Passores
de Mata Hombre
I. Pondam
I Cataudanus
I. Paracalla
I. Linton
Caceres
Mindora
C. Sp Santo
Tandaya nunc Philippina
Puelhas
Abo Premeiro
S Iuan I.
S Ioari
Bay de Malega
I Palmeiras
C. Picaio
I S Iuan
Talaia I.
Soppy
Sian
Morotay I.
GILOLO I.
Camafo
Potame
COCHINCHINA
SIAM
CAMBODIA
Combier
Paragoa I.
Dogie
Domacan
Negros
Cocos I.
C de Galle
I. S Miguel
I. S. Clara
Caldero
Xolo
I. S. Iuana
Boquerauo
Tagyma
Candigar
I. Matam
Docan
Sangeu
MINDANAO
P. Sian
Cumbaben
I de S. Martin
P. Ligu
P. Tigaon
Monpracem
Maluma
P. Panain
P. de Cambodia
Pulo Condor
Ligor
Patane
Queda
Pedeer
Selongor
Malacca
P. Timan
BORNEO
Sonnelouban
Tamanaceran
Bacasa
Marudo
Succadano
Lave
Bendermassin
Cairuro
P. Laut
CELEBES
Macasser
MOLUC
Xulla Bilate
Xulla Bessi
Wawany
Bouro I
I. Baton
I S. Mattheus
Balumbar
Ombo
Amboina
Banda I.
Tabor
Lettor I
Terra alta
Timor I.
Sabul I.
Floris I.
Malva I.
Susu I
I. Rotte
Bintam
I. Nassau
Bencou
I Engane
Iambi
Palimba
Sillebar
Dampu
SUNDAE
L. Carimaon
Iava Minor
FRETUM
Suram
I Selam
Charabon
Panaruca
Palambuan
IAVA I.
Materan
I. Madura
I. Valgrond
Solay I.
Fretum Palambuanum
Cocos Eylande
ORIEN
LANTHIDOL

zenwürde. Aber die Tjing-Dynastie hatte Tscheng seinen Widerstand nicht verziehen. Sie luden ihn nach Peking ein und ernannten ihn zum kaiserlichen Beamten. Danach warfen sie ihn ins Gefängnis und erdrosselten ihn.

Nach Fortgang seines Vaters, Koxinga war gerade 17 Jahre alt geworden, begab er sich auf die der südchinesischen Küste vorgelagerten Inseln und übernahm Erbe und Flotte seines Vaters. Er wurde zum Führer der Gegenbewegung im Süden Chinas. Zwanzig Jahre lang griff er die chinesische Küste an, kaperte Schiffe und raubte sie aus. Im Jahre 1654 und erneut 1659 landete er zum Sturm auf Nanking Truppen an der Küste an. Eine von den Mandschu ihm entgegengesandte Flotte wurde durch Koxinga vernichtend geschlagen.

Als die Mandschu-Kaiser China völlig unterworfen hatten und sich ihre Macht gefestigt hatte, wandten sie sich gegen Koxinga. Sie vernichteten von Land aus sämtliche Küstenstützpunkte seiner Flotte, so daß Koxinga gezwungen war, neue Basen zu suchen. Er wählte die seit 1624 von den Holländern besetzte Insel Taiwan.

Im Mai 1661 erschien Koxinga mit einer Flotte von 600 Schiffen vor der Insel und erstürmte mit 1500 Mann die Festung Kelan. Danach begann er mit der Belagerung Zelandias. Aus Batavia wurden den Belagerten fünf Schiffe mit Ersatztruppen zu Hilfe gesandt. Koxinga schlug das Landungskorps, bevor es an Zelandia herankam. Nach der Niederlage dieser Truppen ergab sich die Festung gegen die Zusicherung eines freien Abzugs. Koxinga verlegte nun Flotte und Truppen, mit Ausnahme der Garnisonen in Amoy und Tschingmin, nach Taiwan. Viele Angehörige der antimandschurischen Widerstandsbewegung folgten Koxinga auf die Insel, so daß Taiwan zur Hauptbasis des Befreiungskampfes gegen die Mandschuherrschaft wurde. Die militärischen Erfolge Koxingas lösten an der Südküste Chinas neue Aufstände gegen die Mandschu aus. Da drängte Peking zu einer Entscheidung. Die mandschurische Flotte, unterstützt durch ein holländisches Flottengeschwader, sollte Koxinga auf Taiwan angreifen, der von der Insel als Basis nicht nur den Handel an der chinesischen Küste, sondern auch den Seeverkehr der Holländer mit Japan störte. Koxinga plante unterdessen neue Eroberungen. Er war mit seiner Flotte nach den Philippinen gesegelt und verlangte von dem spanischen Gouverneur die Übergabe von Luzon. Noch bevor er den Befehl zum Angriff auf die Insel erteilen konnte, starb der erst vierzigjährige Piratenprinz. Er soll bei einem Tobsuchtsanfall erstickt sein, der ihn bei der Nachricht überkam, daß seine Lieblingssklavin ein Kind zur Welt gebracht hatte, das nicht von ihm, sondern von seinem Sohn Tscheng-Tsching gezeugt worden war.

Tscheng-Tsching behauptete zwar noch Taiwan, doch wurde seine Macht durch die Mandschu und Holländer stark eingeengt. Im Jahre 1683 wurde der Enkel Koxingas als Herrscher auf Taiwan vom Kaiser unterworfen und als Gefangener nach Peking gebracht.

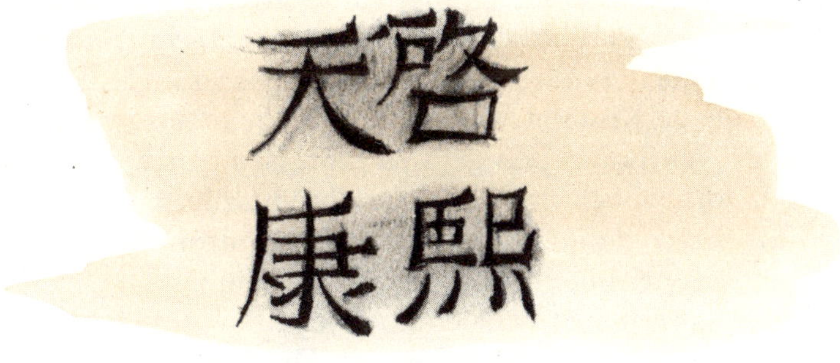

Weltweit bekannt und berühmt wurde um die Wende zum 19. Jahrhundert in der Chinasee eine Frau, Madame Tsching. Sie war die Witwe eines erfolgreichen Piratenführers, der Hunderte von Piratendschunken streng militärisch in sechs taktische Geschwader gegliedert hatte. Als er bei einem Raubzug an der Küste Indochinas gestellt und in einem erbitterten Gefecht geschlagen und getötet wurde, übernahm seine Witwe, die auch vorher bereits sein Stellvertreter im Kommando und Chef eines der sechs Geschwader gewesen war, den Oberbefehl über die Piratenflotte. Über die Ordnung an Bord der Tsching-Schiffe hat der chinesische Historiker Yuntse-Yung-Lun einige interessante Einzelheiten mitgeteilt. Danach lauteten die wichtigsten Paragraphen:

1. Wenn ein Mann unerlaubt an Land geht, soll er festgenommen werden und seine Ohren sollen in Gegenwart der ganzen Flotte durchbohrt werden. Wenn er es nochmals tut, soll er getötet werden.
2. Von den erbeuteten Gütern darf nichts weggebracht werden, bevor sie nicht schriftlich in Listen erfaßt wurden. Die Beute wird in zehn gleichwertige Teile aufgeteilt. Davon kommen zwei Teile zur Verteilung, acht Teile kommen ins Warenhaus zur allgemeinen Nutzung. Jede unberechtigte Entnahme aus dem Warenhaus wird mit dem Tode bestraft.

In den Stützpunkten der Flotte genossen die Einwohner der Ortschaften vollen Schutz. Jede verlangte Leistung wurde bezahlt und jeder Übergriff gegen einen Einwohner unnachsichtig mit dem Tode bestraft. So besaßen die Piraten an der Küste einen sicheren Rückhalt.

Im Jahre 1808 bewies Madame Tsching erstmals ihre Qualität als Flottenführer. Ein gegen sie entsandtes kaiserliches Flottengeschwader wurde in einen Hinterhalt gelockt. Nur wenige Schiffe der Kaiserlichen entkamen. Der Befehlshaber des Geschwaders, der kaiserliche Admiral Kuo-Ling, nahm sich das Leben. Darauf wurde General Lin-Fa vom Kaiser beauftragt, mit einer starken Flotte die Seeräuberbanden zu vernichten. Als sich beide Flotten bei einer Windstille gegenüberlagen, sprangen die Piraten zu Tausenden ins Wasser, um schwimmend die feindlichen Schiffe zu erreichen und zu entern. Lin-Fa verlor die Schlacht und das Leben.

Auch die in den nachfolgenden Jahren unternommenen Versuche kaiserlicher Admirale, die Piratenflotte der Madame Tsching zu vernichten, scheiterten. Madame Tsching blieb die Herrscherin in der Chinasee, die fast ungestört ganze Küstenstriche plünderte, Schiffe ausraubte und Gefangene machte, um hohes Lösegeld zu erpressen. Auch zahlreiche englische und holländische Schiffe zählten zu ihren Opfern.

Als der Kaiser sah, daß er Madame Tsching mit militärischen Mitteln nicht besiegen konnte, bot er ihr Titel und Pardon an. Die alt gewordene Piratin erlag der kaiserlichen Versuchung und nahm für sich und 4000 ihrer Gefolgsleute die angebotene Amnestie an. Die Seeräuber, die sich nicht unterwarfen, wurden in den nächsten Jahren durch die kaiserliche Flotte gefangengenommen und hingerichtet.

Yuntse-Yung-Lun schließt seinen Bericht über diese Epoche der Piraterie in der Chinasee: »––– Von diesem Zeitpunkt an begann eine glückliche Ära in China. Die Schiffe gingen und kamen auf dem Meere in aller Sicherheit. Die Flüsse und Ströme lernten wieder den Frieden kennen.«

Der Historiker irrte. Im November 1805 traf der russische Admiral Krusenstern auf einer Weltumsegelung mit seinem Flaggschiff »Nadeshda« zwischen Taiwan und Macao auf eine chinesische Piratenflotte. Ebenso bezeugen die Biographien chinesischer Generale und Provinzgouverneure für das ganze 19. Jahrhundert eine ununterbrochene Piraterie in chinesischen Gewässern.

Das Ende der Piraterie ---?

XXX.

In der ersten Hälfte des 19. Jahrhunderts gab es vor der nordamerikanischen Küste noch ein blühendes Piratenunwesen. Der amerikanische Piratenkapitän Gibbs, der 1824 bei einem Überfall auf die Brigg »Vinevard« gestellt werden konnte, gestand vor Gericht, daß er in der Zeit von 1818 bis 1824 40 Schiffe überfallen habe und dabei rund die Hälfte der Besatzungen ums Leben gekommen seien. Piratenkapitän Gilbert, ebenfalls ein Nordamerikaner, stoppte im September 1832 den Segler »Panda«. Nachdem das Schiff ausgeraubt worden war, ließ Gilbert die Besatzung der »Panda« unter Deck einsperren und das Schiff anzünden. »Mexikan«, so hieß der Piratensegler, lief anschließend vor der westafrikanischen Küste auf Grund und wurde durch ein englisches Wachschiff aufgebracht. Während der größte Teil der Mannschaft sich an Land in Sicherheit bringen konnte, wurden Gilbert und 11 seiner Leute gefangengenommen. Sie wurden in den USA wegen illegalen Sklavenhandels und Piraterie zum Tode verurteilt.

Die USA bildeten zur Bekämpfung der Piraterie ein besonderes Flottengeschwader, um die Basen und Verbindungslinien der Seeräuber und Sklavenhändler in den westindischen Gewässern unter Kontrolle zu bringen. Auch die Kaperei wurde wirksam bekämpft.

Die Pariser Deklaration von 1856 über die Abschaffung der Kaperei wurde von den USA nicht unterschrieben, weil ihr Vorschlag, die Wegnahme fremden Eigentums auf See auch durch Kriegsschiffe zu verbieten, nicht angenommen worden war. Ohne eine klare Definition des Begriffes »Kriegsschiff« blieb es tatsächlich fraglich, ob ein Gewaltakt auf See Kriegsrecht, Kaperei oder Piraterie zum Inhalt hatte. Die ersten Schwierigkeiten in dieser Sache bekamen die USA selbst. Als Präsident Jefferson Davis 1861 zu Beginn des amerikanischen Sezessionskrieges erklärte, daß die Staaten der Konförderation Kaperbriefe ausstellen würden, beantwortete der Präsident der Nordstaaten, Abraham Lincoln, das mit der Gegenerklärung, die Nordstaaten würden jede Schiffsbesatzung, die mit einem Kaperbrief aufgegriffen werden würde, wie gewöhnliche Seeräuber behandeln und vor ein Gericht stellen. Tatsächlich wurde dann die Besatzung des Kapers »Savannah« in New York wegen Piraterie angeklagt, doch ließ man den Prozeß einschlafen, da die Südstaaten gedroht hatten, für jeden zum Tode durch den Strang verurteilten Kaper einen gefangenen Offizier der Nordstaaten zu hängen. Die Südstaaten setzten die Kaperei mit aller Konsequenz und mit relativ großem Erfolg fort. Allerdings war das Vorgehen der Kaper gegen die Prisen nicht mehr mit den Methoden, deren sich früher Kaper bedient hatten, zu vergleichen. War ein Schiff gekapert worden, übernahm man zuerst Besatzung und Passagiere, dann die Ladung als Konterbande und verbrannte danach das Schiff. War das Kaperschiff bereits voll mit Menschen und Waren, erhielt das feindliche Schiff ein Prisenkommando, um es nach kubanischen oder spanischen Häfen zu überführen. Ging das nicht, ließ man sich einen Gutschein über den Wert der Prise ausstellen, der sechs Monate nach Beendigung des Krieges bei den Südstaaten einzulösen war. Insgesamt brachten die Kaper der Südstaaten in der Zeit von 1861 bis 1865 fast 200 Schiffe der Nordstaaten auf.

Das siebente Jahrzehnt des 19. Jahrhunderts brachte das Ende von Sklavenfahrt, Kaperei und klassischer Piraterie vor der amerikanischen Küste und auf allen Meeren. Doch es dauerte noch bis 1907, ehe in der VII. Haager Konvention die rechtlichen Bedingungen fixiert wurden, nach denen Handelsschiffe als Kriegsschiffe eingesetzt werden dürfen. Danach müssen Schiffe, die im Kriege militärische Aufgaben erfüllen, die äußerlichen Erkennungszeichen eines Kriegsschiffes haben, insbesondere die Kriegsflagge führen. Die Besatzung muß einem militärischen Kommando unterstehen und verpflichtet sein, die Regeln der Kriegführung einzuhalten. Auf dieser Rechtsgrundlage führten noch in den Kriegen des 20. Jahrhunderts zu Kriegsschiffen umgerüstete Handelsschiffe Kaperkrieg.

Es ist eine Tatsache, daß bei dieser Art der Kriegführung von umgerüsteten Handelsschiffen, aber auch von U-Booten, besonders häufig Grundsätze des Völkerrechts und Regeln der Kriegführung verletzt wurden. Nach der am 30. 9. 1962 in Kraft getretenen »Konvention über das offene Meer« und der darin erfolgten Einschränkung des Pirateriebegriffs auf Gewaltakte, »die zu privaten Zwecken von privaten Schiffen ---« auf offenem Meer begangen werden, fallen Übergriffe von Kriegsschiffen allerdings nicht unter den Völkerrechtsbegriff der Piraterie, sondern stellen – unter voller Verantwortung des Flaggenstaates – Kriegsverbrechen dar.

Nach dem Register des Londoner Lloyd gehen bis heute Jahr um Jahr 10 bis 20 registrierte Seeschiffe mit ihren Besatzungen irgendwo auf dem Weltmeer verloren, ohne die geringste Spur zu hinterlassen. Gibt es also doch noch Piraterie, deren Opfer diese Schiffe werden? Nach zuverlässigen internationalen Ermittlungen werden jährlich durchschnittlich 200 Raubüberfälle auf Frachtschiffe verübt. Gewöhnlich nähern sich die Piraten nachts mit schnellen Motorbooten den vor Anker liegenden oder in Fahrt befindlichen Schiffen und entern sie. Während einige der Seeräuber Wache und Besatzung mit Maschinenpistolen in Schach halten, plündern die übrigen blitzschnell Luken und Lasten aus. Minuten später sitzen sie alle mit der Beute wieder im Boot und verschwinden in der Dunkelheit. Gegen die gut bewaffneten und rücksichtslos schießenden Piraten verhalten sich die meisten Schiffsbesatzungen passiv. Hilferufe über Funk bleiben in der Regel unbeantwortet, denn der Notrufkanal wird von den Banditen durch das Einspielen von Musik gestört.

Berüchtigt für Piratenüberfälle wurden in den letzten Jahren die Westküste Afrikas, besonders ein Umkreis von 80 Seemeilen vor Lagos, die Küsten Indonesiens und Malaysias, hier speziell der nach Singapur führende Philipp-Kanal in der Straße von Malakka, der südliche Teil des chinesischen Meeres sowie die Karibik. Nach offiziellen Mitteilungen wurden 1981 alle aus europäischen Häfen kommenden Schiffe während ihres Aufenthaltes vor der nigerianischen Küste mindestens einmal von Piraten überfallen. Beliebte Angriffsobjekte sind Frachter, die gut weiterverkäufliche Waren an Bord haben: Lebensmittel, Autoersatzteile, Stereoanlagen und andere elektronische Geräte. Ein Containerschiff, das vor Lagos auf einen Liegeplatz wartete, wurde 1982 von 50 schwerbewaffneten Männern überfallen und ausgeraubt. Die nigerianischen Behörden – Polizei, Zoll und Marine – zögern, gegen ihre räuberischen Landsleute vorzugehen, denn die in Geheimbünden organisierten Piraten »liquidieren« kurzerhand allzu neugierige oder lästig werdende Beamte.

Singapur, der zweitgrößte Hafen der Welt, wird jährlich von etwa 30 000 Schiffen angelaufen. Der 15 Kilometer südlich von Singapur verlaufende Philipp-Kanal, der Singapur mit dem Indik verbindet, ist an seiner engsten Stelle nur 1,6 Kilometer breit. Allein im Jahre 1982 sind im Kanal 78 Seeschiffe, gewöhnlich langsam laufende Frachter, überfallen worden. Die Seestreitkräfte Singapurs erweisen sich als unfähig, die Sicherheit der Schiffahrt in dieser international so wichtigen Seestraße zu gewährleisten. Ein hoher Marineoffizier erklärte, daß die Piraten mit Schnellbooten operierten, die den Marinefahrzeugen an Geschwindigkeit und Manövrierfähigkeit eindeutig überlegen seien. Die Räuber könnten jederzeit die

Hohe See oder indonesisches Territorialgewässer erreichen und sich damit der Verfolgung entziehen.

Das Bermuda-Dreieck hat für das spurlose Verschwinden von kleineren und größeren Seefahrzeugen einen ganz besonders üblen Ruf. Nach amerikanischen Angaben sind im Seegebiet zwischen den Bermudas, der Florida-Straße und Puerto Rico während der letzten 25 Jahre über 100 Schiffe mit mehr als 1000 Menschen an Bord als verschollen registriert worden. 1972 ging hier der 20000 tdw große norwegische Frachter »Anita« verloren, ohne daß eine Radiostation einen Notruf aufgefangen hätte oder Wrackteile gefunden worden wären. Es gibt Vermutungen für das rätselhafte Verschwinden der Schiffe, mythische und pseudowissenschaftliche Deutungen; es gibt aber auch einen Augenzeugen für ganz gewöhnliche Piraterie.

Der Industrielle Hetly aus Texas unternahm mit Gästen auf seiner 35-Tonnen-Yacht »Kristina«, einem absolut seetüchtigen Schiff mit starker Antriebsanlage und moderner Navigations- und Funkausrüstung, eine Kreuzfahrt durch den Golf von Mexiko. Er befand sich außerhalb der Territorialgewässer auf Hoher See, als sich dem Schiff ein schwarz angestrichenes Fischerboot näherte. Das Fischerboot, das sich seit längerer Zeit im Blickfeld der »Kristina« befand, wurde zwar von der Besatzung der Yacht sorgfältig beobachtet, auch ging ein Matrose unter Deck, um den Eigner über das zu erwartende Längsseitkommen der Fischer zu informieren, aber der ganze Vorgang lief so natürlich und harmlos ab, daß an Bord der Yacht niemand Verdacht schöpfte. Gerade als Hetly auf Grund der ihm gegebenen Information nach oben an Deck kam, kollidierten beide Fahrzeuge heftig miteinander. Im gleichen Augenblick sprangen 6 mit Maschinenpistolen bewaffnete Piraten aus dem Fischerboot auf das Deck der »Kristina«. Es war Glück für Hetly, daß er durch die Kollision über Bord geschleudert worden war und dadurch der Aufmerksamkeit der Piraten entging; denn sonst wäre er mit Sicherheit wie Gäste und Besatzung getötet worden. Als Hetly sich nach kurzer Bewußtlosigkeit im Wasser wiederfand, sah er seine »Kristina« mit hoher Fahrt ablaufen.

Seit Mitte der siebziger Jahre hat sich eine Form der Piraterie verbreitet, die wertvolle Schiffsladungen gewaltlos in die Hände von Verbrechern fallen läßt. Im Zusammenspiel zwielichtiger Schiffseigner mit Briefkastenreedern und hehlerischen Händlern werden ganze Schiffe mit ihren Ladungen auf Hoher See »verzaubert«. Mit dem Angebot von günstigen Frachtraten bei ordnungsgemäßen Verschiffungspapieren übernimmt man in einem Hafen Ladung, die aber nicht zum Bestimmungshafen, sondern zu einem anderen Hafen transportiert wird, wo bereitwillige Händler die Waren aufkaufen. Der Name des Schiffes wird auf Hoher See geändert, das Schiff unter dem alten Namen der Versicherung als verschollen gemeldet. Nach Abmusterung der Besatzung erfolgt erneut eine Namensänderung.

Ein ähnlich gewaltloser Piratenakt wird auch mit gefälschten Verschiffungspapieren betrieben. Der Bank des Käufers werden Konnossemente und Versicherungsabschlüsse – die Blancoformulare sind in jedem Hafen zu kaufen – mit falschen Eintragungen vorgelegt. Die Bank begleicht den Kaufpreis für eine gar nicht vorhandene Ladung, die Überprüfung erfolgt routinemäßig später. Dann aber ist das Schiff bereits auf See und hat vor dem Einlaufen in den nächsten Hafen seinen Namen gewechselt. Jeder gelungene Piratenakt dieser Art bringt den Beteiligten eine Beute von rund 10 Millionen Dollar; der jährliche Verlust der verladenden Wirtschaft und der Versicherungen wird auf über eine Milliarde Dollar geschätzt. Bei Gefahr der Aufdeckung ihres betrügerischen Spiels versenken die Piraten das benutzte Fahrzeug.

Im Januar 1981 wurde zur Bekämpfung dieses modernen Piratentums bei der Internationalen Handelskammer (ICC) das International Maritime Bureau (IMB) geschaffen. Der letzte Anstoß zur Gründung der Organisation war folgender Fall: Der Frachter »Betty« verließ unter zypriotischer Flagge am 16. August 1979 den jugoslawischen Hafen Rijeka mit einer Ladung Eisen, Bauholz und Keramikplatten im Wert von rund 9 Millionen Dollar. Auf dem Weg ins östliche Mittelmeer legte die »Betty« im griechischen Piräus an, wurde verkauft und in »Five Star« umbenannt. Die Ladung wurde mit gefälschten Papieren an libanesische Geschäftsleute weiterverkauft. Anfang September lief die »Five Star« in den Hafen Aquamarine nördlich von Beirut ein, löschte die Ladung und lief sofort wieder aus. Wochen später wurden Hafenbeamte in Piräus auf den Frachter »Ares« aufmerksam. Bei näherer Untersuchung stellte man fest, daß mit dem Schriftzug »Ares« eine Reihe früherer Namen übermalt waren: »Betty«, »Five Star«, »Black Eagle« und »Malaga«.

Wenn die heutige Piraterie auch nur einen geringen Teil des international organisierten Verbrechertums ausmacht, bleibt am Schluß eines Buches über Seeraub doch festzustellen, daß die Piraterie nicht endgültig tot ist, trotz aller UNO-Beschlüsse und internationaler Abkommen, trotz Funk und Radar, trotz Flugzeugen und Satelliten. Doch ihre große Zeit ist vorüber. Die Piraterie als jahrtausendelanger untrennbarer Begleiter der Schiffahrt, wie Goethe sie verstand, sie ist vor rund 100 Jahren gestorben. Es besteht kein Grund, ihr in verklärender Romantik nachzutrauern. Denn sie war eine Geißel der Menschheit, gleich unter welchem moralischen Gewand sie betrieben wurde.

Texte

zu den dokumentarischen Abbildungen

Geschichtsdaten zur Piraterie

v. u. Z.

1600–1400	Während der 18. Dynastie Fahrten der Ägypter zum Lande Punt
etwa 1300	Argonautenfahrt ins Schwarze Meer
1198–1166	Ramses III., Bedrohung Ägyptens durch Seevölker und Piraten
Ende 12. Jh.	Trojanischer Krieg
Anfang 11. Jh.	Eroberung Kretas durch die Dorer
11.–9. Jh.	Homerische Periode
ab 8. Jh.	Beginn der griechischen Kolonisation Süditaliens, Siziliens, Vorderasiens und der nördlichen Schwarzmeerküste
8.–6. Jh.	Etrusker wandern nach Italien ein und entwickeln Seefahrt und Seeraub
753	Gründung Roms
738	Der phönizische Stadtstaat Tyros wird von den Assyrern erobert
537–521	Polykrates, Herrscher von Samos
525	Eroberung Ägyptens durch die Perser
500–449	Griechisch-persische Kriege
431–404	Peloponnesischer Krieg
400–200	Rom besiegt die Etrusker und Karthager
334–324	Eroberungen Alexanders von Makedonien
323	Tod Alexanders und erste Aufteilung der Satrapen
146	Unterwerfung Griechenlands durch Rom; Zerstörung Karthagos
111–63	Mithridates VI., König von Pontus
88–84	Erster Krieg zwischen Mithridates VI. von Pontus und Rom, verbunden mit einem starken Anwachsen der Piraterie im Mittelmeer
78	Cäsar als Gefangener von kilikischen Piraten
73–71	Großer Sklavenaufstand in Rom unter Spartacus
67	Gnaeus Pompejus besiegt die Seeräuber
55	Römische Legionen setzen nach England über
38–36	Sextus Pompejus bedroht mit seiner Piratenflotte Rom
31	Seeschlacht bei Actíum
12–5	Rom unterwirft die germanischen Stämme zwischen Rhein und Elbe

u. Z.

28	Aufstand der Friesen gegen die Römer
Mitte 2. Jh.	Beginn der Gotenwanderung von der Ostsee zum Schwarzen Meer
330	Verlegung der Hauptstadt des Römischen Reiches nach Konstantinopel (Byzanz)
378	Sieg der Goten über die Römer bei Adrianopel
395	Teilung des Römischen Reiches in West- und Oströmisches Reich
439–534	Vandalenstaat in Nordafrika

455	Plünderung Roms durch die Wandalen
468	Geiserich besiegt die oströmische Flotte bei Kap Bon
635–732	Araber stoßen am Südufer des Mittelmeeres nach Westen vor und erobern Spanien
768–814	Karl der Große
787	Beginn der Wikingereinfälle in England
8.–11. Jh.	Raub- und Eroberungszüge der Normannen rings um Europa
1003–1018	Krieg zwischen Deutschland und Polen
1066	Schlacht bei Hastings; Eroberung Englands durch die Normannen
1096–1099	Erster Kreuzzug
1099	Gründung des Johanniterordens (später in Malteserorden umbenannt)
1147	Beginn der Ostexpansion deutscher Feudalherren
Mitte 12. Jh.	Dänenkönige unterwerfen sich Teile der südlichen Ostseeküste
1198	Gründung des Deutschritterordens
1226	Lübeck wird freie Reichsstadt
Mitte 13. Jh.	Gründung der Hanse
1270	Letzter Kreuzzug
1339–1453	Hundertjähriger Krieg zwischen England und Frankreich
1389	Die Vitalienbrüder versorgen das von dänischen Truppen belagerte Stockholm
1394	Die Vitalienbrüder setzen sich in Wisby auf Gotland fest
1397	Kalmarer Union
1398	Der Deutschritterorden erobert Gotland
1401	Die Hamburger nehmen die Likedeelerführer Störtebeker und Michel gefangen
1402	Störtebeker und Michel werden auf dem Grasbrook in Hamburg enthauptet
1431–1503	Alexander Borgia, ab 1492 Papst Alexander VI.
1492	Kolumbus entdeckt Amerika
1498	Vasco da Gama entdeckt den Seeweg nach Indien
1500	Cabral entdeckt Brasilien
1501	Die ersten Negersklaven werden von Afrika nach den Westindischen Inseln verschifft
1510/11	Portugal erobert Goa und Malakka
1512	Die Portugiesen erreichen die Molukken (Gewürzinseln)
1515–1547	Franz I., König von Frankreich
1516–1556	Karl I., König von Spanien; als Karl V. von 1519 an Kaiser des »Heiligen Römischen Reiches Deutscher Nation«
1516	Algerien kommt zum Osmanischen Reich
1519–1522	Erste Weltumsegelung durch Magalhaes
1519–1521	Eroberung Mexikos durch die Spanier
1520–1566	Soliman I., Sultan des Osmanischen Reiches
1531–1533	Die Spanier erobern das Inka-Reich
1533	Seesieg Chaireddins über Doria im Golf von Venedig
1535	Bündnis zwischen der Türkei und Frankreich
1538–1543	Chaireddin plündert wiederholt die italienische und südfranzösische Küste
1541	Vertreibung der Spanier aus Algerien
1551	Eroberung von Tripolis durch die türkische Flotte
1558–1603	Elisabeth I., Königin von England
1565–1571	Eroberung der Philippinen durch die Spanier
1568–1581	Befreiungskampf der Niederlande gegen Spanien
1571	Seeschlacht zwischen der türkischen und einer spanisch-venezianischen Flotte im Golf von Lepanto

1574	Die türkische Flotte erobert Tunis
1577–1580	Francis Drake plündert die spanischen Niederlassungen in Amerika und umsegelt die Welt
1580	Die Spanier erscheinen in Japan
1581	Anschluß Portugals an Spanien
1587	Vernichtung eines spanischen Flottengeschwaders im Hafen von Cadiz durch die Engländer
1588	Vernichtung der spanischen Armada
1600–1604	Gründung von Ostindischen Gesellschaften in England, Holland und Frankreich
1606	Entdeckung Australiens durch den Holländer Willem Jansz
1618–1648	Dreißigjähriger Krieg
1619	Eroberung Djakartas durch die Holländer
1624	Die Holländer besetzen Taiwan
1627–1644	Einfall der Mandschu in China, Beginn der Tjing-Dynastie
1640	Die Flibustier befestigen Tortuga als ihre Basis
1640–1660	Bürgerliche Revolution in England
1643–1715	Ludwig XIV., König von Frankreich
1645–1669	Krieg zwischen der Türkei und Venedig; die Türken erobern Kreta
1651	Englische Regierung verkündet Navigationsakte
1652–1654	Erster englisch-holländischer Krieg
1655	Die Engländer besetzen Jamaika
1660–1685	Karl II., König von England
1660–1731	Daniel Defoe
1661	Englische Ostindische Kompanie erwirbt Bombay
1662	Der chinesische Piratenführer Kuo-Hsing-Yah erobert Taiwan
1665–1667	Zweiter englisch-holländischer Krieg
1672–1674	Dritter englisch-holländischer Krieg
1672–1678	Krieg Frankreichs gegen Holland und Spanien, der 1678 durch den Friedensvertrag von Nimwegen beendet wurde
1673–1683	Aufstand in den südlichen Provinzen Chinas gegen die Mandschu
1682–1725	Peter I., Zar von Rußland
1683–1698	Krieg der Türkei gegen Österreich, Polen, Venedig (ab 1686 auch gegen Rußland)
1685–1688	Jakob II., König von England, durch Staatsstreich abgesetzt
1700–1721	Nordischer Krieg
1701–1713	Spanischer Erbfolgekrieg (England, Holland und Österreich gegen Frankreich, Bayern u. a. Staaten), der im März 1713 durch den Friedensvertrag von Utrecht beendet wurde
1704	Die Engländer besetzen Gibraltar
1714–1727	Georg I., König von England
1740–1748	Österreichischer Erbfolgekrieg (Österreich, England und Holland gegen Frankreich, Spanien, Preußen, Bayern)
1755–1763	Englisch-französischer Krieg um Kolonialbesitz
1756–1763	Siebenjähriger Krieg
1775–1783	Amerikanischer Unabhängigkeitskrieg gegen England
1776–1777	Spanisch-portugiesischer Krieg
1780–1783	Krieg Frankreichs, Spaniens und Hollands gegen England
1789	Beginn der Großen Französischen Revolution
1792–1815	Kriege Frankreichs mit verschiedenen europäischen Staaten in wechselnden Koalitionen
1794	Dekret des Konvents über die Abschaffung der Sklaverei in den französischen Kolonien

1803–1805	Krieg der Ostindischen Kompanie gegen die Mahrattenfürsten
1807	Verbot des Sklavenhandels in England
1812	Zweiter englisch-amerikanischer Krieg
1814/15	Wiener Kongreß
1816	Argentinien wird unabhängig
1822	Brasilien wird unabhängig
1830	Frankreich erobert Algerien
1833	Abschaffung der Sklaverei in den englischen Kolonien
1839	Hongkong und Aden werden von den Engländern besetzt
1856	Verbot der Kaperei auf der Pariser Seerechtskonferenz
1861	Beginn des Bürgerkrieges in den USA
1865	Ende des Bürgerkrieges und Verbot der Sklaverei in den USA
1881	Die Franzosen besetzen Tunis
1912	Die Italiener besetzen Tripolis und Libyen; Marokko wird zwischen Frankreich und Spanien aufgeteilt
1927	Entwurf über das Verbot der Piraterie im Völkerbund behandelt (ohne Beschlußfassung)
1958	UNO beschließt »Konvention über das offene Meer«. In der am 30. 9. 1962 in Kraft getretenen Konvention wurde zum ersten Mal das Verbot der Piraterie völkerrechtlich kodifiziert

Kleines Lexikon der Seefahrt

abbringen:	ein auf Grund festsitzendes Schiff in tiefes Wasser bringen
abdrehen:	den Kurs des Schiffes so ändern, daß er von einem anderen Schiff oder Gegenstand fortführt
abfallen:	den Wind achterlicher in die Segel einfallen lassen
ablandig:	ein Wind, der vom Lande nach See zu weht
abtakeln:	die Takelage eines Schiffes entfernen
abwettern:	mit geringster Segelfläche oder vor Treibanker einen Sturm bestehen
abwracken:	alles, was nicht niet- und nagelfest ist, von Bord holen; den verbleibenden Schiffsrumpf versenken, verbrennen (Holz) oder verschrotten (Eisen)
achteraus:	alles, was hinter dem Schiff ist
achtern:	alles, was an Bord hinter der Mitte des Schiffes liegt
Achtersteven:	Abschluß des nach hinten zusammenlaufenden Schiffskörpers
Achterstück:	span. Peso de à ocho = Acht-Real-Stück, auch als Piaster bezeichnet, Vorläufer des Dollar. Das Achterstück war über drei Jahrhunderte das meistgeschätzte Geldstück in Europa und Amerika; es hatte etwa den gleichen Wert wie ein Taler.
all hands:	Alle Mann, Ankündigungskommando für »Alle-Mann-Manöver« bei schwerem Wetter und zum Gefecht
Anderthalbmaster:	alle zweimastigen Schiffe, bei denen der kleinere Mast hinten steht
Anker lichten:	Anker an Bord hieven (heben)
Anker kappen:	Ankerseile mit dem Beil durchhauen
Anker slippen:	Ankerkette an Bord lösen, so daß die Kette ausrauscht
Ankerspill:	Winde zum Anker hieven
anmustern:	Arbeitsvertrag für die Dauer einer Schiffsreise unterschreiben (auch anheuern)
Antillen:	(vielfach auch Westindien genannt) sie umfassen die Bahama-Inseln, die Großen Antillen und die Kleinen Antillen. Die Antillen grenzen das Karibische Meer gegen den Atlantischen Ozean ab.
Arkebuse:	Hakenbüchse, mit denen die spanischen Soldaten an Bord der Galeonen ausgerüstet waren. Um die Kugel aus dem Lauf zu treiben, mußte das Pulver mit einer glimmenden Lunte zur Explosion gebracht werden.
Asiénto:	span. Bezeichnung für »Vertrag« und »Kauf«. Der »Asiénto de negros« war das Abkommen der spanischen Regierung mit ausländischen Handelsgesellschaften über die Lieferung von afrikanischen Sklaven in die spanischen Kolonien.
Aufbauten:	Schiffsräume, die sich über dem Hauptdeck befinden und von Bord zu Bord reichen
aufbringen:	ein Schiff auf hoher See mit Gewalt oder durch Androhung von Gewalt dem rechtmäßigen Eigentümer wegnehmen

aufkreuzen:	im Zick-Zack-Kurs gegen die Windrichtung segeln
auflaufen:	mit dem Schiff auf Grund geraten oder es auf Grund setzen

Back:	vorderer, erhöhter Teil des Schiffes; auch Bezeichnung für zusammenklappbaren Eßtisch an Bord
Backbord:	linke Schiffsseite
Ballast:	Zuladung in Form von Sand, Steinen, Wasser o. ä., um die Stabilität des Schiffes zu erhöhen
Bark:	Dreimast-Frachtsegler, bei dem die beiden vorderen Masten rahgetakelt sind, während der dritte, der Besanmast, ein Schratsegel (Besansegel) trägt
Barkasse:	großes Ruderboot mit Segelausrüstung (heute meistens Motorboot)
Barre:	durch Sandablagerung entstandene Untiefe
Baum:	Rundholz, an dem die Unterkante eines Schratsegels befestigt wird
Bei:	türkisch Herr; bei den Turkvölkern früher ein Titel von Fürsten und großen Feudalherren, später auch Titel für militärische Befehlshaber und Vorsteher von Bezirken
beidrehen:	Schiff mit dem Bug in Windrichtung drehen, um Fahrt zu vermindern oder zu stoppen
Beplankung:	die Schalung, die ein Holzschiff nach außen abdeckt; man unterscheidet Kraweel- und Klinkerbeplankung
Besan:	Schrat-(Gaffel-)segel, das am hintersten Mast (Besanmast) in Längsschiffsrichtung gefahren wird
Bestückung:	Ausrüstung eines Schiffes mit Kanonen
Blockade:	Sperrung eines Hafens oder Seegebietes durch Kriegsschiffe
Bö:	starker Windstoß
Bombarde:	kurzrohriges Steilfeuergeschütz
Bord:	Kante des Oberdecks; »an Bord« bedeutet »auf dem Schiff«
Bram:	über Groß- und Marssegel gesetztes Rahsegel
Brander:	unbemanntes, mit leicht entzündlichen Stoffen und Pulver gefülltes Schiff, das, auf den Gegner zutreibend, in seiner Nähe zur Entzündung gebracht wird
Brecher:	hohe Welle, deren Kamm sich überschlägt
Brigantine:	Zweimastsegler, bei dem der vordere Mast rahgetakelt ist, während der hintere Mast ein Schratsegel trägt
Brigg:	voll rahgetakelter Zweimastsegler, der – ebenso wie die Brigantine – häufig als Piratenfahrzeug diente
Bug:	Vorderkante des Schiffskörpers
Bugspriet:	über dem Bug hinausgeführtes Rundholz zur Segelbefestigung
Bullen, der:	Schute mit spezieller Taljenausrüstung zum Kielholen eines Segelschiffes

Casa:	Abkürzung für »La casa de contratacion«, einem 1503 geschaffenen spanischen Marineamt mit Sitz in Sevilla. Die Casa legte Zeitplan und Route für eine Fahrt über den Atlantik fest, sie erließ Disziplinar- und Gefechtsvorschriften und reglementierte das gesamte Leben an Bord, bis hin zu den Gebeten, die bei Sturm auf See zu beten waren
Charter:	Mietvertrag für ein Schiff auf eine bestimmte Zeit oder für die Dauer einer Reise
Chronometer:	genau gehende Schiffsuhr als Hilfsmittel der astronomischen Navigation zur Bestimmung des Schiffsortes

Davit:	Träger zum Aufhängen und Aussetzen von Beibooten
Deck:	waagerechter Abschluß des Schiffskörpers oder eines Schiffsraumes
Deplacement:	Wasserverdrängung eines Schiffes

Dhau:	(auch Dau) arabischer Schnellsegler; gewöhnlich als Anderthalbmaster getakelt mit langen schräglaufenden Rahen und Lateiner-(Dreieck-)segeln, bekanntes Piratenfahrzeug des Mittelmeeres
Dschunke:	chinesisches Bretterboot ohne Kiel; als Segelschiff meistens mit zwei Masten, aber auch als Ein- und Mehrmaster ausgerüstet; typisch sind die in die Segel eingezogenen Zwischenrahen, die den Druck des Windes gleichmäßig auf den gesamten Mast verteilen; Einsatz als Fracht-, Kriegs- und Piratenschiff
Dünung:	Seegang, der ohne gleichzeitigen Wind oder Sturm auftritt
dwars:	quer, querab

Einklarieren:	Erledigung erforderlicher Formalitäten beim Einlaufen des Schiffes in einen Hafen, so bei der Paß-, Zoll-, Gesundheitsbehörde u. a. Institutionen (beim Auslaufen wird das Schiff ausklariert)
Enterkampf:	nach dem Entern des Schiffes geführter Kampf zur Eroberung des Schiffes; gewöhnlich griffen die Piraten mit Säbeln und Pistolen in drei Gruppen an: eine Gruppe den Kapitän und die Offiziere, eine Gruppe die Mannschaften und Soldaten, während die dritte Gruppe die Pulverkammer besetzte
Entern:	das gewaltsame Eindringen in ein Schiff, nachdem es durch Enterhaken an das eigene Fahrzeug herangeholt und festgemacht wurde
Etmal:	von Mittag zu Mittag – in 24 Stunden – zurückgelegte Fahrstrecke eines Schiffes

---

Faden:	in der Seefahrt häufig angewandtes englisches Längenmaß (1 Faden = 1,829 m)
Fahrt:	die Fahrt eines Schiffes ist seine Geschwindigkeit in Knoten (1 kn = 1 sm/h = 1852,01 m)
Fallreep:	an die Bordwand gehängte Treppe zum Besteigen und Verlassen des Schiffes; ursprünglich eine über die Bordwand gehängte Strickleiter (Reep = Tau)
festkommen:	auf Grund geraten
fieren:	einen Gegenstand vermittels Seil oder Kette herunterlassen
Flagge:	im engeren Sinn die Nationalflagge, aber auch bei Handelsschiffen die Handelsflagge und bei Kriegsschiffen die Kriegsflagge
Flaggenstaat:	der Staat, in dessen Schiffsregister das Schiff eingetragen ist und dessen Flagge es demzufolge führen darf
Flagge streichen:	die Flagge niederholen als Zeichen der Kapitulation
Flaggschiff:	das Schiff, auf dem sich der Befehlshaber befindet und seine Flagge gesetzt hat
Fleute:	berühmtes holländisches Segelschiff des 17. und 18. Jh.; als Bark getakelter Dreimaster mit geringem Tiefgang, besonders vorteilhaft das günstige Verhältnis der Länge zur Breite von 4 : 1 und die hohe Takelage
Flota:	die einmal jährlich in acht Monaten über den Atlantik hin und zurück segelnde spanische Flotte aus Galeonen und Kauffahrteifahrern. Abhängig von der Anzahl der Schiffe segelte der Konvoi in doppelter oder dreifacher Kiellinie, an der Spitze der Generalkapitän und am Ende der Admiral der Flotte.
Flotte:	Gesamtheit der Handelsschiffe bzw. der Kriegsschiffe eines Staates
Flottille:	mehrere Schiffe unter einem einheitlichen Kommando
Fock:	Schratsegel vor dem vorderen Mast; bei Rahschiffen ist das Focksegel das unterste Rahsegel am vorderen Mast

Fockmast: der vorderste Mast bei mehrmastigen Schiffen (außer bei Anderthalbmastern)

Fregatte: scharf gebautes, schnelles Segelkriegsschiff mit drei voll getakelten Masten. Bei einer Besatzung von 300 bis 600 Mann besaß die Fregatte ein bis zwei Batteriedecks mit 30 bis 60 Kanonen

Fuß: in der Seefahrt bis heute angewandtes englisches Längenmaß (1 engl. Fuß = 0,3048 m = 12 Zoll zu je 25,41 mm)

Gaffel: Rundholz, an dem die Oberkante eines Schratsegels befestigt wird

Galeasse: »Galea grossa« = Großgaleere, das Mittelmeerkriegsschiff des 16. und 17. Jh. mit 28 bis 31 Riemen auf jeder Bordseite und zahlreichen Geschützen auf dem durchlaufenden Oberdeck; bei achterlichem Wind konnten an den drei Masten Lateinersegel gefahren werden

Galeere: schlankes, scharf gebautes Riemenschiff, das etwa seit der Jahrtausendwende im Mittelmeer als Kriegsschiff eingesetzt wurde; das Vorschiff trug ein Kastell, auf dem die Wurfmaschinen – später die Kanonen – aufgestellt wurden; die Galeere besaß einen Mast mit Lateinersegel

Galeone: mit 60 bis 70 Kanonen bestückter, plumper Viermaster mit Rahsegeln; bekannt als Silberschiff der Flota, mit dem die Gold- und Silberschätze aus den amerikanischen Kolonien nach Spanien befördert wurden; etwa 50 bis 60 m lang, 20 bis 25 m breit und mit 4 bis 5 etagenähnlichen Aufbauten auf dem Achterschiff

Galeote: leichte, schnelle Galeere mit 16 bis 22 Ruderbänken und einem Mast mit Lateinersegel

Galion: schnabelähnlicher Bugvorbau auf den alten Segelschiffen, der auch als Abort diente; an der Vorderkante wurde die Galionsfigur angebracht

Gallone: englisches Hohlmaß = 4,541

Gangspill: senkrecht stehende Winde, in deren Kopf Spillspaken – ähnlich wie Speichen eines Rades – eingesetzt wurden, mit denen die Matrosen das Spill drehten, um den Anker zu hieven

Gangway: Laufsteg zwischen Schiff und Land

Geschwader: Gruppe von Kriegsschiffen gleichen Typs

Glücksspiele: an Bord der Kaper- und Piratenschiffe waren Glücksspiele fast immer verboten; um so intensiver wurden sie an Land betrieben; besonders beliebt waren Würfel- und Kartenspiele, wie Siebenkönigstarok und Lasquenet

Gösch: Am Bug gesetzte Flagge des Heimathafens

Großmast: der zweite Mast von vorn auf allen mehrmastigen, rahgetakelten Schiffen; auf Anderthalbmastern der vorderste und auf Schonern der hinterste Mast

Großmogul: Titel der turkomongolischen Herrscher des 1526 in Indien errichteten mohammedanischen Reiches

---

Handelsmonopol: Das Handelsmonopol des spanischen Königs umfaßte nicht nur das Verbot des Anlaufens fremder Schiffe und des Tausches oder Verkaufes von Waren in den spanischen Kolonien, sondern verbot auch den Anbau von Getreide und Wein sowie das Weben von Tuchen, das Anfertigen von Kleidungsstücken usw. in den Kolonien selbst. Alle diese Gegenstände sollten aus Spanien bezogen werden.

Hauptdeck: im allgemeinen das oberste durchlaufende Deck

Hauptspant: Spant an der breitesten Stelle des Schiffes

Heck: der den Achtersteven überragende Abschluß des Schiffskörpers

heißen: das Aufziehen eines Segels oder einer Flagge

Heuer: die Entlohnung des Seemanns für eine durchgeführte Reise

Hidalgo:	seit dem 12. Jh. in Spanien übliche Bezeichnung für einen Angehörigen des niederen Adels
hieven:	einen Gegenstand vermittels Seil oder Kette anheben
Hispaniola:	von Kolumbus am 5. Dezember 1492 entdeckt; die von den Ureinwohnern Haiti genannte Insel tauften die Spanier in Hispaniola, Klein-Spanien, um
Holk, der:	(vielfach: die Hulk) Weiterentwicklung der Kogge, Dreimaster mit festem Vor- und Achterkastell, der an Fock- und Großmast je ein großes viereckiges Rahsegel und am Besanmast ein an einer Schrägrah befestigtes Lateinersegel führte
Horn:	spitze Landzunge; unter »das Horn« oder auch »die Horn« versteht der Seemann Kap Horn, das von dem Holländer Schouten 1616 nach seiner Vaterstadt Hoorn benannt wurde
Hugenotten:	Eidgenossen, Bezeichnung für die französischen Kalvinisten (Protestanten); grausame Verfolgungen unter Ludwig XIV. ließen viele Hugenotten aus Frankreich auswandern
Huker:	häufig auch als Ketsch bezeichneter kleiner Anderthalbmaster
Hütte:	Aufbau auf dem Achterdeck, auch Poop genannt, in dem sich die Räume für Offiziere und Passagiere befanden

Jacht:	(engl. Yacht) ein- oder zweimastiges schnelles Sport- und Reisefahrzeug, heute häufig mit Motorantrieb; früher Küstensegler mit Kutter- oder Schonertakelung
Jakobsleiter:	freihängende Strickleiter, die meistens durch Holzstücke versteift ist
Janitscharen:	seit 1329 aus christlichen Gefangenen und ihren Nachkommen gebildete Infanteriekerntruppe der türkischen Sultane; im Jahre 1826 aufgelöst
Jolle:	kleines Segelboot, das auf vielen Schiffen als Beiboot mitgeführt wird
Jolly Roger:	die aus dem englischen Sprachgebrauch im 18. Jahrhundert aufkommende Bezeichnung für die Piratenflagge – weißer Totenschädel über gekreuzte Knochen auf schwarzem oder rotem Grund
Journal:	(früher Logbuch) Schiffstagebuch, in das alle wichtigen Ereignisse und alle navigatorischen Daten eingetragen werden müssen
jumpen:	von Bord an Land, ins Wasser oder auf ein anderes Fahrzeug springen

Kai:	befestigtes Ufer zum Anlegen von Schiffen
Kajüte:	Wohnraum des Kapitäns an Bord
Kalfatern:	das Abdichten der Außenhaut- und Decksnähte mit geteertem Werg
Kaper:	(engl. Privateer, französ. corsaire) der Kaper nahm in staatlichem Auftrag – meistens durch einen Kaperbrief ermächtigt – auf eigene Kosten und eigenes Risiko am Handelskrieg auf See teil. Von der gemachten Beute mußte er einen Teil – 10 bis 50 % – an seinen Schutzherrn abtreten.
Karavelle:	schlank gebauter Mehrmaster, meistens mit Lateinersegel an schräg laufender Rah
Karibik:	Karibisches Meer, im 16. und 17. Jh. auch Spanische See genannt; sie bildete – von einem doppelten Inselring umschlossen – den Eingang zur Neuen Welt
Karronaden:	spezielle Schiffsgeschütze für kurze Entfernungen, die eine große Splitterwirkung besaßen
Kauffahrteischiff:	(auch Kauffahrteifahrer) Sammelbezeichnung für Handelsschiffe, heute veraltet
Kentern:	Umschlagen eines Schiffes
Ketsch:	Anderthalbmaster, bei dem der kleine hintere Mast vor dem Ruder steht; der vordere Mast trägt entweder ein Gaffelsegel (Kuttertakelung) oder ein Hochsegel (Ketschtakelung)

Kiel:	unterster Längsträger eines Schiffes
Kielholen:	Vor Erfindung von Dock- und Slipanlagen mußte man Schiffe für Unterwasserarbeiten kielholen. Dazu wurden Geschütze, Ballast und Ladung auf eine Bordseite geschafft, um den Kiel im flachen Wasser freizulegen. Mit der Talje des Bullen, die am Top des Großmastes angeschlagen wurde, konnte das Manöver unterstützt werden.
Klinkerbauweise:	Art der Beplankung, bei der die Holzplanken der Außenhaut dachziegelförmig übereinandergreifen
Klipper:	hochgetakeltes Vollschiff (Dreimaster), das an jedem Mast sieben Rahsegel führte (1. Fock- bzw. Groß- oder Kreuzsegel, 2. Untermarssegel, 3. Obermarssegel, 4. Unterbramsegel, 5. Oberbramsegel, 6. Royalsegel, 7. Skysegel)
Klüver:	das innerste Vor- oder Stagsegel
Knoten:	Geschwindigkeitsmaß bei Handelsschiffen (1 kn = 1852,01 m/h)
Kogge:	(ursprünglich: der Koggen) hochbordiges, klinkerbeplanktes Segelschiff der Hansezeit mit kurzem und gedrungenem Schiffsrumpf, das bis zu 100 Lasten (200 t) Güter transportieren konnte. Die Kogge war ein Einmaster mit großem, fast quadratischem Rahsegel.
Koje:	feste Schlafstelle an Bord
Kollision:	Zusammenstoß eines Schiffes mit einem anderen Fahrzeug oder einem Gegenstand
Kombüse:	Schiffsküche
Konnossement:	Seefrachtvertrag, in dem der Kapitän oder sein Vertreter bestätigt, die aufgeführten Güter ordnungsgemäß empfangen zu haben und verspricht, sie am Bestimmungsort in derselben guten Qualität vollzählig abzuliefern, sofern keine seebedingten Unfälle das verhindern
Konquistadoren:	(span. Eroberer) Bezeichnung für die spanischen Söldnerführer, die bei der Eroberung der spanischen Kolonien im 16. Jh. rücksichtslos und grausam gegen die amerikanische Urbevölkerung vorgingen, wie z. B. Cortez, der von 1519 bis 1522 das Aztekenreich eroberte, oder Pizarro, der Eroberer und Zerstörer des Inkareiches (1531–1535)
Konterbande:	Ware, die nicht unkontrolliert in ein Land eingeführt werden darf bzw. im Krieg direkt oder indirekt der Kriegführung dient
Konvoi:	Zusammenfassung von Handelsschiffen zu einem Geleitzug, der von Kriegsschiffen gesichert wird
Korsar:	(ital. Corsaro) Pirat, aber auch Kaper; ursprünglich die Bezeichnung für ein nordafrikanisches Raubschiff
Korvette:	kleines, schnelles Kriegsschiff mit Bark- oder Vollschifftakelung und nur einer Kanonenreihe
Krähennest:	(Mastkorb) Beobachtungssitz etwa in halber Höhe des vorderen Mastes
Krängen:	das seitliche Überliegen eines Schiffes
Kraweel:	allgemeine Bezeichnung für ein Kraweel geplanktes Schiff
Kraweelbauweise:	Art der Beplankung, bei der die Holzplanken mit ihren scharfen Kanten gegeneinandergesetzt werden, so daß eine glatte Außenfläche entsteht
Kreuzmast:	der hinterste voll getakelte Mast bei drei- und mehrmastigen Schiffen
Kutter:	einmastiges Fischereifahrzeug mit großem Gaffelsegel, in verschiedenen Ländern auch als Transporter mit etwa 100 t Tragfähigkeit im Küstenverkehr eingesetzt

---

Ladebaum:	am Mast schwenkbar angebrachtes schweres Rundholz (später aus Eisen), mit dem Güter geladen und gelöscht werden können
Laderäume:	die großen Räume des Schiffes zur Aufnahme der Ladung, wobei jeder Raum seine eigene Luke hat

Lastadie:	in manchen Nord- und Ostseestädten bis heute der Name für Straßen oder Plätze, die früher als Anlegestelle für Schiffe dienten
Lateinersegel:	an einer Schrägrah befestigtes Dreiecksegel, wahrscheinlich von den Arabern erfunden; die Schrägrah wird etwa nach dem ersten Drittel ihrer Länge am Mast angeschlagen
Leck:	undichte Stelle am Schiffsrumpf, durch die Wasser in das Schiffsinnere dringt. »Das Schiff leckt!«
Lee:	die dem Wind abgekehrte Seite an Bord eines Schiffes
Leichter:	flaches, plattbodiges offenes Lastschiff – früher ohne Eigenantrieb – zum Leichtern von Frachtschiffen
leichtern:	den Tiefgang eines Schiffes durch Vonbordgabe von Gütern, Ballast, Wasser o. ä. verringern
lenzen:	Wasser aus einem Schiffsraum pumpen, bis er lenz (leer) ist
Leuchtfeuer:	Feuerschiffe, Leuchttürme und Leuchttonnen, die zur Orientierung der Schiffe sich ständig wiederholende Lichtsignale abgeben
Liburne:	von den Piraten des Mittelmeeres entwickeltes und von den Römern übernommenes kleines, wendiges Riemenschiff mit einer Ruderreihe, später auch mit zwei Ruderreihen
Liek:	Tau, mit dem das Segel eingesäumt wird
Linienschiff:	die Bezeichnung entstand im 16. Jh., als die Kanonen statt vorn und achtern auf den Breitseiten der Schiffe aufgestellt wurden. Um eine volle Feuerwirkung mehrerer Schiffe zu gleicher Zeit zu erreichen, mußten diese »in Linie« hintereinander segeln. Das Linienschiff war das stärkste Kriegsschiff der Segelschiffszeit
Livre:	(frz. Pfund) Münze seit Karl dem Großen zu 20 Sous, wurde 1795 durch den Franc abgelöst
Lloyds Register of Shipping:	wurde 1834 mit Sitz in London gegründet; neben der Begutachtung von Schiffen und Schiffsanlagen gibt Lloyds Register jährlich ein Buch über alle Handelsschiffe der Erde sowie zahlreiches statistisches Material heraus
Log:	Gerät zum Messen der Fahrtgeschwindigkeit eines Schiffes
Logger:	Fischereifahrzeug, als anderthalb- oder zweimastiger Gaffelsegler getakelt; heute meist mit Motorantrieb
Logis:	Wohnraum für Mannschaften an Bord
Lot:	Leine mit Senkblei, mit dem der Abstand vom Schiff zum Meeresboden gemessen wird
Lotse:	Berater des Kapitäns für Hafeneinfahrten und schwierige Fahrwasser
Luv:	die dem Wind zugekehrte Seite an Bord eines Schiffes

Maat:	Helfer, Gehilfe; Unteroffizierdienstgrad an Bord
Marine:	Gesamtheit der Schiffahrt eines Landes; heute gewöhnlich nur noch auf Kriegsmarine angewandt
Mars:	halbrunde Plattform auf der Mastspitze zum Abspreizen der Wanten
Marssegel:	das zweite Rahsegel von unten
Mast:	langes Rundholz, an dem die Segel gefahren werden; die aufgesetzten Verlängerungen des Mastes heißen Stengen
Messe:	Speiseraum für Offiziere, heute auch für Mannschaften
Mole:	zum Schutz des Hafens errichteter Erd- oder Steindamm
Moses:	Schiffsjunge, Matrosenlehrling oder auch der Jüngste an Bord
Musterrolle:	die durch das Seefahrtsamt (Seemannsamt) aufgestellte Besatzungsliste

---

Nautik:	Schiffahrtskunde
Navigation:	Bestimmung des Schiffsweges

Navy:	engl. Bezeichnung für Kriegsmarine, auch in anderen Sprachen gebräuchlich
Nock:	äußerstes Ende einer Rah

Oberdeck:	das oberste durchlaufende Deck
Oldtimer:	befahrener Seemann
Orlogschiff:	holl. Kriegsschiff; von Oorlog = Krieg
Ortung:	Bestimmung des Schiffsortes

Pier:	Bollwerk aus Holz, Stein oder Eisen und Beton zum Festmachen von Schiffen
Pilot:	ältere Bezeichnung für Lotse
Pinke:	Dreimastsegler, der als Kompromiß die Schnelligkeit und Kampfkraft einer Fregatte mit der Lademöglichkeit einer Bark in sich vereinen sollte. Bevorzugtes Kaper- und Piratenfahrzeug im Bereich der Nord- und Ostsee
Pirat:	(griech. Abenteurer) Seeräuber
Piraterie:	rechtswidrige Gewalttat, Gefangenenhaltung oder Plünderung auf offenem Meer, die zu privaten Zwecken von privaten Schiffen oder Flugzeugen begangen wird
Piratensegler:	flachgehende und wendige Schnellsegler ohne bestimmte Klassifikation, meistens als Zweimaster ohne Aufbauten mit Schrägrah und Lateinersegel getakelt, acht bis zehn Kanonen an Oberdeck führend und mit 70 bis 80 Mann besetzt
Poop:	(lat.: puppis = Hinterteil) Aufbau auf dem Achterdeck, auch Hütte genannt
Prahm:	kastenförmiges Transport- und Arbeitsboot
Prau:	malaiische Bezeichnung sowohl für galeerenähnliches Riemenschiff als auch für schlankes Segelboot mit einem oder zwei Auslegern
preien:	ein Schiff anrufen
Prise:	ein während eines Krieges auf hoher See aufgebrachtes feindliches Handelsschiff
Punt:	als das Land Punt, dem Ziel zahlreicher See-Expeditionen der alten Ägypter, wird das heutige Somaliland angenommen

Rah:	an der Vorkante eines Mastes oder einer Stenge schwenkbar angebrachtes Rundholz, das zur Befestigung der Segel dient
Raider:	(engl.) Kriegs- und Kaperschiffe, die feindliche Handelsschiffe aufbringen sollen
rank:	Schiff mit geringer Anfangsstabilität
Reede:	Ankerplatz vor dem Hafen
Reederei:	ein Unternehmen, das Schiffahrt betreibt
Reep:	alte Bezeichnung für Tau
Reis:	türkisch-arabische Bezeichnung für Kapitän
Riemen:	lange Holzstange, die unten blattförmig und oben als Handgriff gestaltet ist (Laienausdruck: Ruder)
Riff:	mit der Küste zusammenhängende Untiefe
Royalsegel:	über Mars und Bram gesetztes Rahsegel
Ruder:	die Steueranlage eines Schiffes
Rum:	beliebtes Seemannsgetränk der Segelschiffszeit; Herstellung vor allem auf Kuba und Jamaika; der nach acht Tagen abgeschlossene Gärungsprozeß erfolgt in Fässern, in denen eine Mischung aus Zucker, Sirup und Zuckerrohrschaum eingelagert wird

Rundschiff:	ein im Verhältnis zu seiner Länge sehr breit gebautes und darum langsames Schiff; die Länge betrug weniger als das Doppelte der Breite
Runner:	Matrosenwerber in den Hafenstädten, der mit unsauberen Methoden arbeitet

---

Schaluppe:	Einmaster mit großem Gaffel-, Top- und Vorsegel (Focksegel)
Schanze:	erhöhtes Achterdeck
Schebecke:	Schnellsegler der nordafrikanischen Piraten; Dreimaster mit Lateinersegel an schräglaufender Rah
Schiffer:	Bezeichnung für den Schiffsführer auf kleineren Schiffen, wo der Eigner zugleich als Kapitän fährt
Schiffsregister:	amtliches Verzeichnis der Schiffe, die zur Führung der Flagge des betreffenden Staates berechtigt sind
Schlagseite:	Schräglage eines Schiffes
Schoner:	mehrmastiges Segelschiff mit Gaffelsegeln, bei dem der größere Mast hinten steht
Schratsegel:	Sammelbezeichnung für alle Segel, die längsschiff gefahren werden (Stag-, Gaffel-, Hoch- und Topsegel)
Schute:	flaches, kastenförmiges Fahrzeug ohne Eigenantrieb
See, die hohe:	das Weltmeer außerhalb staatlicher Hoheitsgewässer
Seemeile:	Längenmaß in der Schiffahrt (1 sm = 1852,01 m)
Skysegel:	oberstes Rahsegel bei Klipper
Sloop:	aus Schaluppe hervorgegangener Zweimaster mit Gaffel-, Top- und Vorsegel, aber auch mit Schrägrahen und Lateinersegel getakelt (siehe: Piratensegler)
Spant:	rippenartiger Bauteil des Schiffskörpers, Träger der Außenhaut
Stag:	Tau (heute meist Drahtseil), mit dem ein Mast nach vorn und hinten abgestützt wird
Stagsegel:	Segel, das an einem Stag längsschiff gefahren wird
Stauer:	Packer, der im Laderaum des Schiffes die Güter staut
Stenge:	aufsetzbare Verlängerung des Mastes
Steuerbord:	rechte Schiffsseite
Steven:	der vom Kiel nach oben verlaufende Abschluß des Schiffskörpers; vorne = Vorsteven, hinten = Achtersteven
Strandung:	auf flachem Strand festgekommenes Schiff
Sturmsegel:	bei Sturm gesetzte Segel, um das Schiff manövrierfähig zu halten, z. B. kleines starkes Untermarssegel oder schweres Dreiecksegel (Trysegel)

Takelage:	Gesamtheit dessen, was zur Segelführung nötig ist
Talent:	(lat., griech. = das Zugewogene) altgriechische Geldeinheit; 1 Talent = 6000 Drachmen (Silbermünzen)
Tampen:	kurzes Tauende
Tide:	(niederdeutscher Ausdruck für Gezeiten) regelmäßiges Steigen und Fallen der ozeanischen Wassermassen, das u. a. durch die Erdumdrehung in Verbindung mit der Anziehungskraft des Mondes hervorgerufen wird
Tonnage:	Im Mittelalter wurde die Größe eines Schiffes nach seiner Tragfähigkeit an Weintonnen (1 Tonne etwa 1000 kg) berechnet; im Bereich der Hanse galt als Maß die Roggenlast (1 Last – auch schwere Last genannt – etwa 2000 kg); Kriegsschiffe werden heute nach Wasserverdrängung, d. h. nach Gewichtstonnen berechnet, Handelsschiffe werden nach Registertonnen, d. h. nach einem Raummaß von 2,83 m^3 vermessen
Top:	Spitze eines Mastes oder einer Stenge

Törn:	Bezeichnung für einen sich wiederholenden Arbeitsgang (z. B. Wachtörn) oder Zeitablauf (z. B. Seetörn)
Triere:	klassisches Kriegsschiff der Griechen z. Z. der Perserkriege; Riemenschiff mit drei Ruderreihen und einem eisenbeschlagenen Rammsporn; bei achterlichem Wind konnte die Triere an einem umlegbaren Mast ein kleines Segel setzen
Trimm:	Schwimmzustand eines Schiffes
Untiefe:	flache Stelle im Wasser
Utligger:	mittelalterliche Bezeichnung für Seeräuber an der deutschen Ost- und Nordseeküste; vor den Flußmündungen »außen liegend«, konnten sie den Verkehr zu und von den Häfen beobachten
Viermaster:	Viermastvollschiff und Viermastbark (ohne Angabe der Masten handelt es sich um Dreimaster, z. B. Vollschiff und Bark)
Vorschiff:	Teil des Schiffes vor dem ersten Mast
Want:	Tau (heute meist Drahtseil), das den Mast seitlich abstützt
Watt:	flacher Meeresstreifen, der bei Flut mit Wasser bedeckt wird und bei Ebbe ganz oder teilweise trocken fällt
Weblein:	zwischen den Wanten gespannte Quertaue, über die in die Mastspitze und zu den Rahen aufgeentert wird
Windjammer:	großer Tiefwassersegler
Wrack:	ein durch Alter oder Seeunfall nicht mehr seetüchtiges Schiff
Zwischendeck:	ursprünglich das über dem Schiffsboden liegende Deck; auf großen Schiffen gibt es heute zwischen Boden und Hauptdeck mehrere Zwischendecks; bei den Sklaven- und Kulitransporten, ebenso auf den Auswandererschiffen des letzten Jahrhunderts, verstand man unter Zwischendeck die als Massenquartier eingerichteten Laderäume

Die Karten wurden entnommen aus: Kleiner ATLAS SCHOLASTICUS von Achtzehn Charten, edirt durch Johann Baptista Homann, Geographum in Nürnberg 1727